普通高等教育"十二五"规划教材

高职高专会计类专业核心课程系列

校企合作项目化教改教材

统计基础与实务

杨鑫慧／主编

王宇晗 陆 阳／副主编

徐松阳 李福荣 包微微／参编

蔡 博 刘 鹏／主审

立信会计出版社

LIXIN ACCOUNTING PUBLISHING HOUSE

图书在版编目(CIP)数据

统计基础与实务 / 杨鑫慧主编. —上海：立信会计
出版社,2014.1
普通高等教育"十二五"规划教材
ISBN 978 - 7 - 5429 - 4098 - 8

Ⅰ.①统… Ⅱ.①杨… Ⅲ.①统计学—高等职业教
育—教材 Ⅳ.①C8

中国版本图书馆 CIP 数据核字(2014)第 014604 号

策划编辑　　赵新民　赵志梅
责任编辑　　赵新民
封面设计　　周崇文

统计基础与实务

出版发行	立信会计出版社		
地　　址	上海市中山西路 2230 号	邮政编码	200235
电　　话	(021)64411389	传　　真	(021)64411325
网　　址	www.lixinaph.com	电子邮箱	lxaph@sh163.net
网上书店	www.shlx.net	电　　话	(021)64411071
经　　销	各地新华书店		
印　　刷	上海天地海设计印刷有限公司		
开　　本	787 毫米×1092 毫米　　1/16		
印　　张	14		
字　　数	314 千字		
版　　次	2014 年 1 月第 1 版		
印　　次	2016 年 6 月第 2 次		
印　　数	3101—5200		
书　　号	ISBN 978 - 7 - 5429 - 4098 - 8/C		
定　　价	30.00 元		

中设置的相关内容,使学生在学习过程中能够进行即时训练,在每一学习情境后也设置训练内容,在进一步巩固学生所学内容,有效与职业资格证书相衔接的同时,对职业技能进行系统训练。

4. 校企合作,突出职业素养的培养。

校企合作是高等职业教育永恒的主题,校企合作应该渗透在职业教育的各个方面,教材建设更是离不开企业人员的参与。在编写本套教材的过程中,我们积极地把企业人员吸收进来,参与教材编写,尤其是实践环节的内容和处理方法由企业人员把关,使教材更具有职业性,能更好地培养学生的职业素养。

本套教材是相关院校教师以及企业实践专家的心血和结晶,不论是课程标准的开发,还是教学内容的把握、教学方法的运用、教学设计的创新,都凝聚了编写队伍多年的经验和心血,本套教材的出版,相信会为高职教育教材建设的不断发展提供新的助力。

赵丽生

总　序

普通高等教育教学改革与建设的基本平台是学科建设,中小学教育教学改革与建设的基本平台是课程建设,高等职业教育教学改革与建设的基本平台则是专业建设。专业建设的核心是课程建设,课程建设的核心是教学内容改革与创新,教材则是教学内容的主要载体,是教学基本建设的重要内容,更是教学改革成果的具体体现。高等职业院校的教材建设应该与高等职业教育的需求相吻合,在全面考虑对应行业发展和教育类型、教育层次的基础上,全力体现职业教育的职业性、实践性和开放性。

会计专业是目前全国各高职院校设置较为普遍的专业之一,招生规模大,在校生人数多。近年来,全国高职会计专业的教材建设取得了长足进步,各院校一线骨干教师在系统研究了国内外高职教育的特点、不断总结全国各高职院校成功教学经验的基础上,依托自身教学改革和专业建设推出很多高质量的教材。

丛书作者大多来自国家骨干高职院校建设单位——黑龙江职业学院,该校会计专业实力雄厚,有一支业务水平高、教学能力强、专兼结合、双师结构的优秀教师队伍。丛书作者依据各自教学改革成果,结合高职教育人才培养目标和会计专业特点,联合合作关系良好的企业兼职教师,推出的本套高质量的会计专业主干课程教材,具有很强的实用性和科学性。

具体来说,本套教材主要有以下几个特征。

1. 从职业能力出发,注重培养学生的职业技能。

技术技能人才是高等职业教育的培养目标,会计职业技能是学生立足社会之本,本套教材从会计工作的实践入手,突出培养学生的实践动手能力,有机整合"知识、技能、素质"等教学目标,设置职业能力目标,明确典型工作任务,引导学生进行有效学习。

2. 注重学生可持续发展的需要,拓宽学生视野。

在突出培养学生实践动手能力的同时,也兼顾学生的可持续发展能力培养,教材编写充分考虑学生职业发展需求和综合能力的培养,注重专业理论知识的讲述,尤其是对与实践业务紧密结合的专业理论知识进行了一定的拓展,为学生走上工作岗位的后续发展奠定基础。

3. 学做一体,与职业资格证书有效衔接。

学做一体是高等职业教育教学组织的重要方式,配合教学形式的要求,教材

前　言

　　统计在人们的日常工作和生活中无处不在，统计也是国家宏观管理和工商企业在经济活动中进行管理的重要工具，学习统计学、运用统计知识是高职高专院校经济管理类专业学生提升职业能力的必然选择。

　　本书是根据《教育部关于加强高职高专教育人才培养工作的意见》及教育部制定的《高职高专教育基础统计课程教学基本教学要求》，本着"理论够用为度，注重实践技能培养"的思想，充分考虑高等职业教育的特点，在吸收国内外教材精华的基础上，结合高职课程改革的要求，按照教学实际情况编写。

　　教材的编写主要有以下突出特点：

　　1. 内容难易适度，编排科学。本书编写过程做到了统计理论深入浅出，通俗易懂，利于高职高专学生接受和理解，同时，本书还按照统计工作过程，合理确定教学内容，增强了可读性。

　　2. 注重知识与能力同步。本书以适应社会需要为目标，每个学习情境下，除了安排"学中做"以外，还有一定量的"做中学"，力求使使用者在具有适度基础理念知识的同时，具备较强的技术应用能力。

　　3. 联系生产、生活实际，应用性强。本书无论是情境引例还是学中做、做中学都与实际生产、生活联系紧密，能激发使用者的学习兴趣，吸引使用者，提高他们的学习热情。

　　全书分为十个学习情境，分别为认识统计、统计设计和统计调查、统计整理、总量指标和相对指标、平均指标和变异指标、动态数列分析、统计指数、抽样调查、相关与回归分析、国民经济核算。情境开篇有帮助学生入门的情境引例，子情境中还设置了"学中做"，情境末还有"情境小结"和"做中学"等栏目，目的是帮助使用者巩固所学内容，达到学以致用的效果。

　　本书由杨鑫慧主编，王宇晗、陆阳任副主编，蔡博、刘鹏担任主审。其中学习情境三、学习情境四、学习情境五、学习情境六由杨鑫慧编写；学习情境二、学习情境七由徐松阳编写；学习情境八、学习情境九由王宇晗编写；学习情境一由包微微编写；学习情境十由李福荣编写。在本书编写过程中，上海贝尔股份有限公司的蒋玮琳参与了统计资料的搜集工作，并在统计实务方面提出一些建议。同时，我们还参阅了许多专家、学者的论著及教材，并得到了鞠永红、王忠孝、张振和等同仁的帮助和支持，在此一并致以诚挚的谢意。

本书可作为高职高专财经类专业的统计基础教材，也可作为成人高校自学、函授大学、其他高等院校管理学科相关专业和干部培训的教材和主要参考资料。

由于编者水平有限，书中难免出现错误和不足，敬请广大读者和同仁不吝指正。

编　者

目　录

学习情境一 认识统计

【情境引例】

李鸣是一名大二的学生,平日关心时事。一天,他拿着一份刊登了第12个五年规划的报纸,上面刊登了规划的主要目标,其中有如下内容:

——经济平稳较快发展。国内生产总值年均增长7%,城镇新增就业4 500万人,城镇登记失业率控制在5%以内,价格总水平基本稳定,国际收支趋向基本平衡,经济增长质量和效益明显提高。

——结构调整取得重大进展。居民消费率上升。农业基础进一步巩固,工业结构继续优化,战略性新兴产业发展取得突破,服务业增加值占国内生产总值比重提高4个百分点。城镇化率提高4个百分点,城乡区域发展的协调性进一步增强。

——科技教育水平明显提升。九年义务教育质量显著提高,九年义务教育巩固率达到93%,高中阶段教育毛入学率提高到87%。研究与试验发展经费支出占国内生产总值比重达到2.2%,每万人口发明专利拥有量提高到3.3件。

——资源节约环境保护成效显著。耕地保有量保持在18.18亿亩。单位工业增加值用水量降低30%,农业灌溉用水有效利用系数提高到0.53。非化石能源占一次能源消费比重达到11.4%。单位国内生产总值能源消耗降低16%,单位国内生产总值二氧化碳排放降低17%。主要污染物排放总量显著减少,化学需氧量、二氧化硫排放分别减少8%,氨氮、氮氧化物排放分别减少10%。森林覆盖率提高到21.66%,森林蓄积量增加6亿立方米。

——人民生活持续改善。全国总人口控制在13.9亿人以内。人均预期寿命提高1岁,达到74.5岁。城镇居民人均可支配收入和农村居民人均纯收入分别年均增长7%以上。新型农村社会养老保险实现制度全覆盖,城镇参加基本养老保险人数达到3.57亿人,城乡三项基本医疗保险参保率提高3个百分点。城镇保障性安居工程建设3600万套。贫困人口显著减少。

李鸣很想知道为什么要在政府工作报告中公布这样一些数据,应该如何理解这些数据。您有这样的困惑吗?

通过对本门课程的学习,您就会对这些问题有一个全新的认识。

【职业能力目标】

通过本学习情境的学习,学习者能够明确统计学的研究对象和研究方法,掌握研究过程以及统计学中的基本概念。

【典型学习任务】

能够对统计研究方法进行判断,熟练应用统计学中的基本概念。

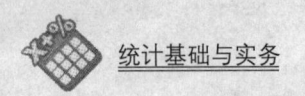

学习子情境一　初识统计

一、统计与统计学的含义

统计作为一种社会实践活动已有悠久的历史。可以说,自从有了国家就有了统计实践活动。最初统计只是为统治者管理国家的需要而搜集资料,弄清国家的人力、物力、财力。在古代巴比伦、古埃及和古罗马就有了人口和资源数量的详细记载。

在我国古代,统计仅仅具有数字总计的意思,就这个含义而言,统计在我国已有四五千年的历史了。据历史记载,我国夏禹时代(公元前两千多年)就有人口数量的记录,为了赋税徭役和兵役的需要,历代都有田亩、户口的记录。

"统计"最早是在德国当做学名使用的。1660 年,德国在大学开设国势学课程,对各国情况进行比较叙述。当这门课传到哥丁根大学政治学教授阿痕瓦尔手中时,他于 1749 年为这门国势学定了一个新名词"统计"。早期统计学的学派之一,"政治算术学派"的创始人威廉·配第和约翰·格朗特,首先在其著作中使用统计数字和图表等方法来分析,研究社会、经济和人口现象,这不仅为人们进一步认识社会提供了一种新的方法和途径,也为统计学的发展奠定了基础。"统计"一词,约在 20 世纪初才由日本传入我国。

现今,"统计"一词已被人们赋予多种含义,因此很难给出一个简单的定义。在现实生活中,在不同的场合,提到"统计"一词时常具有不同的含义,我们将统计的含义概括为统计工作、统计资料和统计科学。

统计工作,即统计实践,是指根据科学的方法从事统计设计、搜集、整理、分析研究和提供各种统计资料及统计咨询意见的活动总称,其成果是统计资料。

统计资料,是统计工作活动过程所获得的各种有关数字资料以及与之相联系的其他资料的总称。

统计科学,即统计理论,是一门收集、整理和分析统计数据的方法科学,其目的是探索数据的内在数量规律性,以达到对客观事物的科学认识。

三者之间有着密切联系。统计工作的成果是统计资料,包括最初的调查资料、次级资料以及经过加工整理和分析研究而形成的周密系统的资料。统计科学是统计工作实践经验的理论概括和科学总结,它来源于统计实践,又高于统计实践,反过来又指导统计实践。

二、统计研究的对象和特点

一般来说,统计既可以研究自然现象,也可以研究社会经济现象,本书侧重于研究社会经济现象。社会经济现象包括自然现象以外的社会政治、经济、文化、人民生活等领域的各种现象。统计研究对象是大量社会经济现象总体的数量方面,即以统计资料为依据具体说明社会经济现象总体的数量特征、数量关系及数量界限。所以,这里所说的数量方面是指社会经济现象的规模、水平、结构、速度、比例关系、普遍程度等。

统计以社会经济现象为其研究领域,具有自己的特点。归纳起来可概括成如下四个特点:数量性、总体性、具体性和客观性。

1. 数量性

统计的研究对象是社会经济现象的数量方面,数量性特点具体包含三个方面的内容:

(1) 数量特征:包括社会经济现象的规模、大小、水平等。

(2) 数量关系:即社会经济现象的内部结构、比例关系、相关关系等。

(3) 数量界限:即引起社会经济现象质变的数量。如食品安全检验中,防腐剂用量合格与不合格有质的差别,根据国家标准在泡菜中苯甲酸钠这种防腐剂的含量不得超过 5‰,这 5‰就是质与量互变的界限。

2. 总体性

统计研究的对象不是个体现象的数量方面,而是由许多个体现象构成的总体的数量方面。例如,国家统计局发布的报告显示,2013 年 5 月份,我国居民消费价格总水平同比上涨 2.1%,环比下降 0.6%。这个数量反映的是多种消费商品及服务项目价格总的平均上涨水平,而不是指哪一种具体消费商品或服务项目的价格上涨水平。而要对这些消费商品及服务项目的价格上涨情况进行调查,就必须先对每一种个别消费商品及服务项目的价格情况进行调查,从而达到对这些消费商品及服务项目价格的总体认识。由于社会经济现象错综复杂,每个个体现象所处条件不同,它们既受共同因素的影响,又受某些个别的、偶然的因素影响。因此,个体现象的数量特征和变动趋势是难以说明社会经济现象总体的本质和规律的。只有以社会经济现象的总体为研究对象,即以构成总体的全部或足够多数的个体现象为研究对象,才能消除偶然因素的影响,正确地揭示出社会经济现象的本质和规律性。但是,总体是由个体所构成的,要认识社会经济现象总体,就必须从调查了解个体现象的情况开始,从个体到总体。

3. 具体性

统计所研究对象的数量是具体事物的数量方面,不是抽象的量。因此,社会经济统计具有具体性的特点。统计所研究的量是具体事物在具体时间、地点和条件下的数量表现,它总是和现象的质密切结合在一起的。例如,2012 年我国的钢产量为 7.17 亿吨,全国粮食总产量为 58 957 万吨,原煤产量为 36.6 亿吨,原油产量为 2.05 亿吨等,显然不是抽象的量,而是我国在 2012 年这一具体条件下钢、粮食、原煤、原油生产的数量表现。具体性也是统计和数学的重要区别。数学所研究的量是抽象的量,两者有着明显区别,但统计方法中往往借鉴数学的方法。

4. 客观性

统计资料是人们有意识地进行调查、整理、分析的结果,但在统计工作中必须遵循实事求是的原则,反映事物的本来面目,保证统计资料真实、可靠,统计资料的客观性。在实际统计工作中由于存在着全局利益和局部利益、集体利益和个体利益的矛盾,这些矛盾有时也会影响到统计数字的真实性。为了充分发挥统计的作用,我们必须充分认识统计的客观性特点,坚持实事求是的原则,切实维护统计数字的准确性和科学性。

三、统计的作用

统计的特点决定它在社会认识的活动中有着极为重要的作用。

1. 统计是认识世界、获取有用信息的主要手段

人们当今生活的世界,是广泛运用统计数据的世界,是信息的时代。现代社会愈发展、

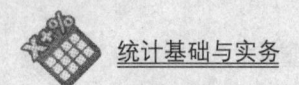

科学技术愈进步,人们对获取大量的、灵敏的、可靠有用的信息的需求就愈加迫切。可以说统计已进入一切社会领域。统计以它自己特有的观察和分析研究方法,如实而具体地反映社会经济现象各个领域的情况,帮助人们认识世界。例如:一种新药也只有依靠大量临床服用的反馈数据及应用正确的统计方法,才能确定其疗效的高低;国家经济的发展是否存在比例失调以及经济效益好坏的确定,都有赖于大量统计资料的提供和正确统计方法的应用,等等。这些充分说明,人们要更好地认识世界就必须借助于统计这一工具。另外,统计信息更是社会经济信息的主题,商品生产与交换越发展,经济越开放,就越需要有健全的、发达的现代化统计工作,以便能够及时地调查、分析和提供准确、丰富的统计数据,作为人们进行生产经营活动和科学研究的向导。

2. 统计是制订计划、政策及实行宏观调控的依据

统计可以提供有关国民经济运行方面的全方位信息,这也使其成为制订计划、政策及实行宏观调控的主要依据。在我国,对国民经济和社会发展仍需实行一定的计划管理,从基层单位直到整个社会都要制订计划,以指导经济建设和文化教育事业的发展。这就必须以正确的统计资料为依据,使计划工作建立在科学可靠的基础上。同时,各级党政领导机关在制定政策、方针时,都必须根据具体情况,从实际出发,做到"心中有数"。如果离开了对实际情况的了解,想当然地制定政策,其后果是不可想象的。计划制定后还要进行监督、检查,搞好经济预测,进行宏观调控,这些也要以统计为依据。

3. 统计还兼具管理与监督作用

管理的一项重要任务是科学决策,而科学决策离不开统计的数据。因为统计资料是管理进行定量分析的基础。在我国,管理现代化是实现现代化的关键。没有现代化的管理,现代化就难以实现。而统计是加强宏观管理和决策的必不可少的一种手段,是管理科学化、现代化的基础,也是对计划执行情况实行监督和检查的有效工具。统计监督体现在两个方面:一是通过统计调查、统计分析和统计预测,指出社会经济生活中存在的问题,揭露矛盾,提出建议,供各级领导决策和采取措施时参考。这实际上也是一种高层次的服务,服务之中有监督。二是对虚报、瞒报统计数字,伪造、篡改统计资料的违法行为进行监督。

学习子情境二　统计的工作过程及研究的基本方法

一、统计工作的过程

统计工作是运用各种统计特有的方法对社会经济现象进行调查研究以认识其本质和规律性的一种认识活动。统计认识活动就一般意义上说,也和其他认识活动一样,是一个由感性认识到理性认识的辩证过程,是一个不断深化的无止境的长过程,随着客观事物的不断发展变化,统计认识活动也要不断进行。但是,从统计认识活动的特殊意义上说,一次统计活动中,一个完整的统计工作过程一般可分为统计设计、统计调查、统计整理和统计分析四个主要阶段。

1. 统计设计

统计设计是指根据统计研究对象的性质和研究目的,对统计工作的各个方面和各个环

节的通盘考虑和安排。统计设计的结果表现为各种标准、规定、制度、方案和方法,如统计分类标准、目录、统计指标体系、统计报表制度、统计调查方案、普查方法、统计整理或汇总方案等。统计设计的主要内容有:统计指标和指标体系的设计、统计分类和分组的设计、表现统计资料形式(统计表、统计图)的设计、统计资料搜集方法的设计、统计工作各个部门和各个阶段的协调与联系、统计力量的组织与安排等。

统计设计在统计工作中具有决定性的作用。因为统计工作是一项质量要求高、标准规定统一、科学性又很强的工作,无论是统计总体范围、统计指标的口径和计算方法,还是统计分类和分组的标准,都必须统一,绝不允许各行其是。因此,只有事先进行设计,才能做到统一认识、统一步骤、统一行动,使整个统计工作有秩序地、协调地进行,保证统计工作的质量。

2. 统计调查

统计调查,即统计资料的搜集,它是根据统计方案的要求,采用各种调查组织形式和调查方法,有组织、有计划地对所研究总体的各个单位进行观察、登记,准确、及时、系统、完整地搜集原始资料的过程。

统计调查是统计认识活动由初始定性认识过渡到定量认识的阶段,这个阶段所搜集的资料是否客观、周密、系统,直接关系到统计整理的好坏,关系到统计分析结论是否正确,决定统计工作的质量,所以,它是整个统计工作的基础。

3. 统计整理

统计整理是根据统计研究的目的,对调查阶段搜集的原始资料,按照一定标志进行科学的分组和汇总,使之条理化、系统化,将反映各个单位个别特征的资料转化为反映总体和各组数量特征的综合资料的工作过程。

统计整理是统计工作的一个中间环节,是使我们对社会经济现象的认识,由对个体的认识过渡到对总体的认识,由感性认识上升到理性认识的必经阶段,是统计调查的必然继续,又是统计分析的必要前提。

4. 统计分析

统计分析是指对经过加工整理的统计资料,应用各种统计分析方法,从静态和动态两方面进行基本的数量分析,认识和揭示所研究的现象的本质和规律性,作出科学的结论,进而提出建议和进行预测的活动过程。统计分析是统计工作的最后阶段,也是统计发挥信息、咨询和监督职能的关键阶段。

统计工作过程上述四个阶段各有自己的特定内容和作用。一般来说,是依先后次序进行的。但是,它们是相互联系、相互制约的整体,任何一个阶段的工作失误,都会影响整个工作的顺利进行。为了保证从整体上取得良好效果,有时因工作需要,在某些情况下,各阶段工作要相互渗透、交叉进行。例如,有时因为需要和保证质量,在调查、整理阶段进行一些必要的分析,或者改进设计;有时,在统计分析中因为已有资料不能满足需要,而进行一些必要的补充调查、加工整理和计算工作,补充、改进设计方案等。

统计的研究对象是社会经济现象总体的数量方面,目的是认识其本质和规律性。因此,整个统计工作的过程必须正确处理质与量的辩证关系、感性认识与理性认识的关系、定性分析与定量分析的关系。统计设计是对社会经济现象进行定性认识的工作,是定量认识的必要准备;统计调查和统计整理是搜集、整理统计资料,使个体特征过渡到总体特征的定量认识工作,是整个统计工作的基础和关键环节;统计分析则是运用统计方法对资料进行比较、

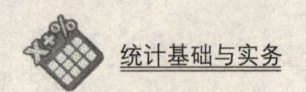

判断、推理、评价,揭示社会经济现象的本质和规律性的重要阶段。这四个阶段体现了在质与量的辩证统一中研究社会经济现象总体数量方面的原则要求。所以,在实践中,必须正确处理它们各自的任务和关系,以达到预期的目的。

二、统计的研究方法

统计的研究方法很多,但归纳起来,其基本方法有大量观察法、分组法、综合指标法和模型法,现分述如下。

(一) 大量观察法

大量观察法是统计的基本方法之一,是指对被研究事物足够多的单位观察、分析,以反映总体特征的一种统计方法。例如,通过在十字路口观察交通流量,从而调整某一方向交通信号灯时间的长短。在我国统计实践中,广泛运用了大量观察法组织多种统计调查,诸如各种基本的、必要的统计报表,普查,重点调查和抽样调查等。这些都是对总体进行大量观察,以保证从整体上认识事物。

(二) 分组法

根据所研究对象总体的特点和统计研究的任务,按照一定的标志,把所研究的现象总体划分为不同性质或类型的组,这种方法在统计上称为统计分组法。例如,在研究某种毒素对老鼠心脏的影响时,要将实验用鼠分为正常组和实验组。为了研究的需要还要将实验组进一步分为不同剂量组,以便研究不同剂量对老鼠心脏的影响程度。一般来说,统计调查离不开分组。统计资料加工整理中,分组是关键环节,统计分析更是时刻不能没有分组。统计分析中综合指标的应用更是要建立在统计分组的基础之上,没有科学的分组要制定正确的指标体系也是不可能的。这些都说明了统计分组法在整个统计工作过程中的重要意义。

(三) 综合指标法

所谓综合指标法,是指利用各种综合指标对社会经济现象数量方面进行综合、概括和分析的方法。它是统计分析的基本方法之一。统计分析广泛运用总量指标分析法、相对指标分析法、平均指标分析法、变异指标分析法、动态分析法、指数分析法、相关分析法等方法,以便综合地反映社会经济现象的规模水平、比例关系、发展速度等,使我们对所研究的事物有一个深入的认识。在大量观察和分组基础上计算的综合指标,基本上排除了总体中个别偶然因素的影响,反映出普遍的、决定性条件的作用结果。

(四) 模型法

模型法是根据一定的经济理论和假定条件,用数学方程去模拟现实经济现象相互关系的一种研究方法。利用这种方法可以对社会经济现象和过程中存在的数量关系进行比较完整和近似的描述,从而简化了客观存在的复杂的其他关系。这种方法是在前三种研究方法的基础上,进一步系统化和精确化的发展。

统计工作的各个阶段,虽然各自运用不同的统计研究方法,但它们之间不是孤立进行的。因此,在运用统计研究方法时,还必须注意要根据实际情况,按照需要与可能,分别采用不同的统计方法;要善于把多种统计方法结合运用,相互补充。

学习子情境三　统计学中的基本概念

一、统计总体与总体单位

(一)统计总体

1. 定义

统计要正确认识客观现象,就必须从总体角度进行观察,这就产生了统计总体的概念。总体是由客观存在的、具有某种共同性质的许多个别事物组成的集合体。例如,我们要研究某地职工的生活状况,该地的所有职工就是总体。我们要研究全国的大型国有企业发展状况时,总体就是所有的大型国有企业。

2. 总体的特点

统计总体有以下特点:

(1)同质性。总体的同质性是指总体中的所有个体都具有某种共同的性质。毫无共同点的个别事物是不能构成总体的,同质性是确定统计总体的必要条件,是根据研究目的而定的。我们在研究全国的大型国有企业发展状况时,这些个别企业的共同性有三个:企业,大型企业,而且还是国有的。可见,构成总体的这些总体单位至少在某一方面性质相同,即具有同质性。

(2)大量性。统计对总体数量性的研究,其目的是为了提示现象的规律,而现象的规律只有通过大量观察才能显示出来。因此,统计总体应该由足够数量的具有同质性的单位构成。

(3)变异性。构成总体的这些总体单位除了至少在某一方面性质相同外,在其他方面还具有各自不同质和量的差异,即总体具有变异性。换句话说,总体中各个单位的基本特征,不可能在所有方面都是相同的。只有各个总体单位之间存在着变异性,才有必要进行统计研究。变异性是统计研究的主要内容。

3. 总体的分类

按构成总体的单位数是否可以计量,总体可分为有限总体与无限总体。

(1)有限总体,有限总体是指总体中包含的单位数为有限多个,可以计量。如:某一年份高校招生人数、某企业的销售量等都是有限总体。

(2)无限总体,无限总体是指总体中包含的单位数为无限多个,无法计量。如:鱼塘里鱼的尾数、银河系星球的数量等。

(二)总体单位

构成总体的个别事物,就是总体单位,简称单位。

例如,我们要研究某地职工的生活状况,该地的所有职工就是总体,而每名职工就是总体单位。这些个别职工的共同性只有一个,即都是该地区的职工;要研究全国的大型国有企

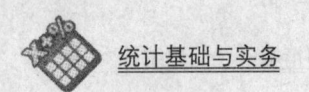

业发展状况,总体就是所有的大型国有企业,而每个大型国有企业就是总体单位。

单位是各项统计数字的原始承担者。

(三) 两者的关系

总体与总体单位的关系主要有以下三点:

(1) 总体与总体单位是整体与部分的关系。总体是整体,总体单位是个体。总体的特征有待于通过个体来归纳和体现。

(2) 总体与总体单位的划分具有相对性。总体与总体单位的划分不是绝对的,而是相对的,它相对于统计研究目的而言。随着统计研究目的的变化,总体与总体单位也可能发生变化。但是,总体与总体单位不能互相转化。

(3) 总体与总体单位互为存在条件。没有总体单位,总体就成了没有任何内容的空洞之物,总体就不存在;没有总体,就无法界定总体单位的性质和范围,总体单位也就不存在。

二、标志与统计指标

(一) 标志

1. 定义

标志是说明总体单位特征的名称。每个总体单位从不同方面考察都具有许多属性和特征,例如每名教师都具有性别、文化程度、职称、年龄、工资等属性和特征,这些就是教师作为总体单位的标志。统计研究是从登记标志开始的,总体单位是统计标志的直接承担者,是载体;统计标志依附于总体单位并说明总体单位的属性和特征。

2. 分类

对于标志的分类,按不同情况有如下划分。

1) 按表现形式分为品质标志和数量标志。

品质标志:品质标志表示总体单位质的特征,是不能用数值表示的,如教师的性别、民族、职称等。品质标志通常是在标志名称之下表明质的属性。如某教师的性别是女、民族为汉族,这时"女"、"汉族"则是表明标志名称"性别"和"民族"的质的属性。

数量标志:数量标志表示总体单位量的特征,是可以用数值表示的,如学生的"身高"、"体重"、"年龄"等。它的具体表现是在数量标志的名称之后表明它的具体数值是多少。例如,某学生身高 1.75 米、体重 50 公斤、年龄为 18 岁,这里该学生 1.75 米的身高、50 公斤体重、18 岁,分别是数量标志身高、体重和年龄的具体数量表现。

2) 按标志表现有无差异分为不变标志和可变标志。

不变标志:在同一总体中,总体单位所具有的各种标志,就其具体标志表现看,都相同的标志,称为不变标志。

例如,在女教师这个总体中,性别这一标志的具体表现都为女、职业这一标志的具体表现都为教师,所以性别、职业便是不变标志。

可变标志:在一个总体中,当一个标志在各单位的具体表现不完全相同时,这个标志称为可变标志。例如,在女教师总体中,各人的教龄、年龄、职称等可能表现不同,所以教龄、年龄、职称这三个标志均为可变标志。

又如,在 50 岁教授的总体中,年龄、职称是不变标志;而性别、身高、体重等则为可变标志。不变标志是个别事物(单位)得以结合起来形成总体的条件。可变标志则是进行统计分组和研究总体的数量特征、数量关系及数量界限的基础。

3. 标志表现

标志表现是指标志在各总体单位中的具体表现。

标志表现分为品质标志表现和数量标志表现。

品质标志表现:性别是品质标志,其特征只能用文字来表现,表现为男或女,男或女是品质标志表现。教师职称是品质标志,其特征表现为教授、副教授、讲师、助教等,教授、副教授、讲师、助教都是品质标志表现。

数量标志表现:年龄是数量标志,具体表现为 19 岁、20 岁、21 岁等;学习成绩是数量标志,具体表现为 60 分、80 分、90 分等。19 岁、20 岁、21 岁、60 分、80 分、90 分都是数量标志表现,数量标志表现是可以用数值来表现的,故又称为标志值。

(二)统计指标

1. 定义

统计指标简称指标,它是说明现象总体数量特征的概念或数值。我国 2012 年国内生产总值为 51.93 万亿元,年末全国总人口为 13.54 亿人。这里的国内生产总值和年末全国总人口为指标名称,51.93 万亿元和 13.54 亿人是指标的具体数值。

2. 统计指标的构成

一项完整的统计指标,应该由时间、空间、指标名称、指标数值和计量单位等构成。例如:2012 年我国粮食总产量为 58 957 万吨,这一指标就时间、空间指标名称、指标数值和计量单位作了具体的规定。但需要注意的是有时也将指标名称和指标数值作为统计理论研究中的指标概念。

3. 统计指标的分类

1)统计指标按其表现形式不同,可以分为总量指标、相对指标和平均指标。

总量指标是反映社会经济现象规模、水平或总量的指标,其数值表现为绝对数。

相对指标是表明两个有联系的统计指标数值之比,是反映数量关系的指标,其数值表现为相对数。

平均指标是同质总体内标志总量与总体单位数相除的结果,表明总体各单位标志值的一般水平的指标。

2)统计指标按其说明的总体现象的内容不同,可以分为数量指标和质量指标。

数量指标是反映社会经济现象的规模大小或数量多少的统计指标,一般表现为总量指标,其数值表现为绝对数,如人口数、企业数、商品销售额等。

质量指标是说明总体性质和数量关系,表明总体的内部构成、比例、发展变化速度和一般水平的指标,一般表现为相对指标和平均指标,其数值表现为相对数和平均数,如人口的性别构成、出生率、死亡率、人口密度、职工平均工资、单位面积粮食产量等。

另外,统计指标的数值来源于数量标志表现。如:以全班学生为总体,每个学生是总体单位,学生的学习成绩是标志,具体成绩是数量标志表现,将全班学生的成绩进行平均,得到的平均成绩,即统计指标。

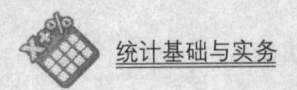

（三）标志与指标的关系

标志和指标是两个既有区别又有联系的概念。

两者的主要区别是：①标志是说明总体单位特征的,而指标是说明总体特征的;②标志有不能用数值表示的品质标志与能用数值表示的数量标志,然而不论什么指标,都是用数值表示的。

标志与指标的主要联系是：①有些统计指标的数值是从总体单位的数量标志值汇总得到的;②在一定的研究范围内指标和数量标志之间存在着变换关系,研究目的改变,原来的总体如果变为总体单位,则相应的统计指标就变为数量标志了;反之亦然。

三、变量和变量值

1. 变量

一般来说,变量就是可变的数量标志。"可变"如何理解呢? 例如:某班学生的年龄不可能都一样,那么,年龄这一数量标志就是一个变量,当研究的对象都是年龄为 20 岁的学生时,年龄虽然也是数量标志,但因为每个学生的年龄相同,所以,这里的年龄就不是变量。

2. 变量值

变量的数值表现就是变量值。例如,工人的月工资额表现有 850 元、900 元、1 180 元、1 290 元、1 370 元、1 500 元等,这就是变量值。

变量值按其取值的连续性与否分为连续变量与离散变量两种。在一定区间内可任意取值的变量叫连续变量,其数值是连续不断的,相邻两个数值可作无限分割,即可取无限个数值。例如,生产零件的规格尺寸、人体测量的身高、体重、胸围等为连续变量,其数值只能用测量或计量的方法取得。离散变量是指变量值只能是整数而不会出现小数,即当取小数的时候,变量就失去经济含义。例如,各企业职工人数、设备台数、学校数、医院数等,其取值不会有小数的。这类变量就属于离散变量。

四、指标体系

社会经济现象是一个多方面相互联系的复杂总体,在这个复杂总体中表现出许多不同的特征,单靠个别指标只能反映总体的某一方面特征和侧面,要完整地反映并描述一个复杂总体,就必须把一系列相互联系的指标结合起来运用。

指标体系是由若干个相互联系、相互补充的指标所构成的整体,用于说明所研究的社会经济现象各方面相互依存和相互制约的关系。一个指标只能表示社会经济现象某一总体特征或某一侧面的情况。要全面地、系统地反映社会经济现象总体各方面的数量特征,就必须设计科学的指标体系。例如,工业企业的生产经营过程,既是一个产品效益的产出过程,也是一个人力、物力和财力的占用和消耗过程,要完整反映这一整体运动,就需要设置一系列的指标,包括反映各种占用和消耗的指标:固定资产原值、资金占用额、职工人数、生产成本等;反映劳动成果的指标:产品产量、总产值、增加值等;反映经营效益的指标:利润额、资本金利润率等。从而形成了较为完整的工业企业指标体系。

因为统计指标体系是由一系列相互联系的统计指标组成的整体,所以,统计指标体系具有成套性特点,即不是单个指标的简单组合,而是相互联系、相互制约的系列成套指标。统计指标体系还具有适用性特点,即统计指标体系不脱离实际,而是切合实际需要,与统计任务要求相适应。它并非繁多指标的随意结合,而是根据统计任务需要建立的。总的来说,设计统计指标体系时必须遵循科学性、目的性、联系性、统一性和可比性原则。

 【情境小结】

1. 统计的含义。统计一词在不同场合有三种含义,即统计工作、统计资料和统计学。三者之间有着密切联系。统计工作的成果是统计资料,统计学是统计工作实践经验的理论概括和科学总结,它来源于统计实践,又高于统计实践,反过来又指导统计实践。

2. 统计研究对象。统计研究的是大量社会经济现象总体的数量方面,即以统计资料为依据具体说明社会经济现象总体的数量特征、数量关系及数量界限。具体地说就是在质与量的辩证统一中研究大量社会经济现象总体的数量方面,反映社会现象发展变化的规律性在具体时间、地点和条件下的数量表现,揭示事物的本质、相互联系、变动规律性和发展趋势。统计研究对象具有数量性、总体性、具体性和客观性的特征。

3. 统计研究的基本方法。从统计工作过程看,统计在各个不同阶段有着不同的工作内容和要求,相应地,就需要运用各种不同的统计研究方法,其中最基本的方法有大量观察法、统计分组法、综合指标法、模型法等。

4. 统计研究过程。一个完整的统计研究过程一般可以分为统计设计、统计调查、统计整理和统计分析四个阶段。

5. 统计的几个基本概念。

(1) 总体与总体单位。统计总体是指总体是由客观存在的、具有某种共同性质的许多个别事物组成的集合体。总体具有大量性、同质性和变异性三个特征。构成总体的个体单位称为总体单位,它是总体的基本单位。

(2) 标志与指标。标志是说明总体单位特征的名称。总体单位与标志存在一种依附的关系。标志仿佛是贴在总体各单位上的标签,说明其具体情况,即标志附在总体单位上或总体单位是标志的直接承担者。指标是说明现象总体数量特征的概念或范畴。它是一定总体内容的数量表现,是由总体各单位某一数量标志值或总体单位本身核算汇总而得到的。指标和标志是两个既有区别又有联系的概念。

(3) 统计指标的种类。按统计指标的表现形式不同,可以分为总量指标、相对指标和平均指标;按统计指标说明的总体现象的内容不同,可以分为数量指标和质量指标。

(4) 指标体系。指标体系是各种相互联系的指标群所构成的整体,用于说明所研究的社会经济现象各方面相互依存和相互制约的关系。通过指标体系来研究社会经济现象,才能全面深刻地认识现象的全貌和发展的全过程,才能完整地揭示和把握事物间的矛盾。统计指标体系是由一系列相互联系、相互制约的统计指标所组成的整体。一般地,设计统计指标体系时必须遵循科学性、目的性、联系性、统一性和可比性原则。

【做中学】

一、单项选择题

1. 统计总体的同质性是指(　　　)。

A. 总体各单位具有某一共同的品质标志或数量标志

B. 总体各单位具有某一共同的品质标志属性或数量标志值

C. 总体各单位具有若干互不相同的品质标志或数量标志

D. 总体各单位具有若干互不相同的品质标志属性或数量标志值

2. 设某地区有300家独立核算的工业企业,要研究这些企业的产品生产情况,总体单位是( )。

    A. 全部工业企业   B. 300家工业企业   C. 每一件产品   D. 每一家工业企业

3. 要了解全国的人口情况,总体单位是( )。

    A. 每个省的人   B. 每一户   C. 全国总人   D. 每个人

4. 有150家公司每位职工的工资资料,如果要调查这150家公司的工资水平情况,则统计总体为( )。

    A. 150家公司的全部职工   B. 150家公司

    C. 150家公司职工的全部工资   D. 150家公司每个职工的工资

5. 要了解某班40个学生的学习情况,则总体单位是( )。

    A. 全体学生   B. 40个学生的学习成绩

    C. 每一个学生   D. 每一个学生的学习成绩

6. 设某地区有25家生产玩具的企业,要研究它们的产品生产情况,总体是( )。

    A. 每一个企业   B. 所有25家企业

    C. 每一件玩具   D. 所有企业生产的玩具

7. 一个统计总体( )。

    A. 只能有一个标志   B. 可以有多个标志

    C. 只能有一个指标   D. 可以有多个指标

8. 统计的数量性特征表现在( )。

    A. 它是一种纯数量的研究

    B. 它是从事物量的研究开始,来认识事物的质

    C. 它是从定性认识开始,以定量认识为最终目的

    D. 它是在质与量的联系中,观察并研究现象的数量方面

9. 以产品等级来反映某种产品的质量,则该产品等级是( )。

    A. 数量标志   B. 数量指标   C. 品质标志   D. 质量指标

10. 某工人月工资为3 582元,工资是( )。

    A. 品质标志   B. 数量标志   C. 变量值   D. 指标

11. 在调查设计时,学校作为总体,每个班作为总体单位,各班学生人数是( )。

    A. 变量   B. 指标   C. 变量值   D. 指标值

12. 某班四名学生金融考试成绩分别为80分、85分、88分和90分,这四个数字是( )。

    A. 标志   B. 指标值   C. 指标   D. 变量值

13. 年龄是( )。

    A. 变量值

    B. 离散型变量

    C. 连续型变量,但在应用中常按离散型变量处理

    D. 连续型变量

14. 工业企业的职工人数、职工工资是( )。
    A. 连续型变量
    B. 离散型变量
    C. 前者是连续型变量,后者是离散型变量
    D. 前者是离散型变量,后者是连续型变量

15. 质量指标是在数量指标基础上对总体内部数量关系和状况的反映。因此根据较大总体计算的质量指标与较小总体范围内计算的质量指标相比,前者( )。
    A. 一定大于后者
    B. 一定等于后者
    C. 一定小于后者
    D. 可能大于后者也可能小于后者

16. 总体的变异性是指( )。
    A. 总体之间有差异
    B. 总体单位之间在某一标志表现上有差异
    C. 总体随时间变化而变化
    D. 总体单位之间有差异

17. 统计工作的成果是( )。
    A. 统计学
    B. 统计工作
    C. 统计资料
    D. 统计分析和预测

18. 统计学与统计工作的关系是( )。
    A. 工作与结果的关系
    B. 理论与应用的关系
    C. 工作与经验的关系
    D. 理论与实践的关系

19. 下列指标中,属于质量指标的是( )。
    A. 社会总产值
    B. 产品总成本
    C. 产品合格率
    D. 人口总数

20. 了解某地区工业企业职工情况,属于统计指标的是( )。
    A. 该地区工业企业每名职工的工龄
    B. 该地区工业企业职工的文化程度
    C. 该地区工业企业职工的工资总额
    D. 该地区工业企业职工从事的工种

二、多项选择题

1. 全国第四次人口普查中( )。
    A. 全国人口数是统计总体
    B. 总体单位是每一个人
    C. 全部男性人口数是统计指标
    D. 人口的性别比是总体的品质标志
    E. 人的年龄是变量

2. 下列各项中,属于连续型变量的有( )。
    A. 基本建设投资额
    B. 岛屿个数
    C. 国民生产总值中三次产业比例
    D. 居民生活费用价格指数
    E. 就业人口数

3. 下列指标中,属于数量指标的有( )。
    A. 国民生产总值
    B. 人口密度
    C. 全国总人口数
    D. 投资效果系数
    E. 工程成本降低率

4. 下列标志中,属于品质标志的有( )。
    A. 工资
    B. 所有制
    C. 旷课次数
    D. 耕地面积
    E. 产品质量

5. 下列各项中,属于质量指标的有( )。
    A. 劳动生产率
    B. 价格
    C. 性别比例
    D. 产量

6. 在全省总人口这一总体下,一个市的人口是( )。
    A. 总体单位
    B. 大总体
    C. 小总体
    D. 有限总体

E. 可相加总体

7. 要了解某市所有工业企业的产品情况,那么(   )。

    A. 总体单位是每个企业   B. 总体单位是每件产品

    C. 每个企业是总体   D. 全部产品是个有限总体

8. 总体、总体单位、标志、指标间的相互关系表现为(   )。

    A. 没有总体单位也就没有总体,总体单位也离不开总体而存在

    B. 总体单位是标志的承担者

    C. 统计指标的数值来源于标志

    D. 指标是说明总体特征的,标志是说明总体单位特征的

    E. 指标和标志都是能用数值表示的

9. 变量就是可以取不同值的量,变量的数值表现就是变量值,所以(   )。

    A. 各种数量标志和所有的统计指标都是变量

    B. 变量不包括品质标志

    C. 所有标志值和指标值都是变量值

    D. 某个工业企业总产值 20 万元是个变量值

    E. 某个工业企业总产值 20 万元是个变量

10. 统计的特点有(   )。

    A. 数量性   B. 总体性   C. 变异性   D. 同质性   E. 客观性

三、判断题(把"√"或"×"填在题后的括号里)

1. 社会经济统计的研究对象是社会经济现象总体的各个方面。　　　　　　　　(   )

2. 品质标志表明单位属性方面的特征,其标志表现只能用文字来表现,所以品质标志不能
   转化为统计指标。　　　　　　　　　　　　　　　　　　　　　　　　　(   )

3. 统计指标和数量标志都可以用数值表示,所以两者反映的内容是相同的。　　(   )

4. 数量指标的表现形式是绝对数,质量指标的表现形式是相对数和平均数。　　(   )

5. 因为统计指标都是用数值表示的,所以数量标志就是统计指标。　　　　　　(   )

四、思考题

1. 什么是统计?如何理解统计的研究对象?

2. 试述统计的特点和作用。

3. 什么是统计总体?其基本特征是什么?什么是总体单位?

4. 试举例说明总体和总体单位之间的关系。

5. 举例说明标志和指标之间的关系。

五、试将下列标志区分为数量标志和品质标志

(1) 性别   (2) 大学教师   (3) 民族   (4) 轮胎寿命

(5) GNP 增长率   (6) 受教育程度   (7) 型号   (8) 功率

(9) 人口增长率   (10) 工龄

六、试将下列指标区分为数量指标和质量指标

(1) GNP(国民生产总值) (2) 销售收入   (3) 人口数   (4) 投入产出比

(5) 速动比率   (6) 人口密度   (7) 出生率   (8) 企业总数

(9) 平均工资   (10) 进口额

学习情境二　统计设计和统计调查

【情境引例】

在我国经济建设中,为了搞清国情、国力必须掌握很多社会经济现象的相关资料,这就需要定期或不定期地开展相关统计调查。

表2-1是我国历次人口普查的总人口情况。

表2-1　　　　　　　　　　　历次人口普查情况

时　　间	总人口(亿人)
1953年7月1日	5.82
1964年7月1日	6.95
1982年7月1日	10.08
1990年7月1日	11.34
2000年11月1日	12.66
2010年11月1日	13.39

表2-1的统计数据,反映了不同时间我国总人口的规模,显示了我国人口基数过大、人口增长速度过快的基本国情,所以控制人口增长、提高人口素质,就成了我国20世纪70年代以来的一项基本国策。

你知道这些数据是怎么获得的吗?在获得数据的过程中针对不同的调查目的应该采用什么样的调查方法?在调查的过程中要做哪些工作?需要注意哪些问题?

通过本章的学习,你会有所收获。

【职业能力目标】

通过本学习情境的学习,学习者能够明确统计设计的概念、种类及基本内容,理解统计调查基本方式的运用条件,掌握统计调查的方案。

【典型学习任务】

能够初步根据调查目的和客观实际情况,正确地采用调查方法,组织收集准确、及时的统计资料。

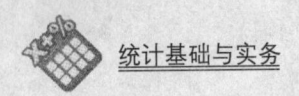

学习子情境一 认识统计设计

一、统计设计的概念和意义

统计设计是根据统计研究对象的性质和研究目的,对统计工作各个方面和各个环节通盘考虑和安排,制定各种设计方案的过程。这里的统计工作各个方面,是指统计研究对象的各组成部分:就工业企业生产经营活动而言,包括人力、财力和物力,供应、生产和销售;就整个社会经济发展来说,包括人口、环境、资源等条件和生产、分配、流通、消费等扩大再生产过程,以及政治、经济、文化、教育、科技、卫生、体育等社会活动。统计工作的各个环节,是指统计工作具体进行时的各个阶段,包括统计资料的搜集,统计资料的汇总与整理,统计资料的分析研究、提供、保存和公布等。

统计设计作为一个独立阶段,是由社会经济发展和统计研究的进步所决定的。只有通过统计设计,才能保证统计工作协调、统一、顺利进行,避免统计标准不统一;只有通过统计设计,才能按需要与可能,分清主次,采用各种统计方法,避免重复和遗漏,使统计工作有秩序地进行。

二、统计设计的种类

统计设计,从不同角度来考察,有其不同的分类。现分述如下。

1. 统计设计按其所包括的研究对象的范围,可以分为整体设计和专项设计

整体设计是指对整个统计工作进行的全面设计。整体设计的范围可大可小,可以是对一个企业、事业基层单位的统计工作的全盘设计,也可以是对整个国民经济范围的统计工作的全面规划和设计。专项设计是指对研究对象的某一部分的统计设计。例如,对一个企业有关人力、物资、供应、销售部分的统计设计就是专项设计。对国家工业、农业、交通运输业等的统计设计也是专项设计。

整体设计是主要的,专项设计从属于整体设计。两者的划分是相对的。例如,从全社会来看,工业统计设计是专项设计,但就工业为独立的研究对象来说,工业统计设计则是一个整体设计。

2. 统计设计按其所包括的工作阶段,可以分为全过程设计和单阶段设计

全过程设计是从确定任务、内容、指标体系到分析研究的通盘考虑和安排。单阶段设计是就统计工作过程中的某一阶段的安排,如统计调查的设计、统计整理的设计、统计分析的设计等。

全过程设计偏重于安排各阶段的联系,单阶段设计则是要细致地安排工作进度和方法。两者各有分工和侧重,相比之下,全过程设计是主要的,单阶段设计是以全过程设计为基础进行的。

3. 统计设计按其时期的长短,可以分为长期设计、中期设计和短期设计

长期设计是指 5 年以上的统计设计;短期设计是 1 年或年度内的统计设计;介于短期设计和长期设计之间的属于中期设计。这种划分是从具体设计的组织工作安排来考虑的。

三、统计设计的内容

统计设计涉及统计工作的各个方面,内容非常广泛,而且许多内容需要根据统计工作的进程适当地进行调整和充实。一般来说,统计设计包括以下几方面的内容。

1. 明确统计研究的目的和任务

明确统计研究的目的和任务是统计设计的首要环节,也是确定统计内容和方法的出发点。如果目的不明确,任务不清楚,就无法确定要研究什么和怎样研究,其结果可能导致整个统计研究路线的偏离。因此,明确统计研究的目的和任务是统计设计的首要问题。

2. 确定统计指标和指标体系

统计指标和指标体系是认识客观事物的工具,也是统计设计的中心内容。无论何种类型的统计设计,都要解决统计指标和指标体系的设计问题。

3. 确定统计分类和分组

这里的分类和分组,指的是社会经济现象本身的分类和分组,如生产资料按所有制分类,国民经济按部门分类,人口按职业分类,人口按年龄分组,家庭按平均年收入分组等。

统计分类是一件很重要的工作,有些统计分类是很复杂的,需要统计设计人员具有广博的理论和实践知识。统计分类实际上是一种定性认识活动。要搞好它,常常需要聘请有关方面的专家、学者及有实际工作经验丰富的人员共同讨论研究,制定出统一的分类目录,规定出对各种复杂情况的处理方法。

4. 研究设计统计表

为科学有序地表现统计资料,必须根据统计研究的任务,设计统计表(详见本章第三节)。

5. 确定统计分析研究的内容

统计分析研究内容的设计,最主要的是科学地选定分析研究的题目。确定了题目之后,还要考虑用什么分析方法。此外,统计分析的设计还要考虑分析结果的表达形式。它可以是比较系统的书面分析报告,也可以是简明扼要的文字说明,还可以是鲜明生动的图表。这要根据统计指标的性质和服务对象来确定。

6. 制定统计调查方案

为了保证在调查过程中统一认识,使整个统计调查工作按既定的要求顺利进行,必须制定一个统一的调查方案。

7. 制定统计整理方案

制定统计整理方案是统计设计的重要内容之一。所谓统计整理,是指根据统计研究的目的,将统计调查所得的原始资料(也称初级资料)进行科学的分类和汇总,为统计分析准备系统化和条理化的综合资料的工作过程。这一工作是一种汇总性工作。制定整理方案实际上也就是制定统计汇总方案。一般来说,它的基本内容,在统计调查之前就要确定下来,它要求根据统计分析的需要设计统计汇总的具体内容,对整个汇总过程作出统一的安排。

8. 规定各个阶段的工作进度和时间安排

在统计设计过程中,需要对各阶段、环节和细节进行严格的规定。例如,统计调查阶段包括资料的登记、复查、质量抽查等工作;整理阶段包括资料审核、编码、汇总等工作;统计分析阶段包括资料的分布、报告等工作。所有工作都要规定完成的期限,可以设计出"工作进

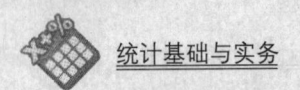

度图"、"统筹图"、"流程图"来具体规定明确的起止日期,以使各阶段、各环节的工作能够相互衔接和联系,按时、保质保量地完成。

9. 考虑各部门和各阶段的配合与协调

仅仅制定了统一的指标体系和统计分类、分组还是不够的,因为各个部门、各级组织对统计指标的口径、分类粗细等要求不同。为了满足各方面的要求,必须考虑如何处理这些问题。在统计工作全过程中,统计调查、统计整理和统计分析是互相联系的环节,不同的指标又有不同的搜集资料的方法,有不同的时间要求,从而也就有不同的整理方法。而这些又取决于统计分析研究的目的和内容。因此,整体设计虽然不能完全代替阶段设计,但是需要考虑到各个阶段之间的关联。

10. 统计力量的组织与安排

统计力量的组织和安排是保证统计工作顺利进行的一个重要的统计设计内容。就广义而言,它包括专业统计机构的组织,包括统计机构与领导机关和其他业务机构的关系,包括非统计机构中统计活动和各种业务资料的利用。也就是说,包括统计机构与非统计机构的整个统计力量的组织和安排。就狭义而论,统计力量的安排,则指专业统计机构的组织和统计力量的安排。就是说,如何组织专业统计机构,各项工作如何分工,各安排多少人,各负什么职责,怎样既有分工又有合作,是否有必要定期轮换等。

学习子情境二　认识统计调查

一、统计调查的含义

统计调查就是按照统计研究的目的、要求和任务,运用各种科学的调查方法,有计划、有组织地搜集某种客观事物实际资料的工作过程。例如,要研究某个企业的生产情况,就要反映该企业生产情况的有关实际资料。

统计调查所搜集的资料包括原始资料和次级资料。原始资料是指直接向调查单位搜集的反映总体单位特征的、未经加工整理的资料,又称为初级资料;次级资料是根据研究目的搜集的经初步加工整理过的、能够在一定程度上说明总体特征的统计资料。统计调查一般指的是准确、及时、全面、系统地对原始资料的搜集,并将其进行加工整理、汇总,使其成为从个体特征过渡到总体特征的资料,但有时也包括对次级资料的搜集。

统计调查是整个统计工作的基础环节。通过统计调查,取得有关被研究现象的具体资料,为统计整理和统计分析提供依据。统计调查搞得好,就能准确、及时、全面、系统地占有丰富的统计资料,有利于认识研究现象的本质及规律性;如果调查工作做得不好,得到的材料残缺不全或有错误,即使经过科学的整理和周密的分析,也不可能得到正确的判断,这将直接影响整个统计工作的成果。所以,统计调查阶段是保证统计工作质量的首要环节,是整个统计工作的基础。

二、统计调查的种类

社会经济现象是错综复杂的,调查对象也是千差万别的。因此,根据不同的调查目的和

调查对象的特点,选择合适的调查方法,是统计调查的重要问题。根据不同情况,统计调查可以分为不同的类别。

1. 按调查对象包括的范围不同,可分为全面调查和非全面调查

全面调查是指对构成调查对象的所有总体单位无一例外都进行调查登记的一种调查方法。普查和全面统计报表,都是全面调查。例如,为掌握国有企业生产经营活动情况,对所有国有企业无一例外地进行登记或观察。又如,为了研究我国人口数量、性别比例、年龄结构、受教育程度等人口问题而进行的全国人口普查,都属于全面调查。

非全面调查是指对构成调查对象的一部分总体单位进行调查登记的一种方法。重点调查、典型调查和抽样调查等都属于非全面调查。例如,为了掌握某类商品的质量,不需要对所有商品逐个进行质量检验,只需要抽出一部分产品进行检验即可。

2. 按调查登记时间是否有连续性,可分为经常性调查和一次性调查

经常性调查就是随着调查对象的发展变化,连续不断地进行调查登记的方法。调查的目的是反映事物在一定时期内的全部发展过程,例如,对工厂的产品生产、工人的出勤等,必须在观察期内连续登记。又如,对社会零售商品价格的调查和监控是长年累月地进行的,也属于经常性调查。

一次性调查就是对被研究现象在某一时刻(或瞬间)的状况进行一次性登记,以反映事物在一定时点上的发展水平。如对人口数、医院数等指标的调查,短期内不会发生巨大的变化,不必连续进行登记和观察,只要经过一段时间登记其某时刻或某一天的数量即可。

3. 按组织方式不同,可分为统计报表和专门调查

统计报表是按照统一规定的表式要求,自上而下地统一布置、自下而上地统一提供统计资料的一种调查组织方式。我国建立和规范的统计报表制度,所有的企业、事业单位和基层行政机关,都要遵守统计法,按照上级部门规定的表式、项目、日期和程序向上级部门提交统计报表。统计报表包括国家的政治、经济、文化等各方面的基本统计指标。这种调查组织方式在我国的统计工作中占有重要的地位。统计报表属于经常性调查。

专门调查是为研究某些专门问题,由进行调查的单位专门组织的调查,这种调查属一次性调查,包括普查、重点调查、典型调查和抽样检查等。如人口普查、经济普查等。

4. 按搜集资料的方法不同,可分为直接观察法、访问调查法、报告报表法、问卷调查法、卫星遥感法和互联网调查法

(1)直接观察法。直接观察是指调查人员亲自到现场对调查单位的调查项目直接清点、测定、计量以取得资料的一种统计方法。如为了及时了解农作物产量而进行产量抽样调查时,调查人员亲自参加抽选样本、实割实测、脱粒、晾晒、保管、过秤计量;直接观察法取得的资料,具有较高的准确性,但需要大量的人力、物力、财力和时间。因此,它的应用受到一定条件的限制。

(2)访问调查法。访问调查是通过指派调查员对被调查者询问、采访,根据被调查者的回答来搜集统计资料的一种调查方法,如电话调查、街头拦截调查、入户调查、深度访谈调查等都属于访问调查。这种方法由于双方的直接接触,可以搜集到详细而深入的信息,准确程度也较高,但调查费用大,时间长,而且对调查人员的素质要求较高。典型资料的搜集,人口调查,一些专题性个案调查可以采用访问调查法。

(3)报告报表法。报告报表调查是由报告单位根据各种原始记录和核算凭证,依照统

计报表的格式和要求,按照隶属关系,逐级向有关部门提供资料的调查方法。我国现有的企事业单位所填写的统计报表就是这种方法。如果报告系统健全,原始记录和核算工作完整,报表调查也可以取得比较准确的资料。

(4) 问卷调查法。问卷调查是为特定目的,以问卷形式提问,发给被调查者,由被调查者自愿自由回答的一种采集资料的方法。通常是在初步分析调查对象的基础上,从调查对象总体中随机地或有意识地选择若干调查单位,发出问卷,要求被调查者在规定时间内以不记名(也可记名)方式反馈信息,以形成对调查对象总体的认识。科学地进行问卷调查,必须精心设计,问题要简明扼要。在实施上,要尽量设法防止回答率或答案质量不高的问题。

(5) 卫星遥感法。卫星遥感是一种使用卫星高度分辨辐射技术提供地面农作物绿度资料,来估计农作物产量的方法。我国运用这种方法来估计北方冬小麦产量已有十多年,取得了一定的效果。

(6) 互联网调查法。互联网调查是借助于各种网络技术所提供的各种工具,搜集传输有关数据资料。这种调查法的优势是实效性强、发布范围广、成本费用相对较低,所以近年来发展迅速,但是需要对网络调查的被调查者的代表性加以关注。

三、统计调查的基本方法

(一) 普查

1. 普查的含义

普查是为了掌握某种客观事物的准确情况而专门组织的一次性全面调查。它主要用来搜集那些不需要或不可能进行经常性调查,但又需要掌握它的准确情况的客观现象的统计资料。普查是一种重要的调查方式,世界各国在进行本国的国情、国力调查时,都采用普查的方式来完成,尤其是了解一个国家人力资源、物资资源和财力资源的数量及其利用情况;对于国家从实际情况出发制定国民经济和社会发展计划及产业政策,加强国民经济管理,安排人民物质和文化生活具有重要的意义。

2. 普查的特点

(1) 普查是一次性调查。普查一般用来调查属于一定时点现象的总量。由于时点现象的问题在短期内往往变化不大,不需要进行经常性调查,通常要间隔一段较长的时间进行一次调查。例如,我国第五次人口普查与第四次人口普查相隔了10年。当然有些时期现象也可以采用普查的方式,如工业总产值、利润额等指标都采用普查的方式获得。

(2) 普查是全面调查。普查涉及面广,被调查单位数量大,指标的内容详细,并且规模宏大,所以,普查比其他任何调查方式更能掌握大量、全面的统计资料。

(3) 普查的工作量大。普查涉及面广、时间性强、复杂程度高、对组织工作的要求高,需要大量的人力、物力和财力,因而普查不宜经常进行。

3. 普查的组织基本原则

普查要求有较高的准确性和时效性,因而普查工作必须有统一领导、统一要求和统一行动。在具体组织普查时必须遵守以下几项基本原则:

(1) 要确定一个统一的调查时点,也叫标准时间,所有调查资料都必须反映这一时点上的状况。标准时间的选择,要根据研究对象的性质和实际条件来决定。

（2）在普查范围内的各调查单位或调查点要同时行动，在方法、步调上保持一致，要力求在最短的期限内完成，以保证调查材料的时效性，避免发生重复或遗漏。

（3）普查项目要有统一的规定，不能任意改变或增减，以免影响汇总和综合，降低资料质量。性质相同的普查，其各个时期的普查项目也应尽可能保持相同，便于对比分析。

（4）根据普查任务，选择最适当的普查时间。普查时间的间隔，应当尽可能保持一定的周期，以便进行动态分析，观察现象的发展变化情况及其规律性。

（二）重点调查

1. 重点调查的意义

重点调查，是指在调查对象中，只选择一部分重点单位而进行的非全面调查。

重点单位是指调查对象中的一小部分，这些单位可能数目不多，但其某一主要标志总量在总体标志总量中却占绝大比重，重点单位的特征可以反映总体的基本情况。可见，重点调查是非全面调查，但调查这部分单位的情况，即可反映被研究现象的基本情况和基本趋势。例如，要及时了解全国原油生产的基本情况，只要调查占全国原油产量比重很大的大庆油田、大港油田、胜利油田等的原油产量即可，虽然只有少数几个单位，但原油产量却占全国原油总产量的很大比重。

重点调查由于调查单位少，因此比全面调查节省人力、财力、物力，时效性高。一般来说，当调查的目的和任务不要求全面性和高度准确性，而部分单位又能比较集中地反映所研究的标志或指标时，宜采用重点调查方式。重点调查对于领导及时了解情况，掌握基本趋势，指导全局有重要的作用。

2. 重点调查的要求

重点单位的选择确定，应着眼于调查目的和调查单位本身的条件。重点单位可以是一些单位，也可以是一些城市或地区。重点单位选多选少，要根据调查任务来确定。一般来说，选出的单位应尽可能少些而其标志值在总体标志总量中所占比重应该尽可能大些。选中的单位，管理应比较健全，统计力量应比较充实，统计基础应比较巩固，这样才能准确、及时地取得资料。

（三）典型调查

典型调查是根据调查目的和要求，在对所研究总体全面分析的基础上，有意识地从中选择少数具有典型性的单位进行深入调查研究的一种非全面调查方式。

典型调查的特点如下：

（1）典型调查是深入细致的调查，用来研究某些比较复杂的专门问题。

（2）典型调查单位少，因而指标可以多一些，可省省人力、物力和财力。

（3）典型调查是一种灵活的调查方式，典型单位的选择和确定，是根据研究任务，在对调查对象进行初步分析的基础上，有意识地加以选择。

在统计工作中，典型调查既可以作为统计搜集资料的一种调查方式，也可以进行分析研究。其主要作用是：①可用于研究新生事物，抓住苗头，认真地进行调查研究，探索它们的发展方向，形成预见，加以推广；②可以补充全面调查的不足；③可以利用典型资料，结合基本统计数字，估计推算有关数据。

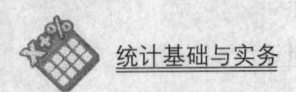

例如,为了了解工业生产环境污染问题,可以初步分析污染的严重程度,然后选择污染治理工作效果差的企业作为典型单位,进而研究其原因以及给社会带来的严重问题和后果。同样还可以选择一个治污工作成绩显著的企业作为典型,深入研究其治污和克服困难的办法,总结经验,为其他企业树立榜样;

(四) 抽样调查

抽样调查是按随机原则,从总体中抽选部分单位进行观察,并根据这部分单位的调查材料,从数量方面推断总体指标的一种非全面调查。对于无限总体或总体单位分散的调查来说,抽样调查有着其他调查无法代替的优越性(有关抽样调查的理论和方法,将在第八章详述)。

(五) 统计报表

统计报表是依照国家有关法规的规定,自上而下地统一布置,以一定的原始记录为依据,按照统一的表式,统一的指标项目,统一的报送时间和报送程序,自下而上地逐级定期提供基本统计资料的一种调查方式。它是我国统计调查体系中取得统计资料的一种重要的调查方式。

统计报表按国家统计法制定、实施和管理的一整套办法,称为统计报表制度。统计报表制度是我国对国民经济宏观调控和业务指导的重要工具,是全面、及时、准确地获得统计资料的有效方法。

1. 按照不同的角度,统计报表可进行各种分类

(1) 按调查范围不同,统计报表分为全面调查的统计报表和非全面调查的统计报表。全面统计报表要求调查对象的全部单位填报;非全面的统计报表只需要调查对象中的部分单位填报。非全面统计报表又可采用重点的、抽样的和典型的调查方式。

(2) 按报送周期不同,统计报表分为定期报表和年报。日报、旬报、月报、季报、半年报均属于定期统计报表。

(3) 按报送的方式不同,统计报表分为邮寄和电讯两种。电讯报表又可分为电报、电话、电传和网络数据传输等。

(4) 按填报单位不同,统计报表分为基层报表和综合报表。基层报表主要由基层企业、事业单位填报,它是统计调查的基本资料;由主管部门根据基层报表逐级汇总填报的统计报表即为综合统计报表。填报基层报表的单位称为基层填报单位,填报综合统计报表的单位称为综合单位。

(5) 按实施的范围不同,统计报表分为国家统计报表、部门统计报表和地方统计报表。

(6) 按性质和内容不同,统计报表分为基本统计报表和专业统计报表。基本统计报表由国家统计部门制发,在全国范围内执行,用来搜集整个国民经济与社会发展的基本资料。专业统计报表是由各业务主管部门为适应本部门业务管理的需要而制定的,主要用来搜集本部门系统内的统计资料。

2. 统计报表要求

为提高统计报表质量,制定统计报表制度,首先,要遵循适用与精简的原则,也就是说,必须把统计报表指标内容、分类、表式的确定建立在适用与精简的基础上,既能满足统计任

务要求,适应经济建设需要,又要力求简明扼要,切实可行;其次,统计报表的制发,只能由统计部门或业务部门的综合统计机构统一组织,严禁滥发报表,避免各搞一套;再次,基层统计报表应逐步做到统一、配套,并保持相对稳定;最后,对已审核的统计报表必须严格执行,要严肃填报纪律,凡统计报表中的有关规定,各填报单位不得擅自更改,应如实填写,不允许弄虚作假,虚报瞒报。

3. 统计报表资料来源

统计报表资料来源于基层单位的原始记录。从原始记录到统计报表,中间还要经过统计台账和企业内部报表。原始记录是基层单位通过一定的表格形式,对生产经营活动的具体内容和状况进行的最初的数字和文字记载。统计台账是基层单位根据统计报表要求和基层经营管理需要而按时间顺序设置的一种系统积累统计资料的表册。

学习子情境三　统计调查方案

无论采用什么调查方式搜集资料,都要事先根据需要和可能,对被研究对象进行定性分析,设计出调查方案来。统计调查方案是统计设计阶段的一项重要内容,是保证统计调查顺利进行的前提,也是准确、及时、系统、完整地取得调查资料的重要条件。一份完整的调查方案,应包括以下基本内容。

一、确定调查目的和任务

统计调查,总是为一定的研究任务服务的,制订调查方案的首要问题是明确调查的目的和任务。不同的研究目的和任务,决定着不同的调查内容和范围。目的不明,任务不清,就无法确定向谁调查,调查什么,怎样调查,整个调查工作就会陷入盲目混乱,造成人力、物力、财力的浪费。调查目的和任务,主要是根据社会主义建设的实际需要,并结合调查对象本身特点来确定。明确统计研究的目的和任务是统计设计的首要环节,也是确定统计内容和方法的出发点。如果目的不明确,任务不清楚,就无法确定要研究什么和怎样研究,其结果可能导致整个统计工作研究路线的偏离。因此,明确统计研究的目的和任务是统计设计的首要问题。

二、确定调查对象和调查单位

确定调查对象和调查单位,是为了回答向谁调查、由谁来具体地提供统计资料的问题。调查对象,就是在某项调查中需要进行调查研究的社会现象的总体,它是由性质相同的许多个别单位组成的。确定调查对象,首先,要根据调查目的,对研究现象进行认真分析,掌握其主要特征,科学地规定调查对象的含义;其次,要明确规定调查对象总体的范围,划清它与其他社会现象的界限。只有调查对象的含义确切、界限清楚,才能避免登记的重复或遗漏,保证统计资料的准确。调查单位,就是在某项调查中登记其具体特征的单位,即调查项目的承担者。调查单位的确定决定于调查目的和调查对象。如调查目的在于了解城市职工家庭收支的基本情况,那么全部城市职工家庭就是调查对象,这就需要先划清城市职工与非城市职工的界限,然后明确职工家庭的含义,而每一户城市职工家庭就是调查单位。明确调查单位

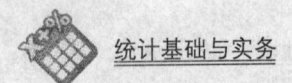

还需要把它和报告单位相区别。报告单位也称填报单位,它是负责向上报告调查内容,提交统计资料的单位。报告单位一般是在行政上、经济上具有一定独立性的单位,而调查单位可以是人、企事业单位,也可以是物。根据调查目的,调查单位与报告单位有时一致,有时不一致。如工业企业普查,每个工业企业既是调查单位又是报告单位,而工业企业生产设备状况的普查,调查单位是工业企业的每台生产设备,而报告单位则是每个工业企业。

三、确定调查项目,设计调查表式

1. 确定调查项目

调查项目就是调查中所要登记的调查单位的特征,这些特征统计上又称标志。确定调查项目所要解决的问题是:向调查单位调查什么。反映调查单位特征的标志是多种多样的。在调查中确定哪些调查项目,应根据调查目的和调查单位的特点而定。要紧紧围绕调查目的,从现象之间的相互联系中,从现象的过去、现在和未来发展等方面出发,做周详的考虑。

2. 拟订调查表式

将反映调查单位特征的调查项目,按一定的顺序排列在一定的表格上,就构成了调查表。调查表是调查方案的核心部分,它是容纳调查项目、搜集原始资料的基本工具。利用调查表进行调查,不仅能够条理清晰地填写需要搜集的资料,还便于调查后对资料进行汇总整理。

四、确定调查的时间、空间和方法

调查时间包括三个方面的含义:首先是指调查资料所属的时间,如果所调查的是时期现象,就要明确规定反映的调查对象从何年何月何日起到何年何月何日止的资料;如果所要调查的是时点现象,就要明确规定统一的标准时点。其次是指调查工作进行的时间,即指对调查单位的标志进行登记的时间。再次是指调查期限,即整个调查工作的时限,包括搜集资料及报送资料的整个工作所需要的时间。为了保证资料及时性,对调查期限的规定,要在保证资料准确性的前提下尽可能缩短。确定调查空间是指确定调查单位在什么地方接受调查,如人口普查要具体规定是常住人口还是现有人口等。调查方法,包括调查的组织形式和搜集资料的具体方法,这也要进行正确的选择。

五、制订调查工作的组织实施计划

为了保证整个统计调查工作顺利进行,在调查方案中还应该有一个周密考虑的组织实施计划。其主要内容应包括:调查工作的领导机构和办事机构;调查人员的组织;调查资料报送办法;调查前的准备工作,包括宣传教育、干部培训、调查文件的准备、调查经费的预算和开支办法、调查方案的传达布置、试点及其他工作等。统计调查的组织方式是整个统计工作的基础,只有通过切实地统计调查取得真实的客观材料,才能充分发挥统计的作用。所以,必须科学地确定统计调查的组织方式,才能保证统计调查获得反映客观实际的材料。而组织方式要适应客观形势要求。随着社会主义市场经济体制的建立和发展,面对多种经济成分、多种经济类型、多种经营方式等复杂多样的调查对象,在经济结构复杂化和利益主体化的格局下,统计调查必须建立以周期性普查为基础,以经常性的抽样调查为主体,以必要的统计报表、重点调查和综合分析为补充,搜集、整理基本统计资料的统计调查方法体系。

学习子情境四 统计调查误差及其防止

一、统计调查误差的概念和种类

统计调查误差，就是调查结果所得的统计数字与调查总体实际数量表现的差别。

统计调查误差有两种：一种是登记误差；另一种是代表性误差。

登记误差又叫调查误差，它是由于调查过程中各个有关环节的失误造成的，主要包括计量错误、记录错误、计算错误、抄录错误、在逐级上报过程中的汇总错误、被调查者所报不实或调查者有意瞒报或虚报以及调查方案的规定不明确等。这种误差，在全面调查和非全面调查中都会产生。

代表性误差，只有在非全面调查的抽样调查中才有，全面调查不存在这类误差。抽样调查从总体中抽出一部分单位进行观察，并用这部分的标志值来估计总体的标志值，这同总体的实际标志值会有一定的差别，这就是代表性误差产生的原因。代表性误差又可分为两种：一种是偏差，它一般是由于从总体中抽选调查单位没有按照随机原则而造成的。但在抽样调查中，即使严格按照随机原则，消除了偏差，也存在另一种不可避免的代表性误差，即抽样误差。这种误差是由抽样的随机性带来的，在抽样调查中无法避免和消除，但可以设法控制的那部分误差。

二、统计调查误差的防止

为了取得准确的统计资料，必须采取各种措施，防止可能发生的统计调查误差，把它缩小到最低限度。

首先，要正确制定统计调查方案，详细说明指标含义和计算方法，合理选定调查方法，使之切合调查对象的实际，并使调查人员或填报人员能够明确执行，不致产生歧义。

其次，有了科学的统计调查方案，还要切实抓好调查方案的贯彻执行工作：①加强对统计工作人员的培养训练，使每个统计人员都能严格地执行统计制度方法。②扎扎实实地搞好统计基础工作。建立统计机构，配备必要的统计人员。建立健全原始记录、统计台账、班组核算等制度，使统计资料的来源准确可靠。③在统计调查过程中，加强对数字填报质量的检查。

以上说的是防止登记误差，至于代表性误差的防止，如果是抽样调查则应严格遵守随机原则，认真执行调查方案。

 【情境小结】

1. 统计设计的概念和类型。统计设计是根据统计研究对象的性质和研究目的，对统计工作各个方面和各个环节通盘考虑和安排，制定各种设计方案的过程。统计设计按其所包括的研究对象的范围，可以分整体设计和专项设计；按其所包括的工作阶段，可以分为全过程设计和单阶段设计；按其时期的长短，可以分为长期设计、短期设计和中期设计。

2. 统计设计的内容。统计设计包括以下几方面的内容：明确统计研究的目的和任务；

确定统计指标和指标体系;确定统计分类和分组;研究设计统计表;确定统计分析研究的内容;制定统计调查方案;制定统计整理方案;规定各个阶段的工作进度和时间安排;考虑各部门和各阶段的配合与协调;统计力量的组织与安排。

3. 统计调查的种类。按调查对象包括的范围不同,可分为全面调查和非全面调查;按调查登记时间是否有连续性,可分为经常性调查和一次性调查;按组织方式不同,可分为统计报表和专门调查;按搜集资料的方法不同,可分为直接观察法、访问调查法、报告报表法、问卷调查法、卫星遥感法和互联网调查法。

4. 统计调查的基本方法。主要包括:

(1) 普查。普查是为了掌握某种客观事物的准确情况而专门组织的一次性全面调查。

(2) 重点调查。重点调查是指在调查对象中,只选择一部分重点单位进行的非全面调查。

(3) 典型调查是根据调查目的和要求,在对所研究总体全面分析的基础上,有意识地从中选择少数具有典型性的单位进行深入调查研究的一种非全面调查方式。

(4) 抽样调查。抽样调查是按随机原则,从总体中抽选部分单位进行观察,并根据这部分单位的调查资料,从数量方面推断总体指标的一种非全面调查。

(5) 统计报表。统计报表是依照国家有关法规的规定,自上而下地统一布置,以一定的原始记录为依据,按照统一的表式、统一的指标项目、统一的报送时间和报送程序,自下而上地逐级定期提供基本统计资料的一种调查方式。它是我国统计调查体系中取得统计资料的一种重要的调查方式。

5. 统计调查方案的设计。一份完整的调查方案,主要包括以下基本内容:

(1) 确定调查目的和任务。

(2) 确定调查对象和调查单位。

(3) 确定调查项目,设计调查表式。

(4) 确定调查的时间、空间和方法。

(5) 制订调查工作的组织实施计划。

【做中学】

一、单项选择题

1. 全面调查与非全面调查中的"全面性"是指( )。

    A. 调查内容全　　　　B. 调查时间全　　　　C. 调查地点全　　　　D. 调查单位全

2. 某手机厂为了掌握该厂的产品质量,拟进行一次全厂的质量大检查,这种检查应选择( )。

    A. 统计报表　　　　B. 重点调查　　　　C. 全面调查　　　　D. 抽样调查

3. 某市对占该地交通运输业总产值2/3的6个运输企业进行调查,这种调查方法叫( )。

    A. 重点调查　　　　B. 普查　　　　C. 典型调查　　　　D. 抽样调查

4. 某市工业企业2013年生产经营成果年报呈报时间规定在2014年1月31日,其调查期限为( )。

    A. 1年零1个月　　B. 1个月　　　　C. 1天　　　　D. 1年

5. 作为一个调查单位( )。

　　A. 只能有一个标志　　　　　　　　　　B. 可以有多个标志

　　C. 只能有一个指标　　　　　　　　　　D. 可以有多个指标

6. 在现实生活中使用最为广泛的非全面调查方式是(　　　)。

　　A. 抽样调查　　　　B. 普查　　　　　　C. 重点调查　　　　D. 典型调查

7. 下列调查方式中,属于一次性调查的是(　　　)。

　　A. 收入调查　　　　B. 成本调查　　　　C. 产量调查　　　　D. 资产调查

8. 对百货商店工作人员进行普查,调查对象是(　　　)。

　　A. 各百货商店　　　　　　　　　　　　B. 各百货商店的全体工作人员

　　C. 一个百货商店　　　　　　　　　　　D. 每位工作人员

9. 全国人口普查中,调查单位是(　　　)。

　　A. 全国人口　　　　B. 每一个人　　　　C. 每一户　　　　D. 每一省份人口

10. 调查鞍钢、武钢、首钢、宝钢、包钢、马钢等大型钢厂,以了解我国钢铁生产的基本情况,
　　这种调查方式属于(　　　)。

　　A. 普查　　　　　　B. 典型调查　　　　C. 重点调查　　　　D. 抽样调查

11. 某市进行工业企业生产设备普查,要求在8月10日至8月20日全部调查完毕,则这一
　　时间规定是(　　　)。

　　A. 调查时间　　　　B. 调查期限　　　　C. 标准时间　　　　D. 登记期限

12. 抽样调查与典型调查都属于非全面调查,两者的根本区别在于(　　　)。

　　A. 灵活程度不同　　　　　　　　　　　B. 组织方式不同

　　C. 作用不同　　　　　　　　　　　　　D. 选取调查单位的方法不同

13. 统计调查按其组织方式不同,可分为(　　　)。

　　A. 普查与典型调查　　　　　　　　　　B. 重点调查与抽样调查

　　C. 统计报表与专门调查　　　　　　　　D. 经常性调查和一次性调查

14. 下列各项中,适宜于连续登记的是(　　　)。

　　A. 产品产量　　　　B. 厂房面积　　　　C. 职工人数　　　　D. 生产设备数

15. 重点调查中的重点单位是指(　　　)。

　　A. 这些单位是工作的重点

　　B. 在某方面作出成绩的单位

　　C. 某一数量标志值在总体中占比重大的单位

　　D. 典型单位

16. 调查时间是指(　　　)。

　　A. 资料所属的时间　　　　　　　　　　B. 调查工作起止的时间

　　C. 规定提交资料的时间　　　　　　　　D. 开始进行调查的时间

17. 对全国各铁路交通枢纽的货运量、货物种类调查以了解全国铁路货运概况,这种调查属
　　于(　　　)。

　　A. 一次性典型调查　　　　　　　　　　B. 连续性的全面调查

　　C. 连续性的重点调查　　　　　　　　　D. 普查

18. 下列调查中,调查单位与填报单位一致的是(　　　)。

　　A. 企业设备调查　　B. 人口普查　　　　C. 农村耕地调查　　D. 工业企业现状调查

19. 对于生产过程中产品质量的检查和控制宜采用（　　）。

    A. 普查   B. 重点调查   C. 典型调查   D. 抽样调查

20. 普查规定的标准时间是（　　）。

    A. 登记时限   B. 时点现象的所属时间

    C. 时期现象的所属时间   D. 以上都对

二、多项选择题

1. 下列调查方式中，属于统计专门调查的有（　　）。

    A. 统计报表   B. 普查   C. 重点调查   D. 典型调查

    E. 抽样调查

2. 某地对商业个体户的偷漏税情况进行调查，5月5日抽选5％样本检查，8月1日抽选10％样本检查，这种调查为（　　）。

    A. 非全面调查   B. 一次性调查   C. 不定期性调查   D. 定期性调查

    E. 经常性调查

3. 常用的收集资料的方式有（　　）。

    A. 直接观察法   B. 采访法   C. 大量观察法   D. 报告法

    E. 问答法

4. 对某大学在校学生的学习情况进行调查，下列提法正确的有（　　）。

    A. 调查对象是该大学   B. 调查对象是该校所有在校学生

    C. 调查对象是该校每一位学生   D. 调查单位是该校每一位学生

    E. 填报单位是该大学

5. 下列情况下，调查单位和填报单位一致的有（　　）。

    A. 工业企业设备普查   B. 零售商业网点调查

    C. 人口普查   D. 高校学生健康状况调查

    E. 工业企业普查

6. 统计调查（　　）。

    A. 是收集原始资料的工作   B. 是统计工作的基础环节

    C. 是统计工作中承前启后的阶段   D. 所取得的资料都是数字资料

    E. 所取得的资料直接说明总体单位的特征

7. 抽样调查和典型调查的主要区别在于（　　）。

    A. 选取调查单位的方法不同   B. 调查单位的多少不同

    C. 在能否计算和控制误差上不同   D. 调查的目的不同

    E. 调查的组织形式不同

8. 我国第六次人口普查的标准时间是2010年11月1日零时，下列情况中，应统计人口数的有（　　）。

    A. 2010年11月2日1时出生的婴儿   B. 2010年10月30日6时出生的婴儿

    C. 2010年10月30日14时死亡的人   D. 2010年11月1日1时死亡的人

    E. 2010年10月29日出生，11月1日3时死亡的婴儿

9. 统计报表的特点有（　　）。

    A. 自上而下统一布置   B. 自下而上逐级填报

C. 按规定的报送时间上报   D. 按统一的表式和项目填报

E. 一般属于全面调查

三、判断题(把"√"或"×"填在题后的括号里)

1. 典型调查与抽样调查的根本区别是选取调查单位的方法不同。   (   )

2. 一般来说,掌握了重点单位的基本情况,就可以了解总体的基本情况及其变化趋势。

(   )

3. 通过典型调查,可以研究新生事物的发展变化情况。   (   )

4. 有意识地选取几十块小麦地来估算某县小麦总产量,这种调查方式是典型调查。(   )

5. 了解某工业企业的产品质量,调查人员深入现场进行观察、检验,这种搜集资料的方法是直接观察法。

(   )

6. 在统计调查中,调查标志的承担者是调查单位。   (   )

7. 对全国各大石油集团的生产情况进行调查,以掌握全国石油开采量的基本情况。这种调查属于非全面的重点调查。

(   )

8. 由于直接观察法能保证资料的真实性和可靠性,因而在进行大规模调查时,应采用这种方法。

(   )

四、思考题

1. 一个完整的统计调查方案应该包括哪些内容? 请针对调查某产品销售情况,设计一个调查方案。

2. 试对普查、重点调查、抽样调查、典型调查、统计报表等几种调查方式进行比较。

3. 谈谈你对统计调查误差的认识。

4. 全面统计报表和普查都属于全面调查,两者有何区别? 如果采用定期普查,能否代替全面统计报表?

五、随意抽取某高校某系四个班的学生连续 4 个月的月生活费支出情况进行调查,以此反映当代大学生消费热点,研究学生学习、生活需求。

具体操作步骤如下:

(1) 学员分组调查。

(2) 各组分别设计一个完整的调查方案。

(3) 利用课余时间实施调查(注意可使用的方法:采访法、问卷法)。

(4) 将调查资料搜集、装订、整理,留待以后整理分析使用。

[提示:调查项目包括被调查学生月生活费支出、基本月生活费(生存必需的月生活费)、学习费(学费、用具、资料)、零食消费、课外培训费、娱乐消费(网吧、影院、郊游)、其他消费。]

学习情境三 统计整理

李明是班级的学习委员,第一学期期末,他看到了其所在班级的高等数学成绩单,具体情况如下:

该班级 40 名学生《高等数学》的考试成绩(单位:分)

95	69	91	70	85	85	78	80	78	98
78	80	79	66	79	77	80	46	78	81
82	62	84	84	64	75	99	68	88	89
91	53	91	83	68	85	75	95	76	86

高等数学老师正要对该班成绩进行成绩分析,李明很想帮高数老师做点什么,面对上述零星的、分散的原始资料,他该怎么做才能揭示其所在班级这个研究总体的分布特征和本质规律性呢?你能帮他完成这项工作吗?

为了概括以上数据,统计工作者经常使用一些图表,通过图表对数据进行归类整理、显示。如何整理这些数据,如何编制统计图表来显示这些数据的分布特征?

【职业能力目标】

通过本学习情境的学习,学习者可以明确数据整理的意义和内容、统计分组的作用,熟悉统计分组的概念、分组类型和组距数列相关概念。目标是培养学习者正确选择分组标志的能力。

【典型学习任务】

熟练审核调查资料内容,准确选择分组标志,正确进行统计分组,熟练编制分配数列及统计表。

学习子情境一 认识统计整理

一、统计整理的意义

统计整理是根据统计研究的目的和任务的要求,对统计调查所搜集到的原始资料进行分组、汇总,使其系统化、条理化、科学化,从而得到表现总体特征的综合统计资料的工作过程。

统计工作经过了统计调查之后,所获取的各种原始资料比较分散、零碎,很不系统,仅仅反映了事物的表面现象或某一侧面,不能深刻地说明事物的本质,难以揭示事物的发展规律。只有对这些调查资料进一步进行加工和整理,才能认识事物的总体及其内部联系。例如,工业设备普查中,所调查的每个企业资料,只能说明每个企业的设备类型、名称、型号、生产厂、数量等具体情况,必须通过对所有资料进行分组、汇总等加工处理后,才能得到全国工业企业设备的综合情况。统计整理在整个统计工作中起着承前启后的重要作用,它既是统计调查的继续,又是统计分析的前提。统计整理的结果能否如实地反映客观情况,决定着统计资料的科学价值,也直接影响到统计分析的准确性和真实性。

统计资料按来源不同分为原始资料和次级资料两种。由于搜集次级资料比搜集原始资料快捷方便且节省费用,因此,人们有时只需对次级资料进行再加工就可以满足研究目的的需要。所以,统计资料整理不仅包括对原始资料的整理,也包括对次级资料的整理。

二、统计整理的步骤

统计整理工作是一项细致的、科学性很强的工作,需要有组织、有计划地进行。统计整理的基本步骤如下。

1) 设计和编制统计资料整理方案。

在进行统计资料整理之前,应当首先根据研究目的,对调查中所搜集资料的内容进行整理。同时,还要确定如何进行统计分组,采用哪些汇总指标以及统计资料如何表现等。这些整理方案的内容体现在一系列的整理或汇总表中。

2) 审核原始资料。

(1) 审查被调查单位的资料是否齐全。

(2) 审查数据是否准确。资料的准确性是审核的重点。对资料的准确性的审核是通过逻辑检查和计算检查两个方面进行的。逻辑检查主要审核原始资料的内容是否符合逻辑、各项目或数量之间有无相互矛盾的地方。例如,一个 5 岁的儿童的资料所反映的职业是足球教练,对这样显然违背逻辑的项目,应予以纠正。计算检查是计算复核表中的各项数字有无差错,检查各项指标的计算方法是否恰当,计算单位是否正确,有关指标间的平衡关系是否得到保持等。

(3) 审核资料的及时性、系统性和完整性。及时性是指检查资料是否符合调查规定的时间,资料的报送是否及时等。审核资料的系统性和完整性,是要检查统计资料是否系统周密、合乎逻辑,是否按规定的调查项目搜集齐全,调查单位是否有重复和遗漏,报送单位是否有不报、漏报的现象等。不系统、不完整的统计资料难以全面反映现象的总体特征和规律,也会影响到资料的整理和分析工作。

在审核资料时,既可以逐项地对资料进行全面细致的审核,也可以抽取重要部分或容易出现差错的部分作重点审核。对于通过审查发现的问题和错误,应及时予以查询和纠正。

3) 统计分组并统计汇总各项原始资料。

按照一定的组织形式和方法,对原始资料进行统计分组和统计汇总,计算出各组的单位数和合计总数,计算出各组指标和综合指标的数值。

4) 以统计表或统计图的形式表现汇总的结果。

5) 系统积累统计资料。

学习子情境二　统计分组

一、统计分组的概念

统计分组是根据研究任务的要求和所研究事物的特点,按照一定标志将统计总体划分为若干个组成部分的一种统计方法。统计分组的目的就是提示各组之间性质上的差异。通过统计分组,使同一组内的各单位性质相同,组与组之间产生性质上的差异。例如,将某班同学按性别这一标志划分为两组,即男生组和女生组。很显然,两组间性质是截然不同的,而组内性质却是一致的。由此可见,统计分组实质上是在统计总体内部进行的一种定性分类。

只有将统计总体进行科学的分组,才能对统计资料进行科学的加工和分析,得出正确的结论。因此,统计分组是统计整理的关键,它关系到整个统计研究工作的成败。

二、统计分组的作用

统计分组对统计分析具有重要的作用,主要表现在以下四个方面。

1. 对分散的、不系统的统计资料,通过统计分组可以发现其特点及规律性

【学中做 3-1】 某班级 40 名同学的英语期末成绩如下(单位:分):

```
75  86  80  83  72  70  68  46  82  76
65  63  92  56  82  72  63  85  42  90
47  91  66  78  88  84  63  92  76  80
96  81  79  67  88  78  82  84  76  80
```

从以上资料中,我们只能大体看出这个班级英语成绩有高有低,而很难看出 40 名同学总的情况和特点。下面将资料分组汇总再进行观察,见表 3-1。

表 3-1　　　　　某班级 40 名同学英语期末成绩情况

按成绩分组	学生人数(人)
90 分以上	5
80～90 分	14
70～80 分	10
60～70 分	7
60 分以下	4
合计	40

由表 3-1 的资料,我们可以对该班成绩作出综合评价指出其特点:90% 的同学成绩及格,其中有将近 50% 的同学成绩在良好以上。总的结论是该班级同学英语成绩比较好,中等以上的同学占了绝大多数。如果不经过上述分组,就难以观察出这些特点。

2. 区分现象质的差别

统计分组的根本作用就在于区分现象质的差别。统计分组的过程就是区别事物性质的

过程。例如,我国根据社会生产活动历史发展的顺序将国民经济产业结构划分为三个不同的部分:根据国家统计局 2003 年新发布的《三次产业划分规定》,三次产业划分范围如下:第一产业是指农、林、牧、渔业。第二产业是指采矿业,制造业,电力、燃气及水的生产和供应业,建筑业。第三产业是指除第一、第二产业以外的其他行业。第三产业包括:交通运输、仓储和邮政业,信息传输、计算机服务和软件业,批发和零售业,住宿和餐饮业,金融业,房地产业,租赁和商务服务业,科学研究、技术服务和地质勘查业,水利、环境和公共设施管理业,居民服务和其他服务业,教育、卫生,社会保障和社会福利业,文化、体育和娱乐业,公共管理和社会组织,国际组织。

3. 反映现象总体的内部结构及其变化

统计总体经过分组后,被划分为若干个性质不同的组成部分,计算各个组成部分的总量在总体总量中所占的比重,可以分析和研究总体内部各组成部分的性质、结构和比例关系,从而认识现象的发展过程和发展规律。例如,随着经济的发展近年来我国第一、第二、第三产业之间的关系见表 3-2。

表 3-2　　　　　　　　　我国国内生产总值中各产业比例构成

年份　项目　产业	2009		2010		2011	
	绝对数(亿元)	比重(%)	绝对数(亿元)	比重(%)	绝对数(亿元)	比重(%)
第一产业	35 226.0	10.3	40 533.6	10.1	47 486.2	10.0
第二产业	157 638.8	46.2	187 383.2	46.7	220 412.8	46.6
第三产业	148 038.0	43.4	173 596.0	43.2	204 982.5	43.4
合计	340 902.8	100.0	401 512.8	100.0	472 881.5	100.0

资料来源:国家统计局. 中国统计年鉴(2012).

表 3-2 表明,这 3 年中我国国民经济中三次产业的构成正在发生明显的变化,即国内生产总值中第一、第三产业的比重都在下降,而第二产业的比重不断上升。

4. 分析现象之间的相互依存关系

任何现象都不是孤立的,现象之间是相互联系、相互依存、相互制约的。例如,工业企业中,劳动生产率与利润的依存关系;商业企业中商品销售额与流通费用的关系;农作物的产量与施肥量的关系等都可以通过分组来解释。某地区 80 家百货商店的月销售额与流通费用情况见表 3-3。

表 3-3　　　　　　　某地区 80 家百货商店的月销售额与流通费用情况

按销售额分组	商店数(家)	每百元销售额中支付的流通费用(元)
50 万元以下	8	15
50 万~100 万元	16	12
100 万~200 万元	32	10
200 万~300 万元	14	9
300 万元以上	10	8

从表 3-3 中的分组资料可以看出,销售额越大,每百元商品销售额中支付的流通费用

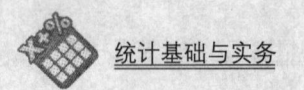

越小。这种依存关系通过分组就可以观察到。

三、选择分组标志的原则

分组标志就是统计分组依据。分组标志的选择是否恰当直接影响到分组作用的发挥，关系到能否正确地反映总体的性质特征、实现统计研究的目的和任务。正确选择分组标志的原则如下。

1. 根据研究目的和任务选择分组标志

同一研究总体研究目的不同，分组所依据的标志也不同。例如：对同一个企业的职工，总体而言，如果研究目的是分析职工的文化素质或业务素质的，应选用职工的文化程度作为分组标志或选用技术水平等级作为分组标志；如果研究目的是分析职工的劳动能力状况，就应按职工的年龄、身体健康状况分组，如果选择其他分析就达不到研究目的。

2. 要选择能够反映事物主要特征的标志

在一定的研究目的下，往往会有若干个与研究目的有关联的标志可供我们选择，这时，就应选择与研究目的关系最密切、最能反映现象本质特征的标志作为分析标志。例如，研究职工生活水平情况，可以用职工的收入水平作为分组标志，也可以用职工家庭成员平均收入作为分组标志。究竟选哪一个标志进行分组呢？这不仅要看城镇职工收入水平的高低，还要看他们赡养的家庭人口数。如果他们所赡养的人口数很多，那么他们的工资再高，其生活水平也不会高。因此，选择城镇居民家庭成员的人均收入水平作为分组标志，比选用职工工资水平更恰当。

3. 根据现象的历史条件及经济条件来选择分组标志

随着生产力和生产关系的发展变化，被研究对象的特征也在不断变化，因而选择分组标志时也要考虑到这种变化。例如，研究企业的规模时，就需要将企业按生产规模分组。反映企业生产规模的标志很多，如生产能力、职工人数、固定资产总额、总产值等。一般来说，生产力水平较低的情况下，以职工人数作为分组标志；在机械化、自动化水平提高，生产力水平较高的情况下，应使用企业生产能力和固定资产总额作为分组标志分组。

四、统计分组的方法

（一）根据分组标志的性质不同分为两种

1. 按品质标志分组

按品质标志分组是指选择反映事物属性差异的标志作为分组标志，并在品质标志的变异范围内划定各组界限，将总体划分为若干个性质不同的组成部分。例如，研究国民经济总体时，可以通过按经济类型、隶属关系、地区、国民经济产业部门等品质标志分组。按品质标志分组有时界限明确，比较容易，有时却又比较复杂。

在实际工作中，常常需要对所研究的现象进行复杂的品质分组。这种复杂的品质分组也称分类，如行业分类、产品分类、人口职业分类等。它们不仅涉及复杂的分组技术，而且也涉及国家的政策和有关科学理论，因而在分组时要十分慎重。为了保证各种分类的统一性和完整性，国家制定了统一的分类目录和标准。

2. 按数量标志分组

按数量标志分组是指选择反映事物数量差异的数量标志作为分组标志,并在数量标志的变异范围内划定各组界限,如企业按固定资产价值分组、人口按年龄分组、工人按技术等级分组等。

与品质标志不同,数量标志具体表现为许多不等的变量值,这些变量值能准确地反映现象数量上的差异,却不能明确地反映现象性质上的区别。因此,在按数量标志进行统计分组时,应当根据研究的目的,首先确定总体在已选定的数量标志的特征下有多少种性质不同的组成部分,然后再研究确定各组成部分的数量界限,使分组的数量界限能够区分现象性质上的差别。关于按数量标志分组的具体问题,将在下一节阐述。

(二) 按照选择分组标志多少的不同,可以分为简单分组和复合分组

1. 简单分组

简单分组是指对所研究的总体按一个标志进行分组。例如,工业企业按生产规模分为大型、中型和小型三个组,人口按性别分为男性、女性两个组,投资按资金来源分为国家预算内资金、国内贷款、利用外资、自筹投资和其他投资等五个组。

2. 复合分组

复合分组是指对所研究的总体按两个或两个以上的标志进行的多层次分组。例如,工业企业按经济类型分组后,每一组中再按规模进行分组;人口按性别分组后再按年龄分组等。采用复合分组能更深入地反映总体的内部结构,更细致地分析问题。但是,随着分组标志的增加,组数将成倍增加,因此也不宜采用过多的标志进行复合分组。究竟采用几个标志进行复合分组,要根据统计研究的目的和任务来决定。

学习子情境三　分配数列

一、分配数列的概念及种类

分配数列是指将总体按某一标志分组,并按一定顺序排列出每组总体单位数,所得到的数列称为分配数列,又称次数分布。在分配数列中,分布在各组的总体单位数叫做次数或频数。各组次数与总次数之比叫做比重、比率或频率。分配数列主要由各组名称(或各组变量值)与各组单位数(次数)两部分构成。有时也可以把比重列入分布数列中。分配数列直观地表明了总体单位的分布特征和结构状况,在此基础上还可以进一步研究其构成、平均水平及其变动规律,它是进行统计分析的一种重要手段。是统计整理的重要表现形式,在统计研究中具有十分重要的意义。

根据分组标志特征的不同,次数分布数列可以分为品质分布数列和变量分布数列。

(一) 品质分布数列

按品质标志分组形成的次数分布数列叫品质分布数列,简称品质数列(见表3-4)。它是用来观察总体单位中不同属性的单位分布情况的数列。

表 3-4　　　　　　　　　　　　　　　某企业职工性别分布

性别	人数（人）	比重（%）
男	420	53.2
女	370	46.8
合计	790	100.0

对于品质数列，如果分组标志选择得恰当，现象性质上的差异就表现得比较明显，总体中各组的划分也就比较容易。但要注意在分组时，应包括分组标志的所有表现，不能有遗漏，各种表现要互相独立，不得相融。

（二）变量分布数列

它是按数量标志分组形成的用来观察总体中不同变量值在各组的分布情况的数列。变量分为离散型变量和连续型变量。对这两类变量，在编制变量数列时，其方法是不相同的：对于连续型变量一般只能按组距式分组，即以变量值的一定变动范围为一组，编制组距式变量数列；对于离散型变量一般按单项式分组，即将每个变量值作为一组，编制单项式变量数列。但在实际应用时，如果连续型变量的变量值数目不多，数值变动幅度不大，就可以编制单项式变量数列；如果离散型变量的变量值数目很多，不方便一一列举，也可以编制组距式变量数列。

1. 单项式变量数列

单项式变量数列是按数量标志分组后，用一个变量值代表一个组形成的数列。

【学中做 3-2】某车间 18 名工人按日产零件数分组（见表 3-5）。

表 3-5　　　　　　　　　　　　　　　某车间工人日产零件情况

按日产量分组（件）	工人人数（人）	比重（%）
8	1	6
9	2	10
10	3	17
11	5	28
12	4	22
13	3	17
合计	18	100

单项式变量数列一般在变量值不多，且变量值的变动范围不大、变量呈离散型的条件下采用。如表 3-5 中工人的日产量最高是 13 件，最低是 8 件，最大相差数仅 5 件，且变量值只有 6 个，因而可以采用单项式变量数列来反映。

2. 组距式变量数列

组距式变量数列是按照数量标志分组后，用变量值变动的一定范围（即组距）代表一个组所形成的数列。

【学中做 3-3】某地区商业企业按销售收入分组（见表 3-6）。

表 3-6　　　　　　　　　　　　某地区商业企业销售收入统计表

销售收入	企业数(个)	比重(%)
100 万元以下	20	7.14
100 万～150 万元	40	14.29
150 万～200 万元	160	57.14
200 万元以上	60	21.43
合计	280	100.00

当变量值较多,变量值变动的范围也比较大时,编制单项式变量数列会使分组数过多,总体单位过于分散,不便于分析问题,这时应当采用组距式变量数列。

在组距式变量数列中,需要明确以下各要素:

(1)确定组限。在组距式变量数列中,各组的界限的变量值称为组限。其中较小的变量值称下限,较大的变量值称上限。如表 3-6 中,100,150,200 等都是组限,第二组中的 100 是下限,150 是上限。如果各组的组限都齐全,称该组为闭口组;组限不齐全,即最小组缺下限或最大组缺上限,称为开口组。如表 3-6 中第一组和第四组。划分连续型变量组限时,采用"重叠分组"和"上限不在本组内"原则,每组变量值都以下限为起点,上限为极限,但不包括上限。划分离散型变量组限时,相邻组的上下限应当间断,但在实际中为求简便也可采用"重叠分组"。

(2)确定组距。各组上限与下限之间的距离叫组距,即:

$$组距＝上限－下限$$

表 3-6 中第二组的组距为 50 万元(150－100)。组距式变量数列,有等距和异距两种。等距变量数列,是指各组的组距都相等,它适用于现象变动比较均匀的情况,如收入水平分组、成绩分组等。一般而言,若总体中变量值分布不均衡,且变动范围大的情况下,或是为了特定的研究目的时,常常采用异距分组。如人口的年龄分组常采用异距分组。

(3)计算组中值:上限与下限之间的中点值叫组中值。即:

$$组中值＝\frac{上限＋下限}{2}$$

例如,表 3-6 中第二组组中值为 125 万元[(150＋100)÷2]。

开口组的组中值按下列公式计算:

$$缺下限的最小组的组中值＝上限－\frac{相邻组的组距}{2}$$

$$缺上限的最大组的组中值＝下限＋\frac{相邻组的组距}{2}$$

例如,表 3-6 中,第一组的组中值为 75 万元[100－(150－100)÷2],第四组的组中值为 225 万元[200＋(200－150)÷2]。

组距式分组掩盖了各组标志值的分布情况。为了反映各组标志值的一般水平,通常用组中值作为各组的代表值。利用组中值的前提是:假定各组变量的分布是均匀的或对称的,但在实际工作中大多数资料并非如此,因此,组中值作为各组的代表值只是一个近似值。

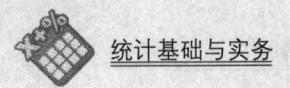
二、变量数列的编制

(一) 单项式变量数列的编制

【工作实例】本学习情境的情景引例中,40 名同学的成绩分别如下:

95　69　91　70　85　85　78　80　78　98
78　80　79　66　79　77　80　46　78　81
82　62　84　84　64　75　99　68　88　89
91　53　91　83　68　85　75　95　76　86

试编制单项式变量数列。

首先,将总体各单位标志值由小到大排列,结果如下:

46　53　62　64　66　68　68　69　70　75
75　76　77　78　78　78　78　79　79　80
80　80　81　82　83　84　84　85　85　85
86　88　89　91　91　91　95　95　98　99

其次,以总体各单位标志值为各组标志值,以总体各单位标志值出现的次数为各组次数,编制单项式变量数列,见表3-7。

表 3-7　　　　　　　　　　某班 40 名同学英语期末成绩分组表

成绩(分)	频数(人)	成绩(分)	频数(人)
46	1	80	3
53	1	81	1
62	1	82	1
64	1	83	1
66	1	84	2
68	2	85	3
69	1	86	1
70	1	88	1
75	2	89	1
76	1	91	3
77	1	95	2
78	4	98	1
79	2	99	1

从表 3-7 可以看出,利用所给资料我们编制成了单项式变量数列,但却很难看出 40 名学生成绩的分布特点,即在数据较多的情况下,单项式变量数列分组由于组数较多而不便于观察数据分布的特征和规律,而且对于连续变量则无法采用这种分组方法。因此,对于连续变量或变量值较多的情况,可采用组距分组。上述问题如果编制成组距式变量数列又会是什么结果呢?

(二) 组距式变量数列的编制

一般采用如下几个步骤:

【操作步骤】

第一步,计算全距。将原始数据按数值大小排列,确立最大变量值和最小变量值,两者之差就是全距(R)。上例中,全距=99-46=53(分)。全距表明变量值变动的幅度,是确定组数与组距的依据。

第二步,确定组数和组距。组距数列中,一般是用变量值变动的一定范围代表一个组,每个组的最大值为组的上限,最小值为组的下限。每个组上限和下限之间的距离称为组距。组距数列中共有多少个组称为组数。编制组距数列必须确定组距和组数。在同一变量数列中,组数的多少与组距的大小是相互制约的。组数越多,组距越小;组数越少,组距越大;两者成反比例变化。

对于组距、组数的确定,应视具体情况而定。一般应考虑以下几点:一要尽量反映出总体单位分布情况及总体的集中趋势;二要尽可能区分组与组之间性质上的差异,通过数量差异反映质的变化,同时组距最好取整数。一般来讲,组数确定为5~7组为宜。

在确定组距和组数时,一般没有一定的规律可循,必须根据统计研究的实际需要和数据的变化特点灵活地加以掌握。组距和组数的确定没有顺序规定,即可以先根据数据的变化特征确定组距,也可以在事先对研究对象的性质比较了解的情况下,先确定组数,然后确定组距,但组数必须是整数。

在等距分组时,组距与组数的关系如下:

$$组数=\frac{全距}{组距}$$

上例中,对数据资料进行定性分析,可按成绩分成优秀、良好、中等、及格、不及格五种类型,分成5个组,组距为10分。

第三步,确定组限和组中值。

确定组限要注意以下几点:

(1)最小组的下限(起点值)可以略低于最小变量值,最大组的上限(终点值)可以略高于最大变量值。

(2)如果组距是5,10,…,100,则每组的下限最好是它的倍数。

(3)组限的具体表示方法,应视变量的性质而定。

第四步,根据分组整理成频数分布表。

【工作实例】接上,对上面的数据进行分组,可得到下面的频数分布表,见表3-8。

表3-8 　　　　　　　　　　　**某班40名学生英语期末成绩分组表**

按成绩分组	频数(人)	频率(%)	组中值
60分以下	2	5.0	55
60~70分	6	15.0	65
70~80分	11	27.5	75
80~90分	14	35.0	85
90~100分	7	17.5	95
合计	40	100.0	—

采用组距分组时,一定要遵循"不重不漏"的原则。"不重"是指一项数据只能分在其中的某一组,不能在其他组中重复出现;"不漏"是指组别能够穷尽,即在所分的全部组别中每

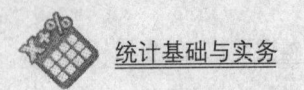

项数据都能分在其中的某一组,不能遗漏。

为解决"不重"的问题,统计分组时习惯上规定"上组限不在内",即当相邻两组的上下限重叠时,恰好等于某一组上限的变量值不算在本组内,而计算在下一组内。例如,在表3-8的分组中80这一数值不计算在"70~80分"这一组内,而计算在"80~90分"组中,其余类推。

在组距分组中,如果全部数据中的最大值和最小值与其他数据相差悬殊,为避免出现空白组(没有变量值的组)或个别极端值被漏掉,第一组和最后一组可以采取"××以下"及"××以上"这样的开口组。

在组距分组时,如果各组的组距相等则称为等距分组,如上面的分组。有时对于某些特殊现象或为了特定研究的需要,各组的组距也可以是不相等的,称为不等距分组。例如,对人口年龄的分组,可根据人口成长的生理特点分成0~6岁(婴幼儿组)、7~17岁(少年儿童组)、18~59岁(中青年组)、60岁以上(老年组)等。

组距分组掩盖了各组内的数据分布状况,为反映各组数据的一般水平,通常用组中值作为该组数据的一个代表值,即:组中值=(下限值+上限值)÷2。但这种代表有一个必要的假定条件,即各组数据在本组内呈均匀分布或在组中值两侧呈对称分布。如实际数据的分布不符合这一假定,用组中值作为一组数据的代表值会有一定的误差。

另外,从表3-8这个组距式变量中可以看到,40名学生的成绩主要集中在70~90分,占了62.5%。在某一变量数列中标志值构成的数列表示标志值的变动幅度,而频数构成的数列则表示相应标志值的作用程度。因此,在整理和分析的时候,我们不但要注意各组标志值的变动范围,而且也要注意各组标志值的作用大小,即频数的大小。将各组单位数和总体单位数相比,既可以表明各组标志值出现的频率的大小,也可以表明各组标志值对总体的相对作用程度。按顺序列出各组标志值的范围(或以各组组中值来代表)和相应的频率形成的次数分布,又称统计分布。

第五步,计算累计频数和累计频率。

在研究次数分布的时候,为了统计分析的需要,有时需要观察某一数值以下或某一数值以上的频数之和,这就需要在分组的基础上计算出累计频数。可以从变量值小的一方向变量值大的一方累加频数,称向上累计;也可以从变量值大的一方向小的一方累加频数,称为向下累计。例如,在表3-8的基础之上可以得到下面的累计频数分布表,见表3-9。

表3-9　　　　　　　　　某班40名同学期末英语成绩分组表

按成绩分组	频数(人)	频率(%)	向上累计		向下累计	
			频数(人)	频率(%)	频数(人)	频率(%)
60分以下	2	5.0	2	5.0	40	100.0
60~70分	6	15.0	8	20.0	38	95.0
70~80分	11	27.5	19	47.5	32	80.0
80~90分	14	35.0	33	82.5	21	52.5
90~100分	7	17.5	40	100.0	7	17.5
合计	40	100.0	—	—	—	—

累计频数和累计频率可以更简便地概括总体各单位的分布特征。表3-9中,向上累计频数和频率数据表明,60分以下学生有2人,占全部人数的5%。向下累计表明,该班有

95％的同学成绩在中等以上,52.5％的同学成绩在良好以上。由此可见,该班期末英语成绩反映情况正常。

三、次数分布的主要类型

次数分布是统计描述的一种重要方法,在自然或社会现象中,各种不同性质的现象有着各自特殊的次数分布。概括起来,主要有钟形、U 形、J 形分布三种。

1. 钟形分布

钟形分布的特征是"两头小、中间大",即靠近中间的变量值分布的次数多,靠近两端的变量值分布的次数少。将变量值与其对应的频数在直角坐标系中对应的点连接起来绘制成曲线图,宛如一口钟,所以又称钟形分布。

如果次数分配并不是完全对称,则称为非对称分布或偏态分布,通常有左偏态和右偏态两种;如果次数分配是完全对称,则称为对称分布或正态分布。正态分布是实际生活中最重要、最常见的分布,许多现象(如人的身高、农作物平均产量、零件公差等)统计总体的分布都趋于正态分布。如图 3-1 所示。

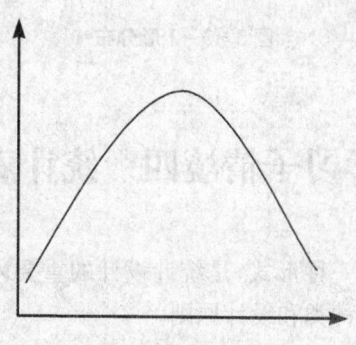

图 3-1 钟形分布

2. U 形分布

U 形分布的特征是:靠近中间的变量值分布的次数少,靠近两端的变量值分布的次数多,形成"两头大,中间小",即接近两端的变量值分布的次数多,接近中间的变量值分布的次数少,将这种分布绘成曲线,像英文字母"U"的形状,所以称为 U 形分布。如图 3-2 所示。

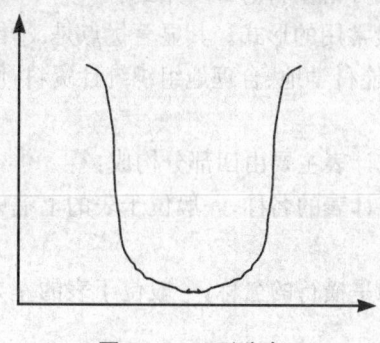

图 3-2 U 形分布

例如,人口死亡率按年龄分布的情况是:0～4 岁特别是未满 1 岁的婴儿,死亡率最高,从 5 岁起死亡率逐渐下降,至 10～14 岁时,达到最低水平,从 15 岁起又缓慢上升,50 岁以后上

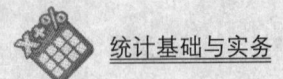

升显著增快,到 60 岁以后又达到最高水平。

3. J 形分布

J 形分布的特征是"一边小,一边大",即大部分变量值集中在某一端分布。

J 形分布有正反 J 形两种类型。正 J 形分布是次数随着变量值的增大而增多,如图 3-3 (a)所示;反 J 形分布是次数随着变量值的增大而减少,如图 3-3(b)。投资额按利润率大小分布,一般呈正 J 形分布;人口总体按年龄大小分布,一般呈反 J 形分布。

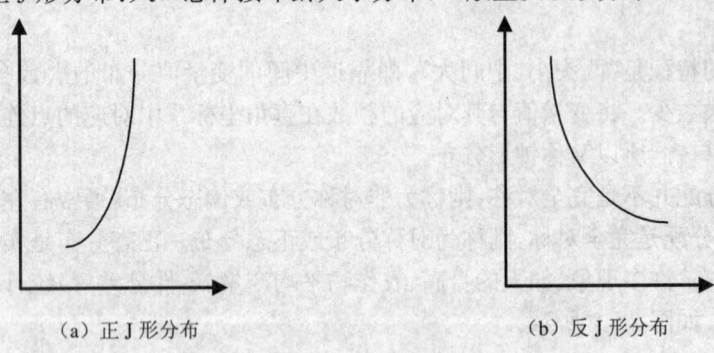

| (a)正 J 形分布 | (b)反 J 形分布 |

图 3-3 J 形分布

学习子情境四 统计表

统计表是表现统计资料的一种形式,是统计设计的重要内容。科学地设计好统计表必须先了解统计表的意义、构成、种类和设计原则。

一、统计表的意义和构成

1. 统计表的意义

统计表是经过大量调查得来的统计资料,经过汇总整理以后,按照一定的规定和要求填列在相应的表格内形成的。广义的统计表包括统计活动各个阶段中所用的一切表格,在搜集资料、整理资料、积累资料和分析资料时都要用到。

统计表是表现统计资料最常用的形式。其显著优点是:①能使统计资料的排列条理化、系统化、标准化,一目了然;②能科学地、合理地组织统计资料,便于阅读、对照比较和分析。

2. 统计表的构成

1)从统计表的形式看,统计表主要由四部分构成:

(1)总标题。总标题是统计表的名称,一般位于表的上端中央,用来概括说明统计表所反映的统计资料的内容。

(2)横行标题。横行标题是横行的名称,一般位于表的左方,用来表明统计资料反映的总体及其分组的名称。

(3)纵栏标题。纵栏标题是纵栏的名称,一般位于表的上方,用来表明统计指标的名称。

(4)指标数值。指标数值列在各横行标题和各纵栏标题的交叉处,具体反映其数字状况。

2）从统计表的内容看,统计表由主词和宾词两部分组成,主词是反映统计表所要说明的单位、总体及其分组;宾词则说明主体栏的各种统计指标。如表3-10所示。

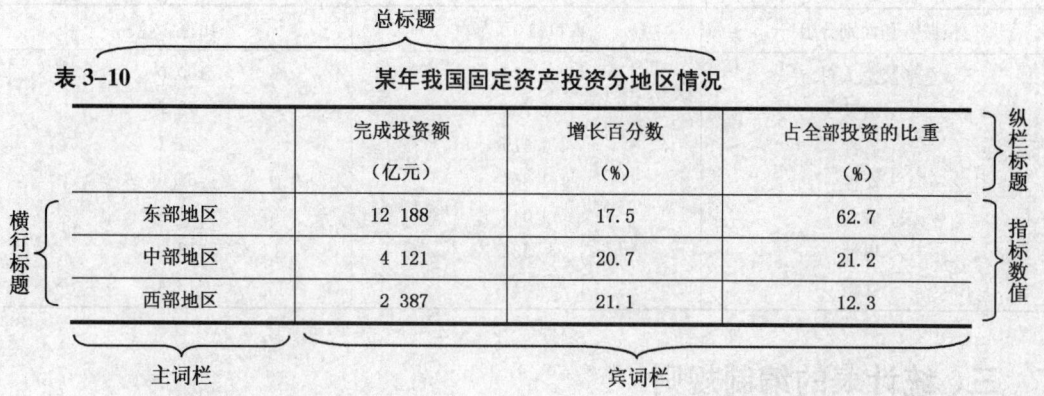

表3-10	某年我国固定资产投资分地区情况		
	完成投资额（亿元）	增长百分数（%）	占全部投资的比重（%）
东部地区	12 188	17.5	62.7
中部地区	4 121	20.7	21.2
西部地区	2 387	21.1	12.3

二、统计表的种类

统计表按照总体分组情况不同,可分为简单表、分组表和复合表。

1. 简单表

简单表是指统计总体未经任何分组的统计表。有时它只将总体单位简单排列或将现象的指标按时间顺序排列,如表3-11。

表3-11	我国国内生产总值（按当年价格计算）		单位：亿元
年份	国内生产总值	年份	国内生产总值
2002	120 332.7	2007	265 810.3
2003	135 822.8	2009	314 045.4
2004	159 878.3	2009	340 902.8
2005	184 937.4	2010	401 512.8
2006	216 314.4	2011	472 881.6

资料来源:①国家统计局.中国统计年鉴(2012).北京:中国统计出版社.

2. 分组表

分组表是指统计总体按一个标志进行分组后形成的统计表,如表3-12。

表3-12	某学期某班《统计学》成绩	
按成绩分组	人数（人）	比重（%）
优秀	5	12.5
良好	12	30.0
中等	15	37.5
及格	5	12.5
不及格	3	7.5
合 计	40	100.0

3. 复合表

复合表是指主词按两个或两个以上标志进行复合分组的统计表,如表3-13。

表3-13   某年年末某地区人口数

按城乡和性别分组	人口数(万人)	比重(%)
全地区总人口	3 826	100.0
一、城镇	2 783	72.7
男性	1 419	37.1
女性	1 364	35.6
二、农村	1 043	27.3
男性	532	13.9
女性	511	13.4

三、统计表的编制规则

统计表应遵循科学、实用、简明、美观的原则进行设计。具体要注意以下几个方面:

(1)统计表的总标题和纵横标目(题)能准确、简明、扼要地反映统计资料的内容。总标题还应标明资料所属的时间和空间。

(2)根据统计表的内容,全面考虑表的布局,合理安排主词栏和宾词栏,避免出现统计表过长、过短、过宽、过窄的现象,使表的大小适度、比例恰当、醒目美观。

(3)统计表中的指标数值,都是有计量单位的,必须标写清楚。计量单位都相同时,将其写在表的右上角;横行的计量单位相同时,在横行标题后列计量单位栏;纵栏的计量单位相同时,将其标在纵栏标题下方或右方。

(4)统计表中的横线要清晰,顶线和底线要粗些,各部分的界限宜粗些,其他线条要细些,表的左右侧一般不画封口线。

(5)当表的栏数较多时,要统一编写序号,主词和计量单位等栏,用(甲)、(乙)、(丙)等文字表明;宾词指标各栏用(1)、(2)、(3)等数字编号。各栏之间若有计算关系,可以用数字符号表示。如(4)=(2)×(3),表示第(4)栏等于第(2)栏乘以第(3)栏。

(6)填写统计数字和文字时,书写要工整、清晰,当数字与其左、右或上、下相同时,仍要填写完整,不能填"同左"、"同右"或"同上"、"同下"等文字。

(7)表中数字应该填写整齐,对准数位,当数字为0或因数小可忽略不计时,要写上0;当缺乏某项资料时,用符号"…"表示;不应有数字时用符号"—"表示。

(8)必要时,统计表应加注说明或注解。

【情境小结】

1. 统计整理的概念。统计整理是根据统计研究的目的和任务的要求,对统计调查所搜集到的原始资料进行分组、汇总,使其系统化、条理化、科学化,从而得到表现总体特征的综合统计资料的工作过程。

2. 统计整理步骤包括的内容:①设计和编制统计资料整理方案;②对原始资料的审核;③对各项原始资料进行统计分组并统计汇总;④将汇总的结果以统计表或统计图的形式表现出来;⑤统计资料的系统积累和保管。

3. 统计分组。统计分组是根据研究任务的要求和所研究事物的特点,按照一定标志将统计总体划分为若干个组成部分的一种统计方法。它是对总体进行的一种定性分类。

4. 分组标志选择和划定组间界限。统计分组的关键是分组标志的选择和划定组间界限。选择分组标志要做到:①根据研究目的选择分组标志;②选择反映事物主要特征的标志;③根据现象的历史条件及经济条件来选择分组标志。分组标志选定以后,就要根据事物的特点,严格划清组与组间的界限,不能混淆。

5. 统计分组的方法。按照分组标志性质的不同,分别为品质标志分组和数量标志分组。按分组标志多少划分,统计分组包括简单分组、平行分组、复合分组。将社会经济现象总体按一个标志进行分组称为简单分组。对同一总体选择两个或两个以上标志重叠起来进行分组,叫复合分组,多个复合分组组成的体系,就是复合分组体系。

6. 分配数列。分配数列是指将总体按某一标志分组,并按一定顺序排列出每组总体单位数,所得到的数列称为分配数列,又称次数分布。在分配数列中,分布在各组的总体单位数叫做次数或频数。各组次数与总次数之比叫做比重、比率或频率。次数分布是数据整理结果的一种重要的表现形式。

7. 分配数列的种类。如果将总体按品质标志分组就形成品质分布数列;如果将总体按数量标志分组就形成变量分布数列。变量数列又可分为单项变量数列和组距变量数列。单项变量数列是每一个具体变量值代表一个组。组距变量数列是按数量标志分组后,用变量值变动的一定范围(组距)代表一个组所形成的数列。

8. 组距变量数列的编制步骤。将原始数据按数值大小排列和计算全距;确定组距和组数;确定组限和计算组中值;计算各组的频数和频率,编制组距变量数列,并以统计表显示整理的结果,即次数分布表。

9. 统计表的构成和分类。从统计表的形式看,统计表主要由四部分构成:

总标题、横行标题、纵栏标题、指标数值;从统计表的内容看,统计表由主词和宾词两部分组成。统计表按照总体分组情况不同,可分为简单表、分组表和复合表。

10. 统计表的设计原则。统计表应遵循科学、实用、简明、美观的原则进行设计。

【做中学】

一、单项选择题

1. 统计整理的核心问题是( )。

　　A. 分组　　　　　B. 审核　　　　　C. 编码　　　　　D. 汇总

2. 某连续变量数列,其末组为800以上。又如其邻近组的组中值为760,则末组的组中值为( )。

　　A. 820　　　　　B. 810　　　　　C. 830　　　　　D. 840

3. 根据组距数列计算平均数时,被平均的数值是各组的( )。

　　A. 组限　　　　　B. 组距　　　　　C. 组中值　　　　　D. 频数

4. 在全距一定的情况下,组距的大小与组数的多少( )。

　　A. 成正比　　　　B. 无比例关系　　C. 成反比　　　　D. 有时成正比有时成反比

5. 统计资料最常用的表现形式是( )。

　　A. 统计图　　　　B. 统计表　　　　C. 统计报告　　　　D. 统计公报

6. 某连续变量分为五组:第一组为40~50,第二组为50~60,第三组为60~70,第四组为70~80,第五组为80以上。依习惯上规定(   )。
    A. 50在第一组,70在第四组   B. 60在第二组,80在第五组
    C. 70在第四组,80在第五组   D. 80在第四组,50在第二组

7. 等距分组适合于(   )。
    A. 一切变量   B. 呈急剧升降变动的变量
    C. 按一定比率变动的变量   D. 变量变动比较均匀的情况

8. 划分连续变量组距数列的组限时,相邻组的组限必须(   )。
    A. 间断   B. 相近   C. 重叠   D. 不等

9. 统计表的横行标题表示各组的名称,一般应写在统计表的(   )。
    A. 左方   B. 上方   C. 右方   D. 均可以

10. 某高校教师的人数构成如表3-14。

表3-14   某高校教师人员构成表

按性别分组	教师人数(人)
男	108
女	122
合计	230

表3-14是(   )。
    A. 简单表   B. 分组表   C. 复合表   D. 以上都不是

11. 在填写统计表时,当发生某项不应有数字时,用(   )符号表示。
    A. —   B. ×   C. 0   D. …

12. 下面属于变量数列的是(   )。
    A. 学生按班级分组   B. 电站按发电能力分组
    C. 商业企业按所有制类型分组   D. 企业按经济部门分组

13. 一单项数列中,若某组向上累计频数为80,则说明总体中(   )。
    A. 小于该组标志值的单位有80   B. 小于和等于该组标志值的单位有80
    C. 大于该组标志值的单位有80   D. 等于该组标志值的单位有80

14. 成年男性按身高分组一般呈(   )。
    A. J形分布   B. U形分布   C. 钟形分布   D. 反J形分布

15. 人口死亡率按年龄分组后一般呈(   )。
    A. U形分布   B. 钟形分布   C. J形分布   D. 反J形分布

16. 利润率按投资额大小分组后一般呈(   )。
    A. 钟形分布   B. J形分布   C. U形分布   D. 反J形分布

17. 企业按经济类型分组和按职工人数分组,这两个统计分组是(   )。
    A. 按数量标志分组
    B. 前者按数量标志分组,后者按品质标志分组
    C. 按品质标志分组
    D. 前者按品质标志分组,后者按数量标志分组

18. 累计次数或累计频率中的"向上累计"是指(　　)。

　　A. 将各组变量值由小到大依次相加

　　B. 将各组次数或频率由小到大依次相加

　　C. 将各组次数或频率从变量值最低的一组向最高的一组依次相加

　　D. 将各组次数或频率从变量值最高的一组向最低的一组依次相加

19. 划分连续型变量的组限时,相邻组的组限必须(　　)。

　　A. 间断　　　　　B. 不等　　　　　C. 重叠　　　　　D. 有一段间隔

20. 将某地100个商店按销售额分组而编制的变量数列中,变量值是(　　)。

　　A. 销售额　　　　B. 商店数　　　　C. 各组的销售额　　D. 各组的商店数

二、多项选择题

1. 统计资料整理的内容一般包括(　　)。

　　A. 资料审核　　　B. 统计分组　　　C. 统计汇总　　　D. 统计分析

　　E. 编制统计表

2. 统计资料表现或陈示的形式有(　　)。

　　A. 统计表　　　　B. 统计图　　　　C. 问卷　　　　　D. 统计指标

　　E. 统计报告

3. 统计分组的作用在于(　　)。

　　A. 区分现象的类型　　　　　　B. 反映现象总体的内部结构变化

　　C. 比较现象之间的一般水平　　D. 分析现象的变化关系

　　E. 研究现象之间数量依存关系

4. 品质数列的编制步骤包括(　　)。

　　A. 选择分组标志　　　　　　　B. 划分各组界限

　　C. 决定数列的形式　　　　　　D. 统计汇总

　　E. 编制统计表

5. 次数分布或频率分布的主要类型包括(　　)。

　　A. 钟形分布　　　B. X^2 分布　　　C. F 分布　　　　D. U 形分布

　　E. J 形分布

6. 时间数列的编制原则包括(　　)。

　　A. 时间长短统一　　B. 总体范围统一　　C. 指标内容统一　　D. 计算方法统一

　　E. 计量单位统一

7. 统计分组的含义包括(　　)。

　　A. 对个体来说是分　　　　　　B. 对个体来说是合

　　C. 对总体来说是分　　　　　　D. 对总体来说是合

　　E. 对个体来说有分有合

8. 下列各项中,属于按品质标志分组的有(　　)。

　　A. 职工按工龄分组　　　　　　B. 人口按民族分组

　　C. 人口按地区分组　　　　　　D. 企业按所有制分组

　　E. 专业技术人员按职称分组

9. 组距的大小（　　）。

    A. 与组数的多少成正比 　　　　B. 与组数的多少成反比

    C. 与全距的大小成正比 　　　　D. 与全距的大小成反比

    E. 与总体单位数的多少成正比

10. 统计分组的作用在于（　　）。

    A. 区分现象的类型 　　　　　　B. 反映现象总体的内部结构

    C. 比较现象间的一般水平 　　　D. 分析现象的数量变化

    E. 解释现象间关系

三、判断题

1. 按一个标志进行的分组是简单分组，按多个标志进行的分组是复合分组。（　　）

2. 能够对统计总体进行分组，是由统计总体中各个单位所具有的差异性特点决定的。（　　）

3. 连续型变量只能作组距式分组，且组限只能是重叠组限表示法。（　　）

4. 所谓"上限不在内"原则，是指当某单位的标志值恰好等于某组上限时，就把该单位归入该组。（　　）

5. 次数分布有两种表现方法：一种是用表格表示，另一种是用图表示。（　　）

6. 统计整理就是对统计资料进行汇总、加工处理。（　　）

7. 能够对总体进行分组，是由于统计总体中各单位所具有的差异性决定的。（　　）

8. 异距数列是各组组距不都相等的组距数列。（　　）

9. 统计表的主词是说明总体的各种指标。（　　）

10. 统计分组的首要问题就是正确划分各组的界限。（　　）

四、简答题

1. 试述分配数列及其分类情况。

2. 什么是统计分布？其类型有哪几种？

3. 统计资料整理有哪些内容？

4. 统计分组有何作用？

5. 分组标志选择的原则是什么？

五、计算题

1. 某工厂120个工人某月份生产某种产品件数的资料如表3-15所示。

表3-15　　　　　　　　　　工人产量资料表　　　　　　　　　单位：件

103	70	104	90	100	124	85	88	112	134	99	104
114	108	118	106	95	98	117	106	98	108	115	115
104	97	105	125	126	85	129	94	99	97	134	112
138	110	123	118	97	106	104	110	108	114	107	116
104	100	108	87	89	85	114	124	120	118	131	75
118	114	98	110	129	104	114	105	116	117	124	100
117	114	113	108	115	109	95	118	126	113	106	104
108	125	106	113	90	103	134	121	115	124	85	128
86	113	91	124	107	114	103	101	125	104	71	102
110	94	86	138	98	105	84	90	133	126	118	98

要求：根据上列的原始统计资料，把工人按生产件数（等距）分成7组，并编制变量数列表。

2. 某班学生统计学原理考试成绩次数分布如表3-16所示。

表 3-16 某班成绩资料表

考分	人数	比率	向上累计		向下累计	
			人数（人）	比率（%）	人数（人）	比率（%）
60分以下	2					
60～70分	7					
70～80分	11					
80～90分	12					
90分以上	8					
合计	40					

要求：根据表3-16资料，计算相应的数字，填入表中空格，并说明各指标的意义。

3. 某商业企业连续40天的商品销售数据如下（单位：万元）：

141　125　129　147　138　134　130　138　143　140

146　136　145　137　137　136　145　143　133　144

135　128　146　134　130　137　144　126　138　144

142　136　137　137　149　139　142　132　136　135

要求：对上面的数据进行适当分组，编制次数分布表，并计算出累计频数和累计频率。

学习情境四　总量指标和相对指标

【情境引例】

第一组:以下是来源于 2010 年第六次人口普查后国家统计局统计公报的数据:

以 2010 年 11 月 1 日 0 时为标准时点,全国总人口为 1 370 536 875 人,同第五次全国人口普查 2000 年 11 月 1 日零时的 1 265 825 048 人相比,10 年共增加 73 899 804 人,增长 5.84%,年平均增长率为 0.57%。总人口性别比(以女性为 100,男性对女性的比例)由 2000 年第五次全国人口普查的 106.74 下降为 105.20。

表 4-1　　　　　　　　　　　　第六次人口普查相关数据及构成

指　标	年末数(人)	比重(%)
全国总人口	1 370 536 875	100.00
其中:城镇	665 575 306	49.68
乡村	674 149 546	50.32
其中:男性	686 852 572	51.27
女性	652 872 280	48.73
其中:0~14 岁	222 459 737	16.60
15~59 岁	939 616 410	70.14
60 岁及以上	177 648 705	13.26
其中:65 岁及以上	118 831 709	8.87

第二组:中国互联网络信息中心(CNNIC)2013 年 7 月 17 日发布《第 32 次中国互联网络发展状况报告》显示,截至 2013 年 6 月底,我国网民规模达 5.91 亿人,较 2012 年年底增加 2 656 万人。互联网普及率为 44.1%,较 2012 年年底提升了 2 个百分点。其中,我国手机网民规模达 4.64 亿人,较 2012 年年底增加 4 379 万人,网民中使用手机上网的人群占比提升至 78.5%。另外,我国网民中农村人口占比为 27.9%,规模达 1.65 亿人,相比 2012 年略有提升,增加 908 万人。69.5% 的网民通过台式电脑上网,相比 2012 年年底下降了 1.1 个百分点;通过手机上网的网民比例为 78.5%,相比 2012 年年底上升了 4 个百分点。

以上资料中的这些数据分别反映了 2010 年我国人口基本情况和最新的互联网发展情况。事实上,国家统计局每年都会有对各行业相应数据的公告,上述资料都包括哪些指标?你知道这些指标的意义吗? 我们应如何理解它们?

通过本章的学习,你就会知晓答案了!

【职业能力目标】

通过本学习情境的学习,学习者能够明确总量指标的概念、作用,理解总量指标的种类及各类相对指标,掌握常见的几种相对指标的性质及计算方法。

【典型学习任务】

本学习情境的典型学习任务主要有区分各类总量指标,能够计算各类相对指标,并能运用其进行初步统计分析。

学习子情境一　总量指标

一、认识总量指标

1. 总量指标的概念

总量指标是表明社会经济现象在一定时间、地点和条件下达到的规模或水平的统计指标,是最基本的指标,它的表现形式是绝对数,因此也称为绝对指标或绝对数。例如,2012年我国的钢产量为 7.17 亿吨,全国粮食总产量为 58 957 万吨,原煤产量为 36.6 亿吨,原油产量为 2.05 亿吨等。这些都是总量指标。总量指标数值的大小随总体范围的大小而增加或减少。总体范围大,指标数值就大;总体范围小,指标数值就小。

有时总量指标也表现为同一总体在不同的时间、空间条件下的差数。例如,2012年我国粮食总产量为 58 957 万吨,2012 年我国粮食总产量比 2011 年增加了 1 836 万吨,这一增加量也是总量指标。总量指标作为增加量时,其数值表现为正值;作为减少量时,其数值表现为负值。

2. 总量指标的作用

总量指标是统计中最基本的指标,在实际统计工作中应用十分广泛。其作用主要有以下几个:

(1)总量指标可以反映被研究现象总体的基本状况和基本实力。它是我们认识被研究现象总体的起点。总量指标常用来反映一个国家的国情和国力,反映一个地区、部门或单位的规模、水平、基本经济状况和经济实力。例如,一个国家的粮食总产量、国内生产总值、钢铁产量、土地面积、石油储藏量等总量指标,标志着该国的生产水平和经济实力;一个地区的商品零售额、零售商业机构数等总量指标,标志着该地区的消费水平。

(2)总量指标是制定方针政策、编制计划和检查计划执行情况,实施社会经济和企业管理的重要依据。方针政策的制定和出台不会是空穴来风,往往要以大量的统计数据为依据,这其中就包括许多总量指标。

(3)它是计算其他指标的基础。相对指标和平均指标都是以总量指标为基础派生的指标。例如,职工出勤率为出勤职工人数与职工总数之比;某地区人口密度为该地区人口数与该地国土面积之比等。

二、总量指标的种类

(一) 总量指标按其说明总体内容不同,分为总体单位总量和总体标志总量

总体单位总量就是总体单位数,它是由每个总体单位相加汇总得到的。比如,以全国普

通高校为总体,2011 年全国共有普通高校 2 138 所,2 138 所就是反映总体的单位数。又如以某企业工人为总体,工人人数就是反映总体的单位总量,它是由每个总体单位相加汇总而得到的。

总体标志总量,即总体各单位数量标志值之和,它是由总体单位的某一数量标志值相加汇总得到的。例如,研究某市国有企业的经营情况,则该市国有企业总数是单位总量,而该市国有企业的利税总额、职工人数、工资总额等是标志总量。

需要指出的是,单位总量和标志总量的地位随着统计研究目的的不同和研究对象的变化而变化。当以工业企业为总体时,职工人数是标志总量;当以全部职工为总体时,职工人数则是单位总量。

(二) 总量指标按其反映的时间状况不同,分为时期指标和时点指标

时期指标是表明社会经济现象在一段时期内发展的总结果。例如,国内生产总值、商品销售额、利润总额、粮食产量等。

1. 时期指标的特点

(1) 可以累计相加。时期指标表明现象在一段时期内活动过程的总成果。若干个时期指标相加,就得到一个更长时期的累计总量,这些结果仍然是时期指标。例如,某月的产量是该月内每日产量的累计总量。

(2) 时期指标数值的大小与计算时期的长短有直接关系。一般情况下,时期越长,指标数值就越大;反之,则越小。例如,1 年的销量必然大于该年某一季度的销量,一个季度的销量必然大于其中某 1 个月的销量。

时点指标是反映社会经济现象在某一时点(或某一时刻)上存在的总数量,如人口数、商品库存量、牲畜存栏数、储蓄存款余额等。

2. 时点指标的特点

(1) 不能累计相加。时点指标是表明现象在某一时点上的状况,只能按时点所表示的瞬间计数,若累计相加,所得到的结果包含着大量重复计算,不仅脱离实际而且也没有任何意义。

(2) 时点指标数值的大小与时点的间隔长短无直接关系。例如,某种原材料的年末库存量不一定比该年某月末或某季末的库存量大。

现举例说明时期指标和时点指标的区别。

产品销售量是时期指标,月销售量是对每天的销售量累计得到的,同样,将 3 个月的销售量相加就是一个季度的销售量,将 4 个季度的销售量相加就是 1 年的销售量,1 年的销售量大于 1 个季度的销售量,1 个季度的销售量大于 1 个月的销售量。商品库存量是时点指标,例如,某种商品 1 月 1 日库存量为 150 件,5 月 1 日库存量为 120 件,8 月 1 日为 180 件,而 12 月 1 日为 178 件,1 月 1 日至 5 月 1 日间隔 4 个月,其数值却减少了,从 5 月 1 日到 8 月 1 日间隔 3 个月,指标值似乎大了,但这只是因为现象发展变化差异的结果,而不是因为间隔长短的缘故。随着时间的推移,到了 12 月 1 日指标数值反而比 8 月 1 日还要小,即时点指标的大小与时点的间隔长短无直接关系。

学习子情境二 相对指标

一、认识相对指标

(一)相对指标的概念

相对指标是两个有联系的现象数量进行对比求得的,其结果表现为相对数,故也将相对指标称为相对数。例如,我国 2011 年农业生产总值达到 47 486 亿元,仅以此很难评价农业生产的发展情况,如果将 2011 年的农业生产总值和 2010 年进行对比,可以看出同比增长 3.7%。这使得我们对我国农业生产的发展有了清晰的认识。所以相对指标为深入认识现象的发展状况提供了依据。

相对指标有无名数和有名数两种表现形式。

1. 无名数

无名数是一种抽象化的数值,常以系数或倍数、成数、百分数、千分数、翻番数等表示,应用比较广泛。

(1)系数或倍数。它是将对比的基数抽象为 1 而计算的相对指标。当对比的两个指标数值相差不大时,用系数表示;当分子较分母大得多时常用倍数表示。

(2)成数。它是将对比的基数抽象为 10 而计算的相对指标。例如,今年的粮食产量比去年增产一成,即增产了 1/10。

(3)百分数。它是将对比的基数抽象为 100 而计算的相对指标。百分数是最常用的一种计量形式,一般用符号"%"来表示。另外,在经济分析中,还经常用到百分点的概念,常用于两个百分数相减的场合,一个百分点就是 1%。

(4)千分数。它是将对比的基数抽象为 1 000 而计算的相对指标。在对比的两个指标数值中,如果分子比分母的数值小得很多,用千分数表示,常用符号"‰"来表示,如人口出生率和死亡率等。

(5)翻番。表示基期数值按几何级数成倍的增长,即 2^n,$n=1,2,3,\cdots$它是发展速度的一种特殊表现形式。如翻一番就是比基期数值增加一倍;翻两番就是在基期数值增加一倍的基础上再增加一倍。

2. 有名数

有名数是将相对指标中的分子与分母计量单位同时使用的双重计量单位的一种表示方法,主要用于部分强度相对指标。如人口密度用"人/平方千米"、商业网点密度用"人/每个商业网点"。

(二)相对指标的作用

(1)相对指标可以说明事物的发展程度或事物之间的互相联系程度、差别程度以及计划执行情况与经济效益状况等。总量指标虽然是反映现象总体规模或水平的重要指标,但它有时不易明显反映现象内部结构的数量特征和事物发展的程度。利用相对指标,可以较清楚地反映现象内部结构和现象之间的数量联系程度,对现象进行更深入的分析和说明。例如,某地区粮食产量 2012 年比 2011 年增长了 20%,说明了该地区粮食生产的发展程度。又如,2012 年甲商场销售额是乙商场销售额的 1.25 倍,说明了两个商场销售情况的差别程度。

(2) 利用相对指标便于比较和分析研究对象。对于基础不同、不能用总量指标直接进行比较的,通过相对指标可使它们之间能够进行比较。例如,2012 年甲、乙两个企业的利税总额分别是 1 000 万元和 800 万元,直接依据这两个数字的大小来判断两个企业经济效益的好坏,难免会产生认识上的偏差,好像甲企业经营效益更好。事实上,甲企业资本金为 1 亿元,乙企业资本金为 5 000 万元,则甲企业资金利税率为 10%,乙企业资金利税率为 16%,显然,乙企业经营效益更好。所以,我们不仅要看企业的产出,还要考虑企业的投入,用资金利税率等相对指标来对生产规模不同的企业经济效益进行评价则更为客观和合理。

二、相对指标的种类和计算方法

(一)结构相对指标

结构相对指标是将总体划分为若干组,求出各组总量占总体总量的比重,用来反映总体内部的组成情况。总体内各组的结构相对指标数值之和等于 100%。其计算公式为:

$$结构相对指标 = \frac{各组总量指标数值}{总体总量指标数值} \times 100\%$$

结构相对指标一般用百分数或系数表示,分子、分母是不能互换的,总体总量指标必须做分母。

【学中做 4 - 1】某高校 2012 级入学新生有关资料如表 4 - 2 所示。

表 4 - 2   某高校 2012 级入学新生资料表

按性别分组	学生数(人)	比重(%)
男	1 800	56.25
女	1 400	43.75
合计	3 200	100.00

以上资料反映出该校新生入学总数 3 200 人,按性别分组,其中男生 1 800 人,女生 1 400 人,则该校 2012 级新生中男生人数占新生总数的 56.25%,女生人数占新生总数的 43.75%。

运用结构相对指标时,要以统计分组为前提。只有将总体区分为不同性质的各个部分,才能计算结构相对指标,求出各组总量在总体总量中所占的比重,反映总体的构成。由于结构相对指标是总体的部分数值与全部数值之比,因此各部分所占比重之和必须等于 100% 或 1。

(二)比例相对指标

比例相对指标是反映同一总体内部各个组成部分之间的数量对比关系的相对指标。其计算公式为:

$$比例相对指标 = \frac{总体中某部分指标数值}{总体中另一部分指标数值}$$

【学中做 4-2】【学中做 4-1】中,该校新生中男生与女生的性别比为 9:7。

比例相对指标能够反映事物内部各部分之间的数量联系程度和比例关系。社会经济生活中的许多重大比例关系,如人口的性别比例关系,积累与消费的比例关系,农业、轻工业与重工业的比例关系等,都可以通过计算比例相对指标来反映。比例相对指标的分子、分母是可以互换的。

(三) 比较相对指标

比较相对指标是同类指标在同一时间,不同空间上对比的结果。不同空间可以是不同国家、不同地区、不同部门、不同单位等。比较相对指标主要用来表明同类事物在不同空间条件下发展的不均衡程度和差异程度。其计算公式为:

$$比较相对指标 = \frac{甲空间上某项指标数值}{乙空间上同类指标数值}$$

【学中做 4-3】2012 年第一季度,俄罗斯原油日产量 950 万桶,美国的日产量为 510 万桶。

$$比较相对指标 = 950 \div 510 = 1.86$$

它表明 2012 年一季度俄罗斯的原油日产量是美国的 1.86 倍。

比较相对指标的分子分母是可以互换的。比较相对指标可以揭示现象之间的差异程度。根据分析说明的目的和方式不同,比较相对指标所对比的指标可以是总量指标,也可以是相对指标或平均指标。它既可用于不同国家、地区、单位之间的比较,也可用于先进与落后的比较。通过对比可以揭示同类现象之间先进与落后的差异程度。

(四) 强度相对指标

强度相对指标是两个性质不同、但有一定联系的总量指标数值之比。用来反映现象的强度、密度和普遍程度。计算公式为:

$$强度相对指标 = \frac{某一总体的总量指标}{另一性质不同而有联系的总体的总量指标}$$

强度相对指标数值的特点在于它是两个不同总体的总量之比,例如,以人口数与国土面积数对比得到的人口密度指标,人口数和国土面积分别是以不同总体确定的总量指标,两个不同总体的总量之比,就是强度相对指标。强度相对指标一般用有名数来表示,表现形式一般为复合单位,它由分子指标和分母指标原有的计量单位组成,如人均国内生产总值用"元/人"、人口密度用"人/平方千米"来表示等。有的强度相对指标也用无名数来表示,比如人口出生率、死亡率以千分数表示,流通费用率用百分数表示。

【学中做 4-4】2012 年某地区有零售商店 2 000 个、人口 100 万人,则:

$$该地区商业网点密度 = \frac{2\ 000}{1\ 000\ 000} = 2(个/千人)$$

计算结果表明,该城市每千人拥有 2 个商业网点,指标数值越大,商业越发达,人民生活越方便,表示强度越高,这是正指标。如果把分子和分母对换,则:

$$该城市商业网点密度 = \frac{1\ 000\ 000}{2\ 000} = 500(人/个)$$

计算结果表明,该城市每个商业网点为 500 人服务,指标数值越大,需要被服务的人数

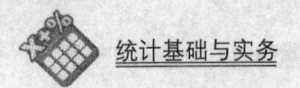

越多,商业欠发达,即表示强度越低,这是逆指标。

强度相对指标的作用有以下几个方面:

(1) 可以反映一个国家、地区或部门的经济实力并便于对比分析,如人均国民收入、人均粮食产量、人均钢产量等。

(2) 可以说明为社会服务的能力,如按人口均摊的医生数或病床数、商业网点密度等。

(3) 可以考虑企业或社会的经济效益。许多重要的经济效益指标都是强度相对指标,如利润率、商品流通费用率、资金占用率等。

(五) 动态相对指标

动态相对指标又称发展速度,它是同一指标在不同时间上对比的结果,表明同类现象在不同时间的发展变动方向和程度。其计算公式为:

$$动态相对指标 = \frac{报告期指标数值}{基期指标数值}$$

动态相对指标分子、分母是不能互换的,基期指标数值必须做分母。

【学中做 4-5】2012 年我国国际旅游收入 500 亿美元,2011 年我国国际旅游收入 485 亿美元,求动态相对指标。

$$动态相对指标 = (500 \div 485) \times 100\% = 103.09\%$$

计算结果表明,我国 2012 年国际旅游收入是 2011 年的 103.09%,比上年增加了 3.09%。

动态相对指标在统计分析中应用广泛,本书将在动态数列一章中详细介绍,这里不再详述。

(六) 计划完成情况相对指标

计划完成程度相对指标是现象在某一时期内的实际完成数与计划任务数对比的比值,用于反映计划的完成情况,一般用百分数表示。

基本计算公式为:

$$计划完成情况相对指标 = \frac{实际完成数}{计划任务数} \times 100\%$$

在公式中,分子是计划执行结果的实际数值,分母则是下达的计划任务指标数。因此,要求分子、分母在指标含义、计算方法、计量单位以及时间长度等方面完全相对应。同时,由于计划任务数是作为衡量计划完成情况的标准,分子、分母不可互换。

1. 计划完成程度相对指标的计算

计划完成程度相对指标表明实际对计划完成的情况,分子数值减分母数值表明计划执行的绝对结果。由于经济现象的特点不同,在下达计划任务时,计划指标可以是绝对数,也可以是相对数或平均数,因此计划完成情况相对指标在计算形式上有所不同。

下面举例说明不同情况下的计划完成程度相对指标的计算方法。

当计划任务以总量指标或平均指标下达时,计划完成程度相对指标的计算方法就是将实际完成数与计划任务数直接对比。

【学中做 4-6】某企业 2013 年产品销售收入计划为 3 000 万元,实际完成 3 300 万元,求计划完成情况相对指标。

该企业销售收入计划完成情况为：

$$计划完成情况相对指标 = \frac{3\ 300}{3\ 000} \times 100\% = 110\%$$

这个相对数表明实际比计划超额完成 10%，超额完成销售收入 300 万元（3 300 － 3 000）

【学中做4-7】某企业 A 材料计划采购成本 1 200 元/吨，实际采购成本为 1 500 元/吨，则该企业 A 材料采购计划完成情况相对指标为：

$$计划完成情况相对指标 = \frac{1\ 500}{1\ 200} \times 100\% = 125\%$$

这个相对数表明实际比计划还差 25%，即没有完成计划。

当计划任务以相对指标下达时，其具体表现形式不同，计算计划完成程度相对指标的方法也不相同。其计算公式为：

$$计划完成程度相对指标 = \frac{1 \pm 实际{提高 \atop 降低}百分数}{1 \pm 计划{提高 \atop 降低}百分数} \times 100\%$$

【学中做4-8】某公司劳动生产率计划 2013 年比 2012 年提高 5%，而实际提高 8%，求计划完成情况相对指标。

$$计划完成情况相对指标 = \frac{1 + 8\%}{1 + 5\%} \times 100\% = 102.85\ \%$$

结果表明该公司的劳动生产率超额完成计划 2.85%。

在这里，计划任务数是以比上期增长或减少的百分数规定的，但在计算计划完成情况相对指标时，不能以实际增长率或降低率除以计划增长率或降低率，而应当包括原有的基数，即要用实际完成的百分比与计划任务的百分比进行对比。

【学中做4-9】某企业 A 产品本年度计划成本降低 5%，实际降低 6%，问：A 产品成本控制计划完成情况如何？

$$计划完成情况相对指标 = \frac{1 - 6\%}{1 - 5\%} \times 100\% = 98.95\%$$

计算结果表明该产品已超额完成了成本控制计划，实际比计划降低了 1.05%。

由以上例子可见，同样是计划完成程度指标，在对其评价时要根据社会经济现象本身的特点。一般来说，正指标从经济意义上来说越大越好，若计划完成程度大于 100%，则表明超额完成计划；反之，则没完成计划。如销售额、产量、产值、利润等。对于逆指标则恰好相反，逆指标从经济意义上来说越小越好，则计划完成程度小于 100% 为超额完成计划；反之，则没完成计划。如产品成本、原材料消耗、销售费用等。

计划指标是平均指标。其计算公式为：

$$计划完成情况相对指标 = \frac{实际平均水平}{计划平均水平} \times 100\%$$

该指标适用于考核以平均水平表示技术经济指标的计划完成程度。

2. 计划进度情况检查

计划完成情况相对指标还可以用来检查计划执行的进度，以了解进度的快慢，保证计划的实现。它是采取计划期中某一段时期的累计实际完成数与全期计划任务数之比来表示的。其计算公式为：

$$计划执行进度指标 = \frac{计划期内截止到某阶段的累计实际完成数}{全期计划任务数} \times 100\%$$

【学中做 4 - 10】某企业销售部门某年计划销售量为 400 万吨,到 9 月底累计销售量为 320 万吨,则为：

$$累计到三季度为止销售量计划执行进度 = \frac{320}{400} \times 100\% = 80\%$$

计算结果表明,该企业某年至第三季度,进度已完成计划任务的 80%,说明计划进度执行较快。

这种指标主要用来分析整个计划期间计划执行的进度,考核计划执行的均衡性,以便及时发现问题,采取措施,保证计划的完成和超额完成。

3. 中长期计划完成情况的检查

计划完成情况的检查,可分为长期计划检查和短期计划检查两种。中长期计划一般是指 5 年或 5 年以上的计划。依计划任务数的规定不同,检查长期计划的完成情况又有水平法和累计法两种方法。

(1) 水平法。当计划任务数是规定末期(如末年)应达到的水平时,要采用水平法检查计划的完成情况。其计算公式为：

$$计划完成情况相对指标 = \frac{期末实际达到的水平}{计划规定的期末水平} \times 100\%$$

【学中做 4 - 11】某地区在"十一五"期间计划某产品产量最后 1 年应达到 48 万吨,实际执行情况如表 4 - 3 所示。

表 4 - 3 　　　　　　　　　　　　某地区某产品产量资料 　　　　　　　　　　　单位:万吨

年度	第一年	第二年	第三年		第四年				第五年			
			上半年	下半年	一季度	二季度	三季度	四季度	一季度	二季度	三季度	四季度
产量	35	38	19	21	10	11	12	12	12	12	13	13

试计算计划完成程度相对指标及提前多长时间完成计划任务。

$$计划完成程度 = \frac{12+12+13+13}{48} \times 100\% \approx 104\%$$

计算结果说明:该地区该产品产量超额 4% 完成 5 年计划。

采用水平法检查计划执行情况,不仅要计算计划完成程度,也应计算提前完成计划的时间。只要有连续一期(如 1 年)的时间,实际完成的水平达到了计划末期(如末年)水平,就能计算提前完成时间。

本例中,提前两个季度完成计划任务[12+12+12+12=48(万吨)]。

(2) 累计法。在 5 年计划中,当计划任务数是规定在整个计划期间应完成的累计数时,用累计法检查计划完成情况。

$$计划完成程度相对指标 = \frac{5 年计划期内实际累计完成数}{5 年计划规定的累计数} \times 100\%$$

只要从计划期开始到某一时期止,实际累计完成数达到了计划任务规定的累计数,就算完成了计划,剩余的时间就是提前完成的时间。

【学中做4-12】接[学中做4-11]，如果该地区5年计划规定，5年内产品产量应达到195万吨，而实际执行情况如表4-3所示。试计算计划完成程度相对指标及提前多长时间完成计划任务。

$$计划完成程度相对指标=\frac{35+38+19+21+10+11+12+12+12+12+13+13}{195}\times100\%$$

$$=106.67\%$$

计算结果表明：该地区该产品产量超额6.67%完成5年计划。提前一个季度完成计划任务[35+38+19+21+10+11+12+12+12+13=195（万吨）]。

三、计算和运用相对指标应注意的问题

1. 要保持相对指标分子、分母的可比性

相对指标是运用对比的方法揭示现象之间的联系程度，反映现象之间的差异程度。对比的两个指标是否可比是计算结果能否正确反映现象之间联系的重要条件。所以，计算和应用相对指标要保持相对指标分子、分母的可比性。可比是指分子、分母指标所包括的内容、范围、计算方法等要一致，不能将不可比的两个指标拿到一起进行对比。比如，比较相对指标时必须是两个地区同一时期的同一类社会经济现象的对比。又如，世界各国三次产业的划分标准不尽相同，我国第一产业中不包括采掘工业，而很多国家把采掘工业划入第一产业范围，这样我国与这些国家的三次产业增加值是不能直接对比的。

如果将不可比的两个指标拿到一起对比就会失去相对指标的实际意义，以致得不出正确的结论。

2. 相对指标和总量指标要结合运用

无论是哪一种统计指标，都有它自身的优势，也有其局限性。总量指标能够反映事物发展的总规模和总水平，却不易看清事物差别的程度；绝大多数的相对指标都是两个有关的总量指标数值之比，用抽象化的比值来说明事物之间的敏捷程度，相对指标反映了现象之间的数量对比关系和差异程度，却又将现象的具体规模和水平抽象化了。因此，将相对指标和总量指标结合起来使用，才能克服认识上的片面性，达到对客观事物全面正确的认识。

3. 各种相对指标要综合应用

各种相对指标的具体作用不同，每一种相对指标都是从不同的侧面来说明所研究的问题，即就某一方面来对问题加以说明。在分析研究复杂的现象时，应该将多种相对指标结合起来使用，这样才能把从不同侧面反映的情况结合起来观察分析，从而更加深入、全面地分析问题和认识问题。

例如，在研究企业的经营效果时，我们不仅要看总产值、产品产量、销售收入、利税总额等总量指标，还要结合企业的投入，观察产值利税率、资金利税率等相对指标，客观反映企业的经济效益。同时，我们还需要将这些指标与企业的计划任务相比较，检查企业计划的执行情况；利用动态相对指标，将当期指标数值与企业过去的同类指标数值进行纵向对比，可以总结经验和成绩，寻找事物发展变化的规律；通过计算各个比较相对指标，能够实现与其他同类企业的横向对比，发现自己的差距和不足，及时改进。

【情境小结】

1. 总量指标又称绝对数，它是表明社会经济现象在一定时间、地点、条件下的规模或水

平的统计指标。

总量指标按反映总体内容不同,分为总体单位总量和总体标志总量。总体单位总量是一个总体中的单位总数,它反映总体本身规模的大小。总体标志总量是总体各单位某一数量标志值的总和,它反映某种总体特征的总数量。

总量指标按反映的时间状况不同,分为时期指标和时点指标(见表4-4)。时期指标是反映社会经济现象在一段时期内发展过程的总数量。时点指标是表明现象在某一时点(或某一时刻)上的状况。注意时期指标和时点指标的特点。

表4-4   **时期指标和时点指标的特点**

指标名称	指 标 特 点
时期指标	(1) 可加性,不同时期的指标数值相加具有实际意义; (2) 时期指标数值大小与时期长短有直接关系,时期长指标数值就大,反之就小; (3) 时期指标是连续登记、累计的结果。
时点指标	(1) 不可加,各时点指标数值相加后不具有实际意义; (2) 时点指标数值的大小与时点间隔长短无直接关系; (3) 时点指标数值是间断计数的。

2. 相对指标也称相对数,它是两个有联系的指标数值对比而得到的统计指标。常用的相对指标有:结构相对指标、比例相对指标、比较相对指标、强度相对指标、动态相对指标和计划完成程度相对指标六种。其中分子与分母为同一时期的相对指标有:结构相对指标、比例相对指标、比较相对指标、强度相对指标和计划完成程度相对指标五种;分子与分母为同一总体的相对指标有:结构相对指标、比例相对指标、动态相对指标和计划完成程度相对指标四种;分子与分母可以互换的相对指标有:比例相对指标、比较相对指标、强度相对指标三种。

六种相对指标中计划完成程度相对指标应用比较广泛,常用来检查计划的完成情况。在计算时,分为长期计划和短期计划两种检查方法。同时,注意评价计划完成程度相对指标的两个标准。

此外,正确运用相对指标,要做到:①严格保持对比两指标的可比性。②将相对指标与总量指标结合起来运用。③将各种相对指标结合起来运用。

【做中学】

一、单项选择题

1. 反映总体各部分之间数量联系程度和比例关系协调平衡状况的综合指标是( )。

  A. 结构相对数   B. 强度相对数   C. 比较相对数   D. 比例相对数

2. 下列属于比较相对指标的是( )。

  A. 废品量与产量之比   B. 国民收入与人口总数之比

  C. 积累与消费之比   D. 不同国家的粮食产量之比

3. 某国某年的钢产量与人口总数之比是( )。

  A. 比较相对数   B. 比例相对数   C. 强度相对数   D. 平均数

4. 已知2012年甲国人均粮食产量为1 712千克,乙国为129千克,甲国为乙国的13倍,以

上指标中（　　）。

  A. 有两个总量指标，一个相对指标 B. 有两个强度相对指标，一个比较相对指标

  C. 有两个平均指标，一个比较相对指标 D. 有两个总量指标，一个平均指标

5. 总体各部分结构相对数的和应（　　）100%。

  A. 等于   B. 小于   C. 大于   D. 小于或等于

6. 某厂某产品的单位产品成本计划比上年降低5%，实际降低了7%，则其计划完成百分数
  为（　　）。

  A. 97.9%   B. 140.0%   C. 102.2%   D. 71.4%

7. 在出生婴儿中，男性占53%，女性占47%，这是（　　）。

  A. 比例相对指标 B. 强度相对指标 C. 比较相对指标 D. 结构相对指标

8. 比较相对指标是（　　）。

  A. 同类现象在不同空间上的对比 B. 同类现象在不同时间上的对比

  C. 同一现象的部分与总体的对比 D. 有联系的不同现象的相互对比

9. 由反映总体各单位数量特征的标志值汇总得出的指标是（　　）。

  A. 总体单位总量 B. 总体标志总量 C. 质量指标 D. 相对指标

10. 将对比的基数抽象化为10，则计算出来的相对数称为（　　）。

  A. 倍数   B. 百分数   C. 系数   D. 成数

11. 某单位某月份产品的合格率是98%，这个指标是（　　）。

  A. 结构相对指标 B. 比较相对指标 C. 比例相对指标 D. 强度相对指标

12. 2010—2013年，甲地的工业企业生产总值平均增长速度比乙地高3%，这是（　　）。

  A. 动态相对指标 B. 比例相对指标 C. 比较相对指标 D. 强度相对指标

13. 将粮食产量与人口数相比得到的人均粮食产量指标是（　　）。

  A. 统计平均数 B. 结构相对数 C. 比较相对数 D. 强度相对数

14. 将国民生产总值与人口数相比，属于（　　）。

  A. 算术平均数 B. 强度相对数 C. 比较相对数 D. 动态相对数

15. 直接反映总体规模水平大小的指标是（　　）。

  A. 平均指标 B. 相对指标 C. 总量指标 D. 变异指标

二、多项选择题

1. 下列指标中，属于强度相对指标的有（　　）。

  A. 全国人均国民收入   B. 某地区人口密度

  C. 某市人口就业率   D. 某单位职工平均工资

  E. 某省人口出生率

2. 下列指标中，属于同一时期指标值对比的相对指标有（　　）。

  A. 结构相对数 B. 比较相对数 C. 比例相对数 D. 强度相对数

  E. 计划完成程度相对数

3. 下列相对指标中，分子、分母可以互换的有（　　）。

  A. 结构相对数 B. 比较相对数 C. 比例相对数 D. 强度相对数

  E. 动态相对数

4. 下列指标中，属于时期指标的有（　　）。

A. 全年出生人数　　 B. 国民生产总值　　 C. 粮食总产量　　 D. 商品销售额

E. 产品合格率

5. 下列指标中,属于时点指标的有(　　)。

A. 年末人口数　　 B. 钢材库存量　　 C. 粮食产量　　 D. 工业总产值

E. 经济增长率

6. 总量指标的计量单位有(　　)。

A. 货币单位　　 B. 劳动量单位　　 C. 自然单位　　 D. 度量衡单位

E. 标准实物单位

7. 我国 GDP 每增长 1%,相当于人均增加收入 80 多元;全国将增加 60 万～80 万个就业岗位。这里用到的指标有(　　)。

A. 时期数　　 B. 时点数　　 C. 平均数　　 D. 强度相对数

E. 比较相对数

8. 2012 年我国的生产总值 3 500 亿元;2012 年年末,我国的粮食储备量突破 105 000 亿万吨。这两个指标(　　)。

A. 都是时期数

B. 都是时点数

C. 都是绝对数

D. 前者是时点数,后者是时期数

E. 前者是时期数,后者是时点数

9. 2012 年年末,全国就业人员 93 025 万人,比上年年末增加 940 万人。年末城镇登记失业率为 4.6%,则(　　)。

A. 就业人数是时期数

B. 增加的就业人数是时期数

C. 就业人数是时点数

D. 失业率是结构相对数

E. 就业人数和增加人数都是绝对数

10. 下列指标中,属于强度相对指标的有(　　)。

A. 人口密度

B. 人均国民生产总值

C. 人口出生率

D. 人口自然增长率

E. 男女性别比例

三、判断题(把"√"或"×"填在题后的括号里)

1. 同一总体中时期指标数值的大小与时期长短有关,时点指标数值的大小与时点间隔长短没有直接关系。　　　　　　　　　　　　　　　　　　　　　　　　　　(　　)

2. A、B、C 三个企业产量计划完成程度分别为 95%、100%、105%,则这三个企业产量计划平均完成程度为 100%。　　　　　　　　　　　　　　　　　　　　　　(　　)

3. 对于计算总量指标的总体没有任何要求。　　　　　　　　　　　　　　　(　　)

4. 同一时期同类现象的时期指标数值可以相加。　　　　　　　　　　　　　(　　)

5. 强度相对指标是由两个不同质的指标对比得到的,其计量单位用复名数表示。(　　)

6. 某厂生产某种产品的单位成本,计划在上年的基础上降低 4%,实际降低了 5%,则成本降低计划的完成程度为 98.96%。　　　　　　　　　　　　　　　　　　　(　　)

7. 某市工业总产值是上年的 118%,属于计划完成程度相对指标。　　　　　(　　)

四、业务题

1. 指出表 4-5 中各指标的种类,将序号填入相应的指标栏目中。

表 4-5 指标种类

序号	指标名称	时点指标	时期指标	结构相对数	比例相对数	比较相对数	强度相对数	动态相对数	计划完成程度相对数
1	入境人数								
2	出生人数								
3	亏损额								
4	接待旅游人数								
5	库存额								
6	考试及格率								
7	2011 年全国在读研究生人数								
8	国内生产总值								
9	医院拥有的床位数								
10	2011 年全国原煤开采量								
11	性别比例								
12	人均国内生产总值								
13	我国财政税收收入 2011 年比 2010 年增长 20%								
14	2011 年我国国内生产总值仅相当于美国的 1/8								
15	2009—2011 年国家发行长期建设国债 3 600 亿元								
16	人口死亡率								
17	国土面积数								
18	全国拥有普通高校 1 078 所								
19	商业网点密度								
20	实际价格是计划价格的 80%								

2. 我国 2012 年高校招生及在校生资料如表 4-6 所示。

表 4-6 2010 年高校招生及在校生资料 单位:万人

学校	招生人数	比上年增招人数	在校生人数
普通高校	268	48	719
成人高等学校	196	40	456

要求:(1) 分别计算各类高校招生人数的动态相对数。

(2) 计算普通高校与成人高校招生人数比。

(3) 计算成人高校在校生数量占所有高校在校生数量的比重。

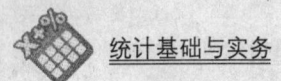

3. 我国 2012 年和 2013 年进出口贸易总额资料如表 4-7 所示。

表 4-7   **2012 年、2013 年进出口贸易总额资料**

时　间	出口总额(亿元)	进口总额(亿元)
2012	2 492	2 251
2013	2 662	2 436

要求：(1) 分别计算 2012 年、2013 年的进出口贸易差额；

      (2) 计算 2013 年进出口总额比例相对数及出口总额增长速度；

      (3) 分析我国进出口贸易状况。

4. 根据表 4-8 资料，计算强度相对数的正指标和逆指标，并根据正指标数值分析该地区医疗卫生设施的变动情况。

表 4-8   **医疗卫生设施资料**

指　　标	2003 年	2013 年
医院数量(个)	40	56
地区人口总数(万人)	84.4	126.5

5. 某公司下属 3 个企业有关资料如表 4-9 所示，试根据指标之间的关系计算并填写表中所缺数字。

表 4-9   **企 业 资 料**

企业	1 月实际产值(万元)	2 月份				2 月实际产值为 1 月的百分比(%)
		计划产值(万元)	计划产值比重(%)	实际产值(万元)	计划完成(%)	
甲	125					
乙	200	150			110	
丙	100	250			100	
合计		500			95	

学习情境五　平均指标和变异指标

【情境引例】

统计的很多知识在现实生活中是具有实际指导意义的。例如,我们在农业推广时常常需要知道不同品种的农作物推广价值。以下是两个不同的小麦品种,分别在5块土地上试种,其产量资料如表5-1。假定生产条件相同,试分析哪一品种更具有推广价值。

表5-1　　　　　　　　　　　　小麦品种产量资料

甲品种		乙品种	
种植面积(亩)	产量(千克)	种植面积(亩)	产量(千克)
12	7 200	9	6 300
6	4 440	18	11 700
9	4 950	12	5 400
12	8 400	6	4 920
6	3 120	15	9 000
45	28 110	60	37 320

同学们,你们知道应该怎么做才能得出正确的结论吗?

从表5-1可以看出,两个品种的亩产量在不同地块的表现是不相同的,要作出正确的判断,有必要计算反映两个品种的平均水平和离散程度的标志变异指标。这也是我们这一章要重点介绍的内容。你有兴趣知道吗?

【职业能力目标】

根据统计员岗位的要求,通过本情境的学习明确平均指标的概念和作用,理解各种平均数的计算原则、方法与应用条件,掌握计算主要的平均指标(算术平均数、调和平均数、几何平均数、众数和中位数),同时,在理解变异指标的作用、计算方法和运用条件的前提下掌握主要的变异指标(全距、平均差、标准差及其系数)。

【典型学习任务】

本学习情境的典型学习任务主要有计算各种平均指标(算术平均数、调和平均数、几何平均数、众数和中位数),计算变异指标,并利用平均指标和变异指标时进行相应统计分析。

学习子情境一　认识平均指标

一、平均指标的概念

平均指标是同类社会经济现象总体内各单位某一数量标志在一定时间、地点和条件下数量差异抽象化的代表性水平指标,其数值表现为平均数。在社会经济现象的同质总体中,同一标志在各单位的数量表现不尽相同,标志值大小各异,这就需要利用平均指标来代表总体的一般水平。总体各单位的同质性和某种标志值在各单位的差异性,是计算平均数的前提条件。平均指标是社会经济统计中常用的综合指标之一。

例如:某生产车间有 16 名工人,日产零件情况见表 5-2。

表 5-2　　　　　　　　　　　　　　某车间日产量统计表　　　　　　　　　　　　　单位:件

序号	1	2	3	4	5	6	7	8
日产量	17	19	23	20	21	16	24	14
序号	9	10	11	12	13	14	15	16
日产量	18	22	15	25	12	28	27	26

从表 5-2 中可以看出这 16 名工人的日产量高低不等,每个产量分别代表了工人们各自的水平,使得该车间这一总体的个体之间存在着明显的差异,统计研究的目的就在于通过这些差异反映出总体的基本特征。为此,需要找出一个能够代表该车间生产一般水平的代表性数值,它应该能够将 16 名工人日产量之间的数量差异抽象化,这个抽象化的指标即为平均日产量。

通过以上实例可以看出,平均指标具有三个显著特点:①它是一个代表值,可以代表总体的一般水平;②它是一个抽象化的数值,即把同质总体内各单位在某一数量标志上的差异抽象化了,是对各单位具体数值的平均;③它反映了总体分布的集中趋势,同一总体一般距离其平均值远的标志值较少,而距离其平均值近的或接近平均值的标志值比较多。

二、平均指标的作用

平均指标由于能综合反映某种社会经济现象总体在一定条件下的一般水平,因此,在统计研究中,在各项经济管理和分析中被广泛应用。其作用主要表现在以下几个方面:

(1) 利用平均指标,可以了解总体的一般水平。因为就社会经济现象变量数列的分配情况看,通常是接近平均数的标志值居多,而远离平均数的标志值少;平均数反映了总体分布的集中趋势,它把一个总体内各单位的数量差异抽象化了,是总体分布的重要特征值。例如,某地区职工年平均工资为 18 000 元,用该平均工资可以反映该地区职工收入一般水平。

(2) 利用平均指标,可以对若干同类现象在不同空间进行比较分析。例如,在评价商业企业工作成绩好坏时,如果用总量指标(如商品的销售额或利税额)进行对比,因为其企业的规模大小不同,职工人数多少不同,无法评价,如果用平均指标(如平均劳动效率、人均创利额等),则可消除这种影响,进行比较分析评价。

（3）利用平均指标，可以研究某一总体某种数值的平均水平在时间上的变化，说明总体的发展过程和趋势。例如，为反映改革开放 30 年来，我国城镇居民生活水平的提高程度，可以通过这 30 年间职工平均工资在不同时间上的发展趋势或变动规律来揭示；同时还可以通过将现在职工的平均工资水平与改革开放前 30 年间的工资水平进行对比，从中显示出此间工资水平的差异。

（4）利用平均指标，可以分析现象之间的依存关系。在对现象总体进行分组分类的基础上，应用平均指标可以观察现象之间存在的相互联系、相互制约的关系。如将耕地按自然条件、耕作深度或施肥状况等标志进行分组，计算单位面积产量，则可反映自然条件优劣、耕作深度和施肥多少对单位面积产量的影响。

（5）平均指标可作为某些科学预测、决策和某些推算的依据。如企业的劳动定额、生产定额、物资消耗定额等都要依据相应的平均指标来确定，抽样推断中则依抽样平均数来推断总体平均数进而推断总体相应的总量指标。

三、平均指标的分类

1. 静态平均数与动态平均数

平均指标按其性质可分为静态平均数和动态平均数。

静态平均数反映的是在同一时间范围内各单位某一数量标志一般水平的平均数。

动态平均数反映的是在不同时间、同一总体范围内某一指标一般水平的平均数（内容详见学习情境六动态数列分析）。本情景主要介绍静态平均数，又称一般平均数。

静态平均数的确定方法和依据资料不同可以分为算术平均数、调和平均数、几何平均数、中位数和众数。

2. 数值平均数与位置平均数

根据平均指标计算方法的不同，可以把平均数分为数值平均数和位置平均数。凡根据总体各单位标志值计算的平均数，称为数值平均数，主要有算术平均数、调和平均数、几何平均数等；凡根据总体各单位标志值在变量数列中的位置计算的平均数，称为位置平均数，主要有众数和中位数。

学习子情境二　算术平均数

一、认识算术平均数

算术平均数是统计中最基本、最常用的一种平均数。它的基本计算形式是用总体单位数去除总体标志总量。其计算公式为：

$$算术平均数 = \frac{总体标志总量}{总体单位总数}$$

例如，某企业某月的工资总额为 360 万元，工人总数为 1 800 人，则该企业工人的月平均工资为：

$$月平均工资 = \frac{3\ 600\ 000}{1\ 800} = 2\ 000（元）$$

必须指出的是,平均数的计算方法,在形式上与强度相对数的计算方法很相似,因而容易出现把两者混淆的问题。在计算和识别平均数或强度相对数时,必须注意两者的区别。它们对比的子项与母项的关系是不相同的。平均数是同一总体标志总量与总体单位总数之比,在这里,总体标志总量是随着总体单位总数的变动而变动,子项依存于母项,两者是互相适应的。而强度相对数则是两个性质不同,但有联系的总量指标之比。作为分子的总量指标,并不随着作为分母的总量指标的变动而变动,两者在数量上没有依存关系。例如,人均国内生产总值指标是国内生产总值与人口总数在相同范围内的比值。因为国内生产总值不是全部人口生产的,国内生产总值不依存于人口数量的多少,所以它是强度相对指标,而不是平均数。在利用基本公式计算算术平均数时,要特别注意子项(总体标志总量)与母项(总体单位总数)在总体范围上的可比性,也就是说,要注意两者必须属于同一总体。

二、算术平均数的应用方法

算术平均数根据掌握的资料不同和计算的复杂程度,可分为简单算术平均数和加权算术平均数。

(一) 简单算术平均数

在掌握了总体各单位的标志数值及单位总量资料后,则可以直接利用上述公式计算算数平均数。这样计算出来的算术平均数称为简单算术平均数。

【学中做 5-1】根据表 5-2 的资料,计算 16 名工人的平均日产量:

$$平均日产量 = \frac{该车间日总产量}{车间总人数}$$

$$= \frac{17+19+23+20+21+16+24+14+18+22+15+25+12+28+27+26}{16}$$

$$= 20.4(件)$$

即该车间的平均日产量为 20 件,它代表了这个车间日产零件的一般水平。

简单算术平均数是总体标志总量与总体单位总数相比求出的平均。其计算公式为:

$$\bar{x} = \frac{x_1 + x_2 + x_3 + \cdots + x_n}{n} = \frac{\sum x}{n}$$

式中　$\bar{x}$——算术平均数;

x——变量值,即各单位标志数值;

n——总体单位总数;

$\sum x$——总体标志总量。

简单算术平均数计算方法简便,但其应用的前提条件是:变量数列中各个变量值出现次数相同。

(二) 加权算术平均数

当变量值已经分组,且各组变量值出现的次数不同时,就必须计算加权算术平均数。

【学中做 5-2】某商场鞋帽部有 16 名职工,按日销售额分组,得到的变量数列资料见表 5-3,试计算职工平均销售额。

表 5 - 3　　　　　　　　某商场鞋帽部职工销售额资料及计算表

按日销售额分组(元/人)	职工人数(人)	各组职工日销售额(元)
2 200	2	4 400
2 600	3	7 800
2 800	4	11 200
3 000	5	15 000
3 200	2	6 400
合计	16	44 800

根据表 5 - 3 中的资料,计算平均日销售额为:

$$平均日销售量 = \frac{日总销售额}{职工总人数}$$

$$= \frac{2\ 200 \times 2 + 2\ 600 \times 3 + 2\ 800 \times 4 + 3\ 000 \times 5 + 3\ 200 \times 2}{2 + 3 + 4 + 5 + 2}$$

$$= 2\ 800(元/人)$$

在该平均数的计算中,不仅涉及变量值 x,还涉及另一个反映变量值出现次数的量,用 "f"表示,则有:

$$\bar{x} = \frac{x_1 f_1 + x_2 f_2 + x_3 f_3 + \cdots + x_n f_n}{f_1 + f_2 + f_3 + \cdots + f_n} = \frac{\sum xf}{\sum f}$$

该计算公式表明,平均数的大小,不仅取决于总体各单位标志值的大小,而且还受到各单位标志值出现次数的影响。所以上式中的"f"在此起着"权衡轻重"的作用,所以统计工作学中将其称为权数,将以上计算方法称为加权算术平均法。

必须指出,权数对算术平均数的影响,不是决定于权数本身数值的大小,而是决定于权数比重的大小。权数比重是作为权数的各组单位数占总体单位数的比重,也叫权数系数。单位数所占比重大的组,其变量值对平均数的影响就大;反之,则影响就小。其计算公式为:

$$\bar{x} = \frac{\sum xf}{\sum f} = \sum \left[x \cdot \frac{f}{\sum f} \right]$$

式中　$\dfrac{f}{\sum f}$——权数比重。

【学中做 5 - 3】仍以表 5 - 3 中的资料为例,计算加权算术平均数,见表 5 - 4。

表 5 - 4　　　　　　　　某商场鞋帽部职工销售额资料及计算表

按日销售额分组 (元/人) x	职工人数(人) f	职工人数的比重(%) $\dfrac{f}{\sum f}$	$x \cdot \dfrac{f}{\sum f}$
2 200	2	12.50	275.0
2 600	3	18.75	487.5
2 800	4	25.00	700.0
3 000	5	31.25	937.5
3 200	2	12.50	400.0
合计	16	100.00	2 800.0

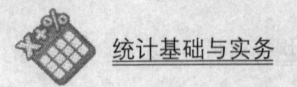

计算加权算术平均数为：

$$\bar{x} = \sum \left[x \cdot \frac{f}{\sum f} \right] = 2\,800(元／人)$$

与前面采用 $\bar{x} = \dfrac{\sum xf}{\sum f}$ 公式计算的结果完全一样。

简单算术平均数与加权算术平均数两者之间具有内在联系。加权算术平均数公式是算术平均数的代表公式，简单算术平均数公式只是加权算术平均公式在各组权数都相等时的一个特例。

上面所举的例子，是根据单项数列来计算算术平均数的。如果我们掌握的资料是组距数列，其计算算术平均数的方法，基本上与上例相同。只要先计算出各组的组中值（组中值是各组的中间数值，其确定方法在第三章已阐述），然后以各组的组中值为标志数值，代入加权算术平均数公式即得。

【学中做 5－4】某月某企业工人工资资料见表 5－5，求工人月平均工资。

表 5－5　　　　　　　　　某月某企业工人工资情况

按月工资额分组	组中值（元）x	工人人数（人）f	各组工人工资额（元）xf
1 000 元以下	750	180	135 000
1 000～1 500 元	1 250	350	437 500
1 500～2 000 元	1 750	900	1 575 000
2 000～2 500 元	2 250	520	1 170 000
2 500 元以上	2 750	50	137 500
合计	—	2 000	3 455 000

$$\bar{x} = \frac{\sum xf}{\sum f} = \frac{3\,455\,000}{2\,000} = 1\,727.5(元／人)$$

用组距式变量数列计算加权算术平均数时，由于是用各组中值来代替各标志组实际水平，这就需要一个假定条件，即假定各单位标志值在各组内是均匀分布或对称分布的。实际上，各单位标志值在组内呈均匀分布或对称分布是不多见的，组中值同该组各单位标志值的平均值之间总会存在一定误差，导致用组中值计算的加权算术平均数也会存在一定的误差。组距越小，组中值同该组各单位标志值的平均值就越接近，用组中值计算的加权算术平均数的误差也就越小；反之，误差就越大。

学习子情境三　调和平均数

调和平均数是各单位标志值倒数的算术平均数的倒数，因而又称为倒数平均数。在社会经济统计中，往往由于缺乏总体的单位数资料，不能直接采用算术平均数计算，这时，就需要把算术平均数的形式加以改变，而采用另一种计算方法。所以，实际工作中，它主要是作为算术平均数的变形来使用。

调和平均数与算术平均数一样，由于掌握的资料不同，分为简单调和平均数和加权调和平均数两种。

一、简单调和平均数应用

简单调和平均数是各个标志值倒数的简单算术平均数的倒数。在各标志值相应的标志总量均为一个单位的情况下求平均数时,应计算简单调和平均数。其计算公式为:

$$H = \frac{n}{\frac{1}{x_1} + \frac{1}{x_2} + \frac{1}{x_3} + \cdots + \frac{1}{x_n}} = \frac{n}{\sum \frac{1}{x}}$$

式中　H——调和平均数;

　　　x——各单位标志值;

　　　n——总体单位总量。

【学中做 5-5】 某集贸市场黄瓜的价格,早市 1 元/千克,午市 0.8 元/千克,晚市 0.5 元/千克,若早、中、晚各买 1 元钱的黄瓜,求黄瓜的平均价格。

其计算方法为:

$$H = \frac{n}{\sum \frac{1}{x}} = \frac{3}{\frac{1}{1} + \frac{1}{0.8} + \frac{1}{0.5}} = 0.70(元/千克)$$

二、加权调和平均数应用

加权调和平均数实际上是加权算术平均数的变形。在实际工作中,经常会只有各组标志总量和各个组变量值,缺少总体单位数的资料,这时就需要利用调和平均数公式计算平均数。它的计算方法是以标志总量为权数,其计算公式为:

$$H = \frac{m_1 + m_2 + m_3 + \cdots + m_n}{\frac{m_1}{x_1} + \frac{m_2}{x_2} + \frac{m_3}{x_3} + \cdots + \frac{m_n}{x_n}} = \frac{\sum m}{\sum \frac{m}{x}}$$

式中　m——各组标志总量;

　　　x——总体各组标志值;

　　　$\sum m$——总体标志总量。

【学中做 5-6】 某农产品收购部门本月购进 3 批同种产品,每批价格及收购金额见表 5-6,求 3 批产品的平均价格。

表 5-6　　　　　　　　　　某农产品收购部门收购情况表

	价格(元/千克) x	收购金额(元) m	收购量(千克) m/x
第 1 批	50	11 000	220
第 2 批	55	27 500	500
第 3 批	60	18 000	300
合计	—	56 500	1 020

此表第一、第二栏为已知资料栏,第三栏为计算栏。

平均每千克价格为:

$$H = \frac{\sum m}{\sum \frac{m}{x}} = \frac{11\,000 + 27\,500 + 18\,000}{1\,020} = 55.39(元/千克)$$

通过上例计算可以看出,分子是收购总金额,即总体标志总量,分母为收购量之和,即总体单位总数。所以,调和平均数仍然是以总体标志总量除以总体单位总数计算的。它在经济内容和计算结果上与算术平均数一致,只是由于计算时依据的资料不同,而在计算公式和计算过程方面有别于算术平均数。它们的关系为:

$$H = \frac{\sum m}{\sum \dfrac{m}{x}} = \frac{\sum xf}{\sum \dfrac{xf}{x}} = \frac{\sum xf}{\sum f} = \bar{x}$$

可见,加权调和平均数实际上是加权算术平均数的变形。在实际工作中,经常会遇到只有各组标志值总量和各个组变量值,缺少总体单位数资料的情况,这时就需要利用调和平均数公式计算。

下面通过实例来说明加权算术平均数和加权调和平均数两种方法的应用。

(一) 由相对数计算平均数

以计划完成程度相对指标为例,当掌握计划完成程度相对指标计算公式的分母(计划数)资料时,求平均计划完成程度,应采用加权算术平均数计算。

【学中做 5-7】某饭店分一部、二部、三部,20013 年计划收入分别为 300 万元、260 万元、240 万元,计划完成程度分别为 102%,107%,109%,求平均计划完成程度。

由于掌握的资料是计划任务数,平均计划完成程度应采用以计划收入为权数的加权算术平均数来计算,如表 5-7 所示。

表 5-7　　　　　　　　　　某饭店收入情况表

部门	计划完成程度(%) x	计划收入(万元)f	实际收入(万元)xf
一部	102	300	306.0
二部	107	260	278.2
三部	109	240	261.6
合计	—	800	845.8

平均计划完成程度为:

$$\bar{x} = \frac{\sum xf}{\sum f} \times 100\% = \frac{845.8}{800} \times 100\% = 105.73\%$$

当掌握计划完成程度相对指标计算公式的分子(实际完成数)资料时,求平均计划完成程度就不能用加权算术平均数公式计算,应以实际收入为权数,采用加权调和平均数计算,如表 5-8 所示。

表 5-8　　　　　　　　　　某饭店收入情况表

部门	计划完成程度(%) x	实际收入(万元)m	计划收入(万元)$\dfrac{m}{x}$
一部	102	306.0	300
二部	107	278.2	260
三部	109	261.6	240
合计	—	845.8	800

由表5-8中的资料计算平均计划完成程度为：

$$H = \frac{\sum m}{\sum \frac{m}{x}} = \frac{845.8}{800} = 105.73\%$$

（二）由平均数计算平均数

对于这个问题的计算和应用，与上面所分析的方法相同。首先要从平均数本身的计算特征出发，再看所掌握的资料是这个平均数计算公式的分子数值还是分母数值，再决定采用哪种方法计算。

【学中做5-8】某商品在三个农贸市场上的平均价格和交易量资料如表5-9所示。

表5-9　　　　　　　某商品在三个农贸市场上的平均价格和交易量情况表

市　　场	平均价格（元）x	贸易量（千克）f	贸易额（元）xf
甲	1.00	30 000	30 000
乙	1.50	20 000	30 000
丙	1.40	25 000	35 000
合计	—	75 000	95 000

平均价格的基本计算公式为：贸易额除以贸易量。本例中，我们掌握的是贸易量（分母）资料，由此可采用加权算术平均数计算，即

$$\bar{x} = \frac{\sum xf}{\sum f} = \frac{95\,000}{75\,000} = 1.27（元/千克）$$

若本例中给出的是每个市场商品的平均价格和贸易额（分子）资料，那就采用加权调和平均数计算。其计算过程如表5-10所示。

表5-10　　　　　　某商品在三个农贸市场上的平均价格和贸易额情况表

市　　场	平均价格（元）x	贸易额（元）m	贸易量（千克）$\frac{m}{x}$
甲	1.00	30 000	30 000
乙	1.50	30 000	20 000
丙	1.40	35 000	25 000
合计	—	95 000	75 000

各市场平均价格为：

$$H = \frac{\sum m}{\sum \frac{m}{x}} = \frac{95\,000}{75\,000} = 1.27（元/千克）$$

两种方法计算结果相同。

学习子情境四　几何平均数

一、认识几何平均数

几何平均数不同于算术平均数和调和平均数,是 n 个变量值连乘积的 n 次方根。它反映的是某种特定现象的平均水平,这种现象的标志总量不是各单位的标志值的总和,而是它们的连乘积。在统计分析中,几何平均数主要用来计算平均比率或平均发展速度。

由于掌握资料的差异,几何平均数也分为简单几何平均数和加权几何平均数两种。

二、几何平均数的应用

由于掌握资料的差异,几何平均数也分简单几何平均数和加权几何平均数两种。

(一) 简单几何平均数

简单几何平均数是 n 个变量值连乘积的 n 次方根。其计算公式为:

$$G = \sqrt[n]{x_1 \cdot x_2 \cdots x_n} = \sqrt[n]{\prod x}$$

式中　G——几何平均数;

　　　x——各个变量值;

　　　$\prod$——连乘符号。

【学中做 5 - 9】某机械厂生产机器,设有毛坯、粗加工、精加工、装配四个连续作业的车间。某批产品其毛坯车间制品合格率为 97%,粗加工车间制品合格率为 93%,精加工车间制品合格率为 91%,装配车间产品合格率为 87%。求各车间制品平均合格率。

由于各车间制品的合格率总和并不等于全厂产品的总合格率,后续车间的合格率是在前一车间制品全部合格基础上计算的。全厂产品总合格率等于各车间制品合格率的连乘积,所以要采用几何平均法计算各车间制品平均合格率。车间制品平均合格率即:

$$G = \sqrt[n]{\prod x} = \sqrt[4]{97\% \times 93\% \times 91\% \times 87\%} = 91.93\%$$

(二) 加权几何平均数

当计算几何平均数的每个变量值的次数不相同时,则应用加权几何平均法。其计算公式为:

$$G = \sqrt[f_1+f_2+\cdots+f_n]{x_1^{f_1} \cdot x_2^{f_2} \cdots x_n^{f_n}} = \sqrt[\sum f]{\prod x^f}$$

式中　f——变量值的次数;

　　　$\sum f$——次数总和。

【学中做 5 - 10】某建设银行某项投资的年利率是按复利计算的,20 年的年利率情况是:前 10 年年利率为 10%,中间 5 年年利率为 8%,最后 5 年年利率为 6%。求 20 年后的本利率及年平均利率。

20 年后的本利率为:

$$(1+10\%)^{10} \times (1+8\%)^5 \times (1+6\%)^5 = 5.1001$$

整个投资期间的年平均利率为：

$$G = \sqrt[10+5+5]{1.10^{10} \times 1.08^5 \times 1.06^5} - 1 = \sqrt[20]{5.1001} - 1 = 8.487\%$$

学习子情境五　众数和中位数

算术平均数、调和平均数和几何平均数都是根据总体各单位的标志值计算的。众数和中位数不是根据总体各单位的标志值计算的，而是根据其在总体中所处的特殊位置上的个别单位的标志值确定或根据部分单位的标志值来确定的，因此也称位置平均数。

一、认识众数

（一）众数的概念

众数是指总体中出现次数最多的标志值。它是总体中最常遇到的变量值，是最普遍、最一般的，因而，可以用来说明社会经济现象的一般水平。

在实际工作中，众数的应用比较广泛。例如，说明消费者需要的服装、鞋帽等最普遍的尺码，集市贸易市场某种商品最普遍的价格水平，企业工人中最普遍的工资，等等，常用它来说明总体各单位某一数量标志值的一般水平。但必须指出的是，众数只有在总体内单位充分多时才有意义。

（二）众数的确定

确定众数，首先，要将数据资料进行分组，编制变量数列；其次，根据变量数列的不同种类采用不同的方法。

1. 根据单项式数列确定众数

根据单项数列确定众数，比较简单，只需要通过观察找出出现次数最多的那个变量值即为众数。

【学中做5-11】根据某集贸市场30个摊位黄瓜价格分组资料（见表5-11），求众数。

表5-11　　　　　　　　　　某集贸市场某日黄瓜价格情况表

黄瓜价格（元/千克）	摊位数（个）
3.00	2
3.10	3
3.20	18
3.30	5
3.40	2
合计	30

经观察发现，黄瓜价格为3.20元/千克的摊位最多，众数为3.20（元/千克）。

又如，某百货商店在男式衬衣销售中，41号为最多，故众数为41号。

2. 如果根据组距数列确定众数，则需计算众数的近似值

一般步骤是：先确定众数组，然后计算众数的近似值。

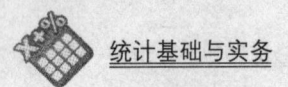

【学中做5－12】2008年某地区商业企业月均销售额资料见表5－12。

表5－12　　　　　　　　2008年某地区商业企业月均销售额资料表

月均销售额	商业企业数（家）
50 万元以下	12
50 万～100 万元	18
100 万～150 万元	20
150 万～200 万元	25
200 万～250 万元	32
250 万～300 万元	50
300 万～350 万元	28
350 万～400 万元	15
400 万元以上	10
合计	210

从表5－12中可知,商业企业数最多的是50家,它所对应的月均销售额为250万～300万元。因此,250万～300万元这一月均销售额就是众数组,它反映了该地区商业企业月均销售的一般水平。然后利用下限公式或上限公式计算众数的近似值。

计算众数的公式为:

下限公式:

$$M_0 = L + \frac{\Delta_1}{\Delta_1 + \Delta_2} \times i$$

上限公式:

$$M_0 = U - \frac{\Delta_2}{\Delta_1 + \Delta_2} \times i$$

式中　M_0——众数;

　　U——众数组的上限;

　　L——众数组的下限;

　　Δ_1——众数次数与前一组次数之差;

　　Δ_2——众数次数与后一组次数之差;

　　i——众数组的组距。

根据表5－12中的资料,将有关数字代入下限公式,得到众数的近似值:

$$M_0 = L + \frac{\Delta_1}{\Delta_1 + \Delta_2} \times i = 250 + \frac{18}{18 + 22} \times 50 = 272.5(万元)$$

将上述资料代入上限公式,计算结果与用下限公式计算的一样(计算从略)。

众数计算公式(以下限公式为例)的意义是:众数等于众数组的下限加上众数组组距的一部分数量,这部分数量的大小取决于众数组前后组次数的多少。众数是按比例推算的近似值。

计算和应用众数的条件是总体单位数较多而且有明显的集中趋势。如果总体单位数很少或无明显的集中趋势,求众数没有意义;如果总体各单位标志值的次数相同,则无众数;当有两个标志值的次数都很多时,要依据这两个标志值所在的组来计算众数。不过,这个众数

的代表性比加权算术平均数要差。

二、认识中位数

（一）中位数的概念

中位数是指将总体中各单位标志值按大小顺序排列，处于中间位置的那个标志值就是中位数。由于它的位置居中，其数值不受极端数值的影响，也能表明总体各单位标志值的一般水平。

（二）中位数的确定

根据所掌握资料的不同，中位数的确定方法有两种。即根据未分组资料确定中位数和根据分组资料确定中位数。

1. 根据未分组资料确定中位数

根据未分组资料确定中位数的确定方法是将各单位的标志值按由小到大或由大到小的顺序排列，确定中位数所在位置，与中位数所在位置相对应的标志值就是中位数。

$$中位数位置 = \frac{n+1}{2}$$

式中 n——标志值的项数。

若 n 为奇数，则第 $(n+1) \div 2$ 项的标志值即为中位数；如某车间 7 名工人，他们的日产零件数按顺序排列如下：15、17、19、20、22、23、24，则中位数所在位置为第 4 位 $[(7+1) \div 2]$，第 4 位所对应的标志值，即 20 件就是中位数，它代表了这 7 名工人日产零件的一般水平。

若 n 为偶数，那么处于中间位置左右的标志值的算术平均数，就是中位数。假如上例中该车间还有 1 名工人，则该车间的日产零件数按顺序排列为 15、17、19、20、22、23、24、25，此时中位数位置为第 4.5 位 $[(8+1) \div 2]$，则中位数为 21 $[(20+22) \div 2]$，即第 4 位和第 5 位所对应的标志值的算术平均数。

2. 根据分组数列资料确定中位数

（1）根据单项式数列确定中位数。首先要考虑标志值分布情况，其中位数的确定方法是次数累计到一半时，所对应的变量值即是中位数。

【学中做 5-13】某企业工人按生产零件数分组资料见表 5-13，求中位数。

表 5-13　　　　　　　　　　　**工人按生产零件数分组表**

按生产零件数分组 （件/日）	工人数 （人）	人数累计	
		向上累计（人）	向下累积（人）
20	10	10	100
21	20	30	90
22	30	60	70
23	20	80	40
24	15	95	20
25	5	100	5
合计	100	—	—

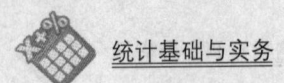

中位数位置为累计总人数的一半为 50(100÷2),在生产零件为 22 的这一组中,其中位数为 22 件。

(2) 根据组距数列确定中位数。根据组距数列资料来确定中位数相对比较复杂。

【学中做 5-14】现用表 5-14 资料来说明中位数的确定方法。

表 5-14   某高校入学新生体重分组累计次数表

按体重分组	学生人数(人)	累计次数	
		向上累计	向下累计
50 千克以下	28	28	212
50~55 千克	39	67	184
55~60 千克	68	135	145
60~65 千克	53	188	77
65 千克以上	24	212	24
合计	212	—	—

①确定中位数所在组(即确定中点位置)。在按组距分组的数列中,处于中间位置的标志值显然是在总次数一半的位置上,它前后的次数应该一样,其方法为总次数除以 2。本例为 106 (212÷2),它说明中位数的位置在本数列中前后各有 106 名学生的那个位置即在向上累计次数的 135 名学生的 55~60 千克这组内,这组即为中位数所在组。②确定中位数的近似值。确定了中位数所在的组以后,可以采用比例插入法,求得中位数的近似值。这里需要假定体重在 55~60 千克的 68 名学生是均匀分布的。故可以采用以下两个公式估算中位数的值:

下限公式为:

$$M_e = L + \frac{\frac{\sum f}{2} - s_{m-1}}{f_m} \times i$$

上限公式为:

$$M_e = U - \frac{\frac{\sum f}{2} - s_{m+1}}{f_m} \times i$$

式中 M_e——中位数;

L——中位数组的下限;

U——中位数组的上限;

S_{m-1}——中位数组以前各组累计次数;

S_{m+1}——中位数组以后各组累计次数;

f_m——中位数组的次数;

i——中位数组的组距;

$\sum f$——总次数。

按下限公式可得中位数:

$$M_e = 55 + \frac{106 - 67}{68} \times 5 = 57.87（千克）$$

上述资料代入上限公式,也可求得 57.87 千克(计算从略)。

计算和应用中位数的条件是:当现象总体中有异常值(极大值或极小值)时,宜于计算和应用中位数和众数,因为它们可以消除极值的影响,比算术平均数更能代表总体的一般水平。

学习子情境六 应用平均指标应注意的问题

正确计算和运用平均指标来分析社会经济现象,应该注意以下几方面的问题。

1. 注意所研究社会经济现象的同质性

同质性,就是指总体各单位在被平均标志上具有同类性,这也是应用平均指标最基本的原则和必须注意的问题。如果各单位在类型上是不同的,特别是在性质上存在着根本差别,那么这样的平均数不仅不能反映事物的本质和内在规律性,而且还会掩盖事物真相。例如,在研究农民收入水平变化时,如果将长期在外务工的农民的收入与从事农业生产劳动的农民的收入合在一起来计算"农民收入",则平均的结果就不能真实反映农民收入水平的变化,因为两者的收入无论在构成上还是在使用的性质上,都存在着显著的差异。所以只有在同质总体的基础上计算和应用平均指标,才有实际意义。

2. 注意用组平均数补充说明总平均数

平均指标反映了总体各单位某一数量标志值的一般水平,但却掩盖了各组之间的差异。总体各组之间及组内之间的差异往往影响总体的特征和分布规律,各组结构变动也会对总体变动产生影响。为了全面认识总体的特征和分布规律,需要将平均指标与统计分组结合起来,用组平均数补充说明总平均数。

【学中做 5-15】表 5-15 是某民营企业员工的月工资收入资料。

表 5-15　　　　　　　　　　企业员工月工资收入资料表

按工作年限分组	月工资收入(元)		员工人数(人)	
	2012 年	2013 年	2012 年	2013 年
5 年以上	2 180	2 300	70	40
3~5 年	1 700	1 810	200	100
1~3 年	1 240	1 360	180	300
1 年以下	950	990	115	125
合计	—	—	565	565

通过计算加权算术平均数可知,该民营企业员工 2013 年的总平均月工资收入为 1 424.34 元,比 2012 年的总平均月工资收入 1 460.27 元降低了 35.93 元。但实际上,从按工作年限分组的资料来看,各类员工无论工作年限长短,2013 年的工资收入都比 2012 年有所提高,即实际结果与总平均数相矛盾。之所以出现这种矛盾的结论,原因在于这两年各类工作年限员工的结构发生了变化,2013 年工作年限在 3 年以上的员工所占的比重为

24.78%,较 2012 年同职称员工的比重低 23.01%;而 2013 年的工作年限在 3 年以下的员工人数所占比重则由 52.21%上升为 75.22%。正是这种权数结构的变化,导致出现两种平均数的矛盾结果。因此,将总平均数与组平均数结合起来进行分析,正确的评价是 2013 年该企业员工的平均工资水平高于 2012 年的平均水平。

3. 注意用分配数列补充说明总平均数

平均指标的重要特征是把总体各单位的数量差异抽象化,掩盖了各单位的数量差异及其分布情况。因此,需要用分配数列补充说明平均数。

【学中做 5 - 16】有两个班级工人的日产量资料,见表 5 - 16。

表 5 - 16　　　　　　　　　两个班级工人的日产量资料表

一组		二组	
日产量(件/人)	工人人数(人)	日产量(件/人)	工人人数(人)
20	1	20	0
21	1	21	1
22	5	22	8
23	3	23	1
合计	10	合计	10

根据表 5 - 16 中的资料计算两个班组的加权算术平均数,得知一组、二组工人的平均日产量相等,但这两个班组的日产量分布却明显不同,一组日产量的整个分布偏低,二组日产量的整个分布偏高。一组日产量低于平均水平的占 20%,而二组仅占 10%。分布结构的不同,反映了事物内部的差异。这种差异单从总体平均数还不足以看清楚,必须结合对分配数列的分析和观察,才能有效地反映出来。

4. 平均指标要与变异指标相结合使用

详细内容见学习子情境七标志变异指标。

学习子情境七　标志变异指标

一、认识标志变异指标

(一) 标志变异指标的概念

标志变异指标又称标志变动度,它是用来反映总体各单位标志值之间差异程度的指标,也是度量统计分布离中趋势的综合指标。标志变异指标与平均指标之间具有相互联系、相互对应的关系。平均指标表现为总体各单位标志值的一般水平,反映各单位标志值的集中趋势;而标志变异指标则表现为总体各单位标志值的差异程度,反映各单位标志值的离中趋势。在研究现象总体数量特征时,仅用平均指标说明集中趋势是不够的,既要看到总体的集中趋势,又要看到总体的离中趋势,才能全面认识总体的数量特征。所以,要把平均指标与标志变异指标结合起来运用。

(二) 标志变异指标的作用

在统计分析研究中,标志变异指标的作用,可以概括为以下几点:

(1) 标志变异指标可以衡量平均数代表性的大小。平均指标作为总体内各单位某一数量标志的代表值,其代表性的大小与总体各单位标志值的差异程度有直接关系。理论与实践均证明这种关系,其表现是:总体的标志变异指标值越大,平均数代表性越小;反之,标志变异指标值越小,平均数代表性越大。

【学中做 5-17】某工厂某车间两个班组各 10 名工人的每人日产某种零件数如下:

第一组:18,25,30,35,52,70,75,85,90,120

第二组:50,51,52,53,55,60,63,71,72,73

依上例可以算出,这两个小组的平均日产量均为 60 件,但是,各组工人日产零件的差异程度却不同。第一组的各个工人之间生产零件数相差很大,最高与最低相差 102 件;第二组的各工人日产零件数的差异却较小,最高与最低相差仅为 23 件。很明显,两组工人平均日产零件数虽然都是 60 件,但对第一组来说,其代表性要小得多,对第二组来说,其代表性就相对地大得多。

(2) 标志变异指标可以反映社会经济活动过程的均衡性、节奏性和稳定性。由于标志变异指标可以表明生产过程的节奏性和社会经济活动过程的均衡性,因此,利用它可以进行产品质量控制和评价经济管理工作质量。

(3) 标志变异指标是科学地确定必要的抽样单位数应考虑的重要因素。进行抽样调查时,为了合理地利用人力、财力、物力和时间,应正确地确定必要的样本单位数,抽取的样本单位数过多或过少都会影响样本平均数的代表性。而标志变异指标的大小可以帮助我们正确地确定必要的样本单位数。

二、标志变异指标的计算与应用

标志变异指标主要有全距、平均差、标准差及标志变异系数。

(一) 全距

全距是测定标志变异程度最简单的指标,它是指总体各单位标志值中最大值与最小值之差,反映了各标志值的变动范围。由于是两个极端值之差,故又称极差,用符号"R"来表示,其计算公式如下。

未分组资料或单项式数列资料:

$$R = 最大标志值 - 最小标志值$$

分组资料:

$$R \approx 最高组的上限 - 最低组的下限$$

【学中做 5-18】仍以[学中做 5-17]中的资料为例,计算全距。

第一组:

$$全距 R = 120 - 18 = 102(件)$$

第二组:

$$全距 R = 73 - 50 = 23(件)$$

两组平均日产量都是 60 件,但从全距来看,第一组日产量变异程度大,第二组日产量变异程度小。

从计算可知,全距反映了总体各单位标志值的变动范围。它的优点是计算简便,易于了解。所以在实际工作中应用十分广泛,如在工业企业的产品质量管理中、证券市场的行情分析中等都有广泛应用。

但全距在计算时只取决于两个极端数值,没有考虑到中间各标志值的变动情况,只说明标志值变异的范围,并没反映所有标志差异的大小,故不能全面反映总体各单位标志值的差异程度。所以,这种方法是很粗略的。为精确地表明总体各单位在某一标志上的差异大小和程度,还应当利用其他变异指标,诸如平均差、标准差及其变异系数等。

(二) 平均差

平均差是总体各单位标志值与其算术平均数值离差绝对值的算术平均数,它反映的是各变量值与其平均数的平均差异程度,用符号"$A \cdot D$"表示。计算平均差的目的是测算各单位标志值与算术平均数离差的大小。因为离差有正、有负,还可能是零,所以,为了避免加总过程中的正负抵消,计算平均差时要取离差的绝对值。

平均差的计算由于依据的资料条件不同,可分为简单平均差和加权平均差两种。

1. 简单平均差

如果掌握的是未经分组的(原始数列)资料,则采用简单平均差。一般分两个步骤来完成:

第一步:求各单位标志值与其算术平均数离差的绝对值;

第二步:将离差的绝对值之和除以项数。

其计算公式为:

$$A \cdot D = \frac{\sum |x - \bar{x}|}{n}$$

【学中做 5 - 19】某工厂某车间两个班组工人的每人日产某种零件数,未经分组的资料见表 5 - 17,求平均差。

表 5 - 17　　　　　　　　　　　　平均差计算表

第一组(平均日产量为 60 件)			第二组(平均日产量为 60 件)		
日产量 (x)	离差 $x - \bar{x}$	离差绝对值 $\lvert x - \bar{x} \rvert$	日产量 (x)	离差 $x - \bar{x}$	离差绝对值 $\lvert x - \bar{x} \rvert$
18	−42	42	50	−10	10
25	−35	35	51	−9	9
30	−30	35	52	−8	8
35	−25	25	53	−7	7
52	−8	8	55	−5	5
70	10	10	60	0	0
75	15	15	63	3	3
85	25	25	71	11	11
90	30	30	72	12	12
120	60	60	73	13	13
合计	—	285	合计	—	78

经计算第一组的平均差为：

$$A \cdot D = \frac{\sum |x - \overline{x}|}{n} = \frac{285}{10} = 28.5(件)$$

经计算第二组的平均差为：

$$A \cdot D = \frac{\sum |x - \overline{x}|}{n} = \frac{78}{10} = 7.8(件)$$

可见，第一组和第二组两组工人的平均日产量虽然都是 60 件，但是，因为第一组的平均差 28.5 件比第二组的平均差 7.8 件大，所以，第一组的平均数代表性就小于第二组的代表性。

2. 加权平均差

如果掌握的资料是分组数列时，则应采用加权平均差。其计算公式为：

$$A \cdot D = \frac{\sum |x - \overline{x}| f}{\sum f}$$

【学中做 5 - 20】某公司员工月工资分组资料如表 5 - 18 所示，求平均差。已知另一公司员工月平均工资为 2 214 元，平均差为 398 元/人。试分析两家企业平均工资的代表性。

表 5 - 18　　　某公司员工月工资额资料及加权平均差计算表($\overline{x}$=2 214 元/人)

按工资额分组	员工数（人）f	组中值 x	离差绝对值 $|x - \overline{x}|$	离差绝对值加权 $|x - \overline{x}| f$
1 000 元以下	3	750	1 464	4 392
1 000—1 500 元	5	1 250	964	4 820
1 500—2 000 元	10	1 750	464	4 640
2 000—2 500 元	35	2 250	36	1 260
2 500—3 000 元	10	2 750	536	5 360
3 000 元以上	7	3 250	1 036	7 252
合计	70	—	—	27 724

根据表 5 - 18 中的资料，可得加权算术平均数为 2 214 元/人，加权平均差为：

$$A \cdot D = \frac{\sum |x - \overline{x}| f}{\sum f} = \frac{27\ 724}{70} = 396.1(元/人)$$

平均差的数值越小，其平均数的代表性越大。计算结果表明，该公司员工月工资额的加权平均差为 396.12 元/人，小于另一公司，即该公司员工平均工资代表性大于另一公司。

平均差的意义明确，它包括了研究总体所有标志值的差异情况，能够准确地综合反映总体的离差大小，可以在某些产品质量检查中应用。但是，由于总体中各单位标志值与算术平均数的离差之和等于零，所以就取离差绝对值计算。用绝对值进行运算，不适于用代数形式处理，在实际应用上受到很大限制。

（三）标准差

1. 标准差的概念

标准差又称为均方差，标准差的平方称为方差。标准差是总体中各单位标志值与算术平均数离差平方的算术平均数的平方根,它是标志变异指标最重要、最常用的指标。用符号"σ"表示。

2. 标准差的计算

依据资料条件的差异,其计算公式也分为简单的与加权的两种形式,现分述如下:

(1)简单平均式。如果掌握的是未分组的原始数列资料,在计算标准差时,采用下列公式:

$$\sigma = \sqrt{\frac{\sum (x - \overline{x})^2}{n}}$$

【学中做 5-21】以[学中做 5-17]中的工人日产零件为例,说明简单标准差的计算。列计算表见表 5-19,经计算得:

表 5-19   **工人日产零件数标准差计算表**

第一组(平均日产量为60件)			第二组(平均日产量为60件)		
日产量(x)	离差 $x - \overline{x}$	离差平方 $(x - \overline{x})^2$	日产量 (x)	离差 $x - \overline{x}$	离差平方 $(x - \overline{x})^2$
18	-42	1 764	50	-10	100
25	-35	1 225	51	-9	81
30	-30	900	52	-8	64
35	-25	625	53	-7	49
52	-8	64	55	-5	25
70	10	100	60	0	0
75	15	225	63	3	9
85	25	625	71	11	121
90	30	900	72	12	144
120	60	3 600	73	13	169
合计	—	10 028	合计	—	762

根据表 5-19 中的资料,第一组日产量的简单标准差为:

$$\sigma = \sqrt{\frac{\sum (x - \overline{x})^2}{n}} = \sqrt{\frac{10\ 028}{10}} = 31.67 (件)$$

第二组日产量的简单标准差为:

$$\sigma = \sqrt{\frac{\sum (x - \overline{x})^2}{n}} = \sqrt{\frac{762}{10}} = 8.73 (件)$$

计算结果说明,在第一组和第二组工人平均日产零件数相等的条件下,第一组的标准差大,第二组的标准差比第一组小。这表明,第一组平均数代表性小于第二组。

(2)加权标准差。如果掌握的资料是分组资料时,则可采用如下公式计算加权标准差:

$$\sigma = \sqrt{\frac{\sum (x - \overline{x})^2 f}{\sum f}}$$

【学中做 5-22】仍以表 5-18 资料为例,说明加权标准差的计算,如表 5-20。

表 5-20　　某公司员工月工资额资料及加权平均差计算表($\bar{x}$=2 214 元/人)

按工资额分组	员工数 （人）f	组中值 x	离差 $x-\bar{x}$	离差平方 $(x-\bar{x})^2$	离差平方加权 $(x-\bar{x})^2 f$
1 000 元以下	3	750	−1464	2 143 296	6 429 888
1 000~1 500 元	5	1 250	−964	929 296	4 646 480
1 500~2 000 元	10	1 750	−464	215 296	2 152 960
2 000~2 500 元	35	2 250	36	1 296	45 360
2 500~3 000 元	10	2 750	536	287 296	2 872 960
3 000 元以上	7	3 250	1 036	1 073 296	7 513 072
合计	70	—	—	—	23 660 720

根据表 5-18 中的资料,可得加权算术平均数为 2 214 元/人,加权标准差为:

$$\sigma = \sqrt{\frac{\sum (x-\bar{x})^2 f}{\sum f}} = \sqrt{\frac{23\ 660\ 720}{70}} = 581.39(元/人)$$

3. 标准差的特点

标准差一方面具有平均差的优点,即它将总体中各单位标志值的差异全部包括在内,可以准确地反映总体的离散程度;同时标准差还避免了求平均差时存在的取绝对值的问题,能够适合于代数运算等数学处理。由于标准差的这些优点,在实际工作中一般都用它来测定总体的离散程度,其应用最为广泛。

但标准差都是用有名数表示的平均差异程度,它们的数值受平均指标数值大小的影响。当总体平均指标数值比较大时,标准差的数值就大;反之,标准差的数值就小。因此,在比较不同平均水平下的总体变异程度时,还需引入其他变异指标。

(四)标志变异系数

变异系数又称为离散系数,是指标志变异指标与其算术平均数之比的百分数。主要有全距系数、平均差系数和标准差系数等,其中最常用的是标准差系数。

标准差系数是指对具有不同平均水平的数列或总体,由于不宜直接通过标准差来比较其标志变异度的大小,而需要将标准差与相应的平均数对比,计算标志变异的相对指标。标准差与相应的平均数之比用于表明标志变异的相对程度的指标就是标准差系数(又称离散系数)。它可以消除数列平均水平高低对标志变异度大小的影响,反映不同水平和不同性质的变量数列的变异程度。

标准差系数的一般公式为:

$$V_\sigma = \frac{\sigma}{\bar{x}} \times 100\%$$

【学中做 5-23】以引导案例为例说明标准差系数的应用。资料如表 5-21,说明甲品种和乙品种哪一个更适宜推广。

表 5 - 21   小麦品种相关计算表

甲品种					乙品种				
种植面积（亩）f	产量（千克）xf	x	$(x-\overline{x})^2$	$(x-\overline{x})^2f$	种植面积（亩）f	产量（千克）xf	x	$(x-\overline{x})^2$	$(x-\overline{x})^2f$
12	7 200	600	625	7 500	9	6 300	700	6 084	54 756
6	4 440	740	13 225	79 350	18	11 700	650	784	14 112
9	4 950	550	5 625	50 625	12	5 400	450	29 584	355 008
12	8 400	700	5 625	67 500	6	4 920	820	39 204	235 224
6	3 120	520	11 025	66 150	15	9 000	600	484	7 260
45	28 110	—	—	271 125	60	37 320	—		666 360

经上述资料计算可知：

甲品种平均亩产 $\overline{x}=625$ 千克 / 亩，乙品种平均亩产 $\overline{x}=622$（千克/亩）

$$\sigma_甲 = \sqrt{\frac{\sum(x-\overline{x})^2f}{\sum f}} = \sqrt{\frac{271\ 125}{45}} = 77.62（千克/亩）$$

$$\sigma_乙 = \sqrt{\frac{\sum(x-\overline{x})^2f}{\sum f}} = \sqrt{\frac{666\ 360}{60}} = 105.39（千克/亩）$$

甲品种的标准差系数为：

$$V_\sigma = \frac{\sigma}{\overline{x}} \times 100\% = \frac{77.62}{625} \times 100\% = 12.41\%$$

乙品种的标准差系数为：

$$V_\sigma = \frac{\sigma}{\overline{x}} \times 100\% = \frac{105.39}{622} \times 100\% = 16.94\%$$

显然甲品种的标准系数小于乙品种，即甲品种的变异程度低于乙品种，所以甲品种的平均亩产代表性高于乙品种，更适宜推广甲品种。

标准差系数的特点是：不受计量单位和标志值水平的影响，消除了不同总体之间在计算单位、平均水平方面的不可比性。

【情境小结】

1. 平均指标：平均指标是指同类社会经济现象总体内各单位某一数量标志在一定时间、地点和条件下数量差异抽象化的代表性水平指标，包括了算术平均数、调和平均数、几何平均数、众数和中位数等。

平均指标具有以下特点：

（1）它是一个代表值，可以代表总体的一般水平。

（2）它是一个抽象化的数值，即把同质总体内各单位在某一数量标志上的差异抽象化了，是对各单位具体数值的平均。

（3）它反映了总体分布的集中趋势，同一总体一般距离其平均值远的标志值较少，而距离其平均值近的或接近平均值的标志值比较多。

2. 平均指标几个重要计算公式。

（1）加权算术平均数：

$$\bar{x} = \frac{x_1 f_1 + x_2 f_2 + x_3 f_3 + \cdots + x_n f_n}{f_1 + f_2 + f_3 + \cdots + f_n} = \frac{\sum xf}{\sum f}$$

（2）加权调和平均数：

$$H = \frac{m_1 + m_2 + m_3 + \cdots + m_n}{\dfrac{m_1}{x_1} + \dfrac{m_2}{x_2} + \dfrac{m_3}{x_3} + \cdots + \dfrac{m_n}{x_n}} = \frac{\sum m}{\sum \dfrac{m}{x}}$$

式中　m——各组标志总量；

　　　x——总体各组标志值；

　　　$\sum m$——总体标志总量。

（3）加权几何平均数：

$$G = \sqrt[f_1 + f_2 + \cdots + f_n]{x_1{}^{f_1} \cdot x_2{}^{f_2} \cdots x_n{}^{f_n}} = \sqrt[\sum f]{\prod x^f}$$

式中　f——变量值的次数；

　　　$\sum f$——次数总和。

（4）计算众数的公式：

下限公式：

$$M_0 = L + \frac{\Delta_1}{\Delta_1 + \Delta_2} \times i$$

上限公式：

$$M_0 = U - \frac{\Delta_2}{\Delta_1 + \Delta_2} \times i$$

式中　M_0——众数；

　　　U——众数组的上限；

　　　L——众数组的下限；

　　　Δ_1——众数次数与前一组次数之差；

　　　Δ_2——众数次数与后一组次数之差；

　　　i——众数组的组距。

（5）计算中位数公式：

下限公式：

$$M_e = L + \frac{\dfrac{\sum f}{2} - s_{m-1}}{f_m} \times i$$

上限公式：

$$M_e = U - \frac{\dfrac{\sum f}{2} - s_{m+1}}{f_m} \times i$$

式中　M_e——中位数；

　　　L——中位数组的下限；

　　　U——中位数组的上限；

S_{m-1}—— 中位数组以前各组累计次数；

S_{m+1}—— 中位数组以后各组累计次数；

f_m—— 中位数组的次数；

i—— 中位数组的组距；

$\sum f$—— 总次数。

3. 变异指标(离中趋势)：变异指标是描述总体单位标志值分布特征的另一个重要指标，它综合反映总体各单位标志值的差异程度，亦即反映分配数列中各标志值的变动范围或离差程度，又称标志变动度。常见的变异指标有全距、平均差、标准差和变异系数等。

在统计分析研究中，标志变异指标的作用可以概括为以下几点：

(1) 标志变异指标可以衡量平均数代表性的大小。

(2) 标志变异指标可以反映社会经济活动过程的均衡性、节奏性和稳定性。

(3) 标志变异指标是科学地确定必要的抽样单位数应考虑的重要因素。

4. 计算变异指标几个重要公式：

(1) 加权平均差。如果掌握的资料是分组数列时，采用加权平均差。其计算公式为：

$$A \cdot D = \frac{\sum |x - \bar{x}| f}{\sum f}$$

(2) 加权标准差。如果掌握的资料是分组资料时，采用如下公式计算加权标准差：

$$\sigma = \sqrt{\frac{\sum (x - \bar{x})^2 f}{\sum f}}$$

(3) 标准差系数的一般计算公式为：

$$V_\sigma = \frac{\sigma}{\bar{x}} \times 100\%$$

 【做中学】

一、单项选择题

1. 加权算术平均数的大小是(   )。

　　A. 受各组次数 f 的影响最大　　　　B. 受各组标志值 X 的影响最大

　　C. 只受各组标志值 X 的影响　　　　D. 受各组次数 f 和各组标志值 X 的共同影响

2. 平均数反映了(   )。

　　A. 总体分布的集中趋势　　　　　　　B. 总体中总体单位分布的集中趋势

　　C. 总体分布的离散趋势　　　　　　　D. 总体变动的趋势

3. 在变量数列中，如果标志值较小的一组权数较大，则计算出来的算术平均数(   )。

　　A. 接近于标志值大的一方　　　　　　B. 接近于标志值小的一方

　　C. 不受权数的影响　　　　　　　　　D. 无法判断

4. 根据变量数列计算平均数时，在(   )情况下，加权算术平均数等于简单算术平均数。

　　A. 各组次数递增　　　　　　　　　　B. 各组次数大致相等

　　C. 各组次数相等　　　　　　　　　　D. 各组次数不相等

5. 已知某局所属12个工业企业的职工人数和工资总额，要求计算该局职工的平均工资，应

该采用（　　）。

    A. 简单算术平均法　　　　　　　　　　　B. 加权算术平均法

    C. 加权调和平均法　　　　　　　　　　　D. 几何平均法

6. 已知 5 个水果商店苹果的单价和销售额,要求计算 5 个商店苹果的平均单价,应该采用

   （　　）。

    A. 简单算术平均法　　　　　　　　　　　B. 加权算术平均法

    C. 加权调和平均法　　　　　　　　　　　D. 几何平均法

7. 计算平均数的基本要求是所要计算的平均数的总体单位应是（　　）。

    A. 大量的　　　　　　B. 同质的　　　　　　C. 差异的　　　　　　D. 少量的

8. 某公司下属 5 个企业,已知每个企业某月产值计划完成百分比和实际产值,要求计算该
   公司平均计划完成程度,应采用加权调和平均数的方法计算,其权数是（　　）。

    A. 计划产值　　　　B. 实际产值　　　　C. 工人数　　　　D. 企业数

9. 中位数和众数是一种（　　）。

    A. 代表值　　　　　　B. 常见值　　　　　　C. 典型值　　　　　　D. 实际值

10. 由组距变量数列计算算术平均数时,用组中值代表组内标志值的一般水平,有一个假定
    条件,即（　　）。

    A. 各组的次数必须相等　　　　　　　　　B. 各组标志值必须相等

    C. 各组标志值在本组内呈均匀分布　　　　D. 各组必须是封闭组

11. 平均差与标准差的主要区别在于（　　）不同。

    A. 指标意义　　　　B. 计算条件　　　　C. 计算结果　　　　D. 数学处理方法

12. 某贸易公司的 20 个商店本年第一季度按商品销售额分组如表 5-22,则该公司 20 个商
    店商品销售额的平均差为（　　）万元。

表 5-22　　　　　　　　　　　　　　商品销售额分组

按商品销售额分组	20 万元以下	20 万～30 万元	30 万～40 万元	40 万～50 万元	50 万元以上
商店个数（个）	1	5	9	3	2

    A. 7　　　　　　　　B. 1　　　　　　　　C. 12　　　　　　　　D. 3

13. 下列标志变异指标中,易受极端值影响的是（　　）。

    A. 标准差系数　　　B. 标准差　　　　　　C. 全距　　　　　　D. 平均差

14. 标志变异指标说明变量的（　　）。

    A. 变动趋势　　　　B. 集中趋势　　　　C. 离中趋势　　　　D. 一般趋势

15. 标准差指标数值越小,则反映变量值（　　）。

    A. 越分散,平均数代表性越低　　　　　　B. 越分散,平均数代表性越高,

    C. 越集中,平均数代表性越高　　　　　　D. 越集中,平均数代表性越低

二、多项选择题

1. 在各种平均数中,不受极端值影响的平均数为（　　）。

    A. 算术平均数　　　B. 调和平均数　　　C. 中位数　　　　D. 几何平均数

    E. 众数

2. 加权算术平均数的大小（　　）。

    A. 受各组频数或频率的影响　　　　　　　B. 受各组标志值大小的影响

C. 受各组标志值和权数的共同影响　　　D. 只受各组标志值大小的影响

E. 只受权数大小的影响

3. 平均数的作用有(　　)。

A. 反映总体的一般水平

B. 对不同时间、不同地点、不同部门的同质总体平均数进行对比

C. 测定总体各单位的离散程度

D. 测定总体各单位分布的集中趋势

E. 反映总体的规模

4. 众数为(　　)。

A. 位置平均数

B. 总体中出现次数最多的标志值

C. 不受极端值的影响

D. 适用于总体单位数多,有明显集中趋势的情况

E. 处于变量数列中点位置的那个标志值

5. 在(　　)的条件下,加权算术平均数等于简单算术平均数。

A. 各组次数相等　　　　　　　　　　B. 各组标志值不等

C. 变量数列为组距变量数列　　　　　D. 各组次数都为1

E. 各组次数占总次数的比重相等

6. 计算和应用平均数的原则有(　　)。

A. 现象的同质性　　　　　　　　　　B. 用组平均数补充说明总平均数

C. 用变量数列补充说明平均数　　　　D. 用时间变量数列补充说明平均数

E. 把平均数和典型事例结合起来

7. 几何平均数主要适用于(　　)。

A. 标志值的代数和等于标志值总量的情况　　B. 标志值的连乘积等于总比率的情况

C. 标志值的连乘积等于总速度的情况　　　　D. 具有等比关系的变量数列

E. 求平均比率时

8. 中位数为(　　)。

A. 由标志值在变量数列中所处的位置决定的

B. 根据标志值出现的次数决定的　　C. 总体单位水平的平均值

D. 总体一般水平的代表值　　　　　E. 不受总体中极端数值的影响

9. 不同总体间的标准差不能简单进行对比,是因为(　　)。

A. 平均数不一致　　　　　　　　　　B. 标准差不一致

C. 计量单位不一致　　　　　　　　　D. 总体单位数不一致

E. 与平均数的离差之和不一致

10. 不同数据组间各标志值的差异程度可以通过标准差系数进行比较,因为标准差系数(　　)。

A. 消除了不同数据组各标志值的计量单位的影响

B. 消除了不同数列平均水平高低的影响

C. 消除了各标志值差异的影响

D. 数值的大小与数列的差异水平无关

E. 数值的大小与数列的平均数大小无关

三、判断题(把"√"或"×"填在题后的括号里)

1. 算术平均数的大小,只受总体各单位标志值大小的影响。　　　　　　　　　(　　)

2. 在特定条件下,加权算术平均数等于简单算术平均数。　　　　　　　　　(　　)

3. 权数对算术平均数的影响作用取决于权数本身绝对值的大小。　　　　　　(　　)

4. 众数既不受数列中极端值的影响,也不受数列中开口组的影响。　　　　　(　　)

5. 同一数列中众数大于中位数。　　　　　　　　　　　　　　　　　　　　(　　)

6. 中位数和众数都属于平均数,因此它们数值的大小受到总体内各单位标志值大小的影响。　　　　　　　　　　　　　　　　　　　　　　　　　　　　　　　　(　　)

7. 标志变异指标数值越大,说明总体中各单位标志值的变异程度就越大,则平均指标的代表性就越小。　　　　　　　　　　　　　　　　　　　　　　　　　　　　(　　)

8. 对任何两个性质相同的变量数列,比较其平均数的代表性,都可以采用标准差指标。
　　　　　　　　　　　　　　　　　　　　　　　　　　　　　　　　　　(　　)

9. 标准差系数是测量标志变异程度的一个相对指标,因而其数值的大小与标志值之间的差异程度无关。　　　　　　　　　　　　　　　　　　　　　　　　　　　(　　)

四、业务题

1. 2013 年某月份,甲、乙两农贸市场某农产品价格和成交量、成交额资料如表5-23。

表5-23　　　　　　　　　　　农产品情况

品种	价格(元/斤)	甲市场成交额(万元)	乙市场成交量(万斤)
甲	1.2	1.2	2
乙	1.4	2.8	1
丙	1.5	1.5	1
合计	—	5.5	4

试问哪一个市场农产品的平均价格高?并说明原因。

2. 某厂生产某种机床配件,要经过三道生产工序,现生产一批该产品在各道生产工序上的合格率分别为 95.74%、93.48%、97.23%。根据资料计算三道生产工序的平均合格率。

3. 已知某企业资料如表5-24。

表5-24　　　　　　　　　　　某企业相关资料

按计划完成百分比分组	实际产值(万元)
80%~90%	986
90%~100%	1 057
100%~110%	1 860
110%~120%	1 846

计算该企业按计划完成百分比。

4. 某市场有 3 种不同的苹果,其每千克价格分别为 4 元,6 元和 8 元。试计算:①各买 1 千克,平均每千克多少钱? ②各买 1 元,平均每千克多少钱?

5. 某高校某系学生的体重资料见表5-25。

表 5 – 25　　　　　　　　　　　学生体重资料

按体重分组	学生人数（人）
52 千克以下	28
52—55 千克	39
55—58 千克	68
58—61 千克	53
61 千克以上	24
合计	212

试根据所给资料计算学生体重的算术平均数、中位数、众数。

6. 对成年组和幼儿组共 500 人身高资料分组，分组资料见表 5 – 26。

表 5 – 26　　　　　　　　　　　身 高 资 料

成年组		幼儿组	
按身高分组	人数（人）	按身高分组	人数（人）
150～155cm	30	70～75cm	20
155～160cm	120	75～80cm	80
160～165cm	90	80～85cm	40
165～170cm	40	85～90cm	30
170cm 以上	20	90cm 以上	30
合计	300	合计	200

要求：(1) 分别计算成年组和幼儿组身高的平均数、标准差和标准差系数。

　　　　(2) 说明成年组和幼儿组平均身高的代表性哪个大？为什么？

学习情境六 动态数列分析

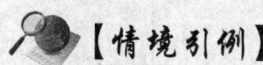

【情境引例】

新华网 2011 年 9 月 19 日电,当年 1 月至 8 月,纳入月报统计范围的全国中央企业和 36 个省、自治区、直辖市、计划单列市国有及国有控股企业累计实现营业总收入 237240 亿元,同比增长 24.4%,环比增长 0.2%。其中,中央企业(包括中央管理企业和部门所属企业)累计实现营业总收入 151 467.8 亿元,同比增长 24.15%,8 月比 7 月环比增长 1.5%。地方国有企业累计实现营业总收入 85 772.2 亿元,同比增长 24.8%,8 月比 7 月环比下降 2%。

1 月至 8 月,国有企业累计实现利润总额 15 278.9 亿元,同比增长 21.9%,8 月比 7 月环比下降 10.5%。

除了上面这些指标,我们还经常碰到"发展水平"、"平均发展水平"、"平均增长量"等。也许同学们都有同感,这类数据在学习、生活中我们经常能接触到,你知道这些数据的意义吗? 它们是怎么得来的?

通过本情景的学习,你会对这些问题有自己的认识!

【职业能力目标】

通过本学习情境的学习,学习者明确动态数列的概念、作用,理解动态分析的水平和速度指标,并能运用它们之间的数量关系进行动态指标的相互推算,同时理解趋势的意义,掌握长期趋势测定方法,学会计算季节比率,并且深刻理解季节比率的经济含义。

【典型学习任务】

本学习情境的典型学习任务主要有运用动态水平和速度指标进行相互推算,能够进行长期趋势测定,能够计算季节比率,并利用其进行相应的统计分析。

学习子情境一 认识动态数列

一、动态数列的概念

关于社会经济现象的统计数据,大多数是在不同时间观测记录的。为了研究某种事物在不同时间的发展状况,分析其随时间推移的发展趋势,揭示其演变规律,进而预测事物在未来时间的数量,我们通常把反映某种事物在时间上变化的统计数据,按照时间顺序排列起来。

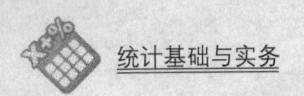

所谓动态,是指某种现象在时间上的发展变化。把反映某种现象的同一指标,在不同时间上的指标数值,按时间(如按年、季、月、日等)先后顺序编排所形成的数列,称为动态数列或时间数列,又称时间序列(见表 6 - 1)。

表 6 - 1　　　　　　　　　　我国 2006—2010 年若干经济指标

年份 指标	2006	2007	2008	2009	2010
国内生产总值(亿元)	211 924	257 306	300 670	335 353	397 983
粮食产量(亿公斤)	4 975	5 016	5 285	5 308	5 464
年底人口数(万人)	131 448	132 129	132 802	133 474	134 100
移动电话年末用户(万户)	46 106	54 731	64 123	74 721	85 900
城镇居民人均可支配收入(元)	11 759	13 786	15 781	17 175	19 109

资料来源:国家统计局.中国统计年鉴(2011).中国统计出版社.

由表 6 - 1 可以看出,任何一个动态数列,均由两个基本要素构成:一个是现象所属的时间;另一个是反映在现象所属时间的发展水平即统计指标数值。

要研究和分析现象的发展变化,必须编制动态数列,因为动态数列是动态分析的依据。动态数列的主要作用是:第一,它可以描述被研究现象的发展过程和结果;第二,通过它可以分析被研究现象的发展速度、趋势,探索其发展变化的规律性;第三,通过动态数列有关统计数据的计算、研究,对所研究的现象作趋势预测;第四,将不同国家或地区的同类现象的动态数列进行对比,观察其发展变化的数量关系,也可将两个以上相关现象在同一历史时期的动态数列进行对比,分析其发展变化的协调性。

二、动态数列的种类

动态数列根据统计指标表现形式不同可分为绝对数动态数列、相对数动态数列和平均数动态数列三种,其中,绝对数动态数列是基本数列,相对数和平均数动态数列是派生数列。

(一) 绝对数动态数列

在这种动态数列中,统计指标值表现为总量指标。将现象某一总量指标在不同时间的数值序时编排所形成的数列,称为绝对数动态数列。它反映被研究现象总水平(或规模)的发展过程和结果。根据指标值的时间特点,又可分为时期数列和时点数列。例如,表 6 - 1 中的"国内生产总值"就是时期数列,"年底人口数"就是时点数列。

1. 时期数列

凡排列在总量指标动态数列中的每个指标数值,均反映现象在一段时期内发展过程的总和,该动态数列称为时期数列。例如,表 6 - 1 中的第一个、第二个动态数列是时期数列。时期数列具有如下特点:

(1) 时期数列中各个指标的数值可以相加。时期数列中彼此连接时期的指标值可以加总,得出更长时期的总计值。例如,将表 6 - 1 中各年的粮食产量加总,就可以得到这期间我国粮食产量的总额。

(2) 时期数列具有连续统计的特点。由于反映的是现象在一段时间内发展过程的总量,时期数列必须在这段时间内把所有发生的数量逐一登记后进行累计。

（3）时期数列中各个指标数值大小与所包括时期长短有直接关系。时期可以是日、月、季、年或更长的时期，这要根据具体研究的目的来确定。例如，研究我国"八五"至"十一五"期间国民经济的发展变化，就可以 5 年为一个时期。在时期数列中，时期越长，指标数值越大；时期越短，指标数值越小。

2. 时点数列

时点数列中，每一指标值都反映现象在某一时点上的总量。例如，表 6 - 1 中的年底人口数的动态数列中，各个指标值说明在各年年末这一时点上人口数所达到的水平。时点数列具有如下特点：

（1）时点数列中各个指标的数值不具有可加性。时点数列中，同样一个总体单位或者标志值可能统计到数列中几个时期的指标值中。例如，人口普查中，人口中有很大一部分又包含在以后的各年中。时点数列中每一个指标值都是表明某现象在一定时点上所达到的水平，各指标数值相加的结果，使数据资料重复叠加，没有实际意义。

（2）时点数列不具有连续统计的特点。由于反映的是现象在某一时刻上的状况，时点数列中的指标数值通常不是连续登记取得的，而是在某一时点上进行统计。

（3）时点数列中各个指标数值大小与其所属各时点间隔长短没有直接关系。时点数列各指标数值只表明现象在某一瞬间上的数量，因此其数值与时点间的间隔长短没有直接联系。例如，年底的工人数、库存量就不一定比年内各月底的数值大。

（二）相对数动态数列

将现象某一相对数在不同时间的数值序时编排所形成的数列，称为相对指标动态数列，它反映被研究现象数量对比关系的发展变化过程。例如，表 6 - 1 中的城镇居民人均可支配收入反映的动态数列，就是一个相对指标动态数列。相对指标动态数列中的相对数，除上述所举的结构相对数外，也可以是情景四所讲过的其他任何一种相对数，如计划完成相对数、比例相对数、比较相对数、动态相对数和强度相对数等。相对指标动态数列中的各时间上的数值，是不能加总的。

（三）平均数动态数列

把一系列平均数按时间先后顺序排列形成的动态数列称为平均指标动态数列。它反映社会经济现象总体各单位某个标志一般水平的发展变动趋势。平均指标动态数列也是由两个绝对数动态数列对比而形成的。它可以是两个时期数列对比形成的，如单位产品成本动态数列；可以是两个时点数列对比形成的，如平均每户家庭人口数动态数列；也可以是一个时期数列与一个时点数列对比形成的，如职工年平均工资动态数列。在平均指标动态数列中，每个指标都是平均数，而且各个指标数值相加也是没有实际意义的。

三、编制动态数列的原则

编制动态数列的目的，在于通过动态数列中的指标各数值前后的对比，来观察和分析被研究现象的变化过程及其发展趋势和规律性。因此，保证动态数列中指标各个数值的可比性，是编制动态数列应遵循的基本原则。具体来说，有以下几点。

1. 总体范围应一致

总体范围，通常是指现象的空间范围。例如，要研究一个省（直辖市、自治区）的人口数、耕地面积的发展变化情况,需要分别编制这些统计指标的动态数列。如果该省的行政区划有过变动,其变动前后的统计指标数值,是不能直接对比的,否则会歪曲被研究现象本身变化的趋势和规律性。正确编制动态数列,应根据研究目的,将总体区划变动前后的统计资料加以调整,使其总体范围一致。

2. 指标的内容应相同

指标的内容与指标所反映现象的性质是密切联系着的,当指标所反映现象的性质发生变化时,指标的名称虽然依旧,但它已属于另一种性质的规定性。在此情况下,若将该指标数值进行动态对比分析,结论很可能是错误的。

3. 时期数列的时期长短应一致,时期数列和时点数列的间隔力求一致

时期数列指标数值的大小,与时期的长短有直接关系,因此,时期数列各指标数值的时期长短应一致。时期数列和时点数列指标数值的大小,与其间隔的长短无直接联系。因此,这两种数列的间隔长短不等都是可以的,但为了便于研究现象变化的规律性,它们的间隔相等更佳。

4. 指标的计算方法、计算价格和计量单位应一致

指标的计算方法,通常也叫指标的计算口径。有的指标名称是一个,但其计算口径因研究目的不同有多个。例如,按先进先出法、后进先出法计算的存货的价值,结果就有很大差别。可见,在一个动态数列中,各期指标的计算方法、计算价格和计量单位若不相同,其指标数值就不具有可比性。

学习子情境二　动态数列的水平指标

动态数列虽描述了现象的发展过程和结果,但它还不能直接反映现象各期的增减数量、变动速度和规律性。为深刻揭示现象的这些方面,需运用一系列的动态分析指标。常用的动态分析指标有:发展水平、平均发展水平、增长量、平均增长量、发展速度、增长速度、平均发展速度和平均增长速度等。前四种为动态数列的水平指标,用于现象发展的水平分析,是本节的内容,后四种为动态数列的速度指标,用于现象发展的速度分析,将在下一子情景阐述。

一、发展水平

发展水平是指动态数列中的各项指标数值,它反映现象在一定时期内或时点上所达到的规模或水平,是计算动态分析指标的基础。

发展水平是时期或时点总量指标如工资总额、工业总产值、年末职工人数;也可以表现为相对指标或平均指标,如人口出生率、工人劳动生产率等。

用符号 a 代表发展水平,下标 $0,1,2,3,\cdots,n$ 表示时间序号,按在动态数列中的次序地位不同,发展水平又分为最初、中间和最末三种水平。动态数列中的第一个数值 a_0 叫最初水平,最后一个数值 a_n 叫最末水平,中间各项数值叫中间水平。它们是计算其他动态分析指标的基础。另外,所要观察计算研究的那个时期的指标水平,称为报告期水平,

用作对比基础时期的指标水平,称为基期水平。

二、平均发展水平

将一个动态数列各期发展水平加以平均而得的平均数,叫平均发展水平,又称为动态平均数或序时平均数。可见,序时平均数与一般平均数(静态平均数)是有区别的:第一,序时平均数是根据动态数列计算的,而一般平均数是根据变量数列计算的;第二,序时平均数所平均的,是被研究现象本身的数量在不同时间上的差异,而一般平均数所平均的,是总体各单位某一标志值的差异;第三,序时平均数是从动态上表明被研究现象本身在一段时间内的平均发展水平,而一般平均数是从静态上说明总体各单位某个标志值的平均水平。序时平均数在动态分析中被广泛运用。由于发展水平可以是绝对数、相对数和平均数,而绝对数又有时期指标和时点指标,因此,用它们计算序时平均数时方法各不相同。

(一) 由绝对数动态数列计算序时平均数

1. 时期数列序时平均数的计算

时期数列序时平均数的计算方法比较简单,只需将数列各期水平直接加总除以数列项数即得,其计算公式为:

$$\bar{a} = \frac{\sum a}{n}$$

式中　$\bar{a}$——序时平均数;

　　　a——各时期发展水平;

　　　n——时期项数。

【学中做 6-1】根据表 6-2 中某商场的商品销售额动态数列资料计算第一季度、第二季度及上半年的月平均销售额。

表 6-2　　　　　　　　　某商业企业 2013 年上半年各月销售额

月　份	1	2	3	4	5	6
销售额(万元)	163	160	157	162	170	166

$$第一季度月平均销售额 = \frac{163+160+157}{3} = 160(万元)$$

$$第二季度月平均销售额 = \frac{162+170+166}{3} = 166(万元)$$

$$上半年月平均销售额 = \frac{163+160+157+162+170+166}{6} = 163(万元)$$

2. 时点数列序时平均数的计算

要精确计算时点数列的序时平均数,就应掌握每一时点的资料,但实际上这是不可能的。在社会经济统计中一般是把一天看做一个时点,即以"天"作为最小时间单位,这样便有连续时点数列和间断时点数列的区别。资料逐日登记的是连续时点数列;资料不是逐日登记,而是间隔较长一段时间再登记一次,然后依次排列的是间断时点数列。这两种数列的类型不同,计算序时平均数的方法也不同。

1) 由连续时点数列计算序时平均数。

（1）在掌握间隔相等连续时点（如每日的）资料时。

【学中做 6 - 2】某单位对职工天天都考勤，因而有每日出勤人数，资料见表 6 - 3。计算该单位一周的平均出勤人数。

表 6 - 3　　　　　　　　　　某单位职工出勤人数资料

时　间	周一	周二	周三	周四	周五
出勤工人数（人）	126	130	128	135	136

$$\bar{a} = \frac{\sum a}{n} = \frac{126 + 130 + 128 + 135 + 136}{5} = 131（人）$$

由计算可知，该单位职工本周的平均出勤人数为 131 人。

（2）在掌握间隔不等连续时点资料时，有些时点现象的量不需要经常登记，只在它发生变动时，作变动记录即可。此时就要用每次资料不变的时间长度为权数进行加权平均。其计算公式为：

$$\bar{a} = \frac{\sum af}{\sum f}$$

式中　a——各时期发展水平；

　　　f——各时间间隔长度。

【学中做 6 - 3】某企业 2013 年 4 月份某种材料库存量资料见表 6 - 4，计算该企业 4 月份该种材料平均产品库存量。

表 6 - 4　　　　　　　　　　某企业 4 月份某材料库存量资料表

时　间	1～3 日	4～10 日	11～15 日	16～25 日	26～30 日
材料库存量（吨）	505	555	465	580	535

$$\bar{a} = \frac{\sum af}{\sum f} = \frac{505 \times 3 + 555 \times 7 + 465 \times 5 + 580 \times 10 + 535 \times 5}{3 + 7 + 5 + 10 + 5} = 540（吨）$$

2) 由间断时点数列计算序时平均数。

（1）间隔相等的间断时点数列求序时平均。这种数列的特点是每隔一定的时间登记一次，每次登记的时间间隔相等。下面以一个具体的例子来说明这种情况下序时平均数的计算。

【学中做 6 - 4】某商场资料见表 6 - 5，请计算该商场 2013 年第一季度平均售货员人数。

表 6 - 5　　　　　　　　　　某商场 2013 年各月初售货员人数

月　份	1	2	3	4	5	6	7
月初售货员人数（人）	75	81	101	87	93	99	85

求该商场 2013 年第一季度平均售货员人数，不能将 1 月至 3 月的时点数直接用［学中做 6 - 1］的方法计算，因为各月初人数并不能代表各月的人数，只有各月的平均人数才能代

表各月人数。月平均人数的计算方法,是将本月初(即上月末)人数加本月末(即下月初)人数除以2求得:

  如:1月份的平均人数=(75+81)÷2=78(人)

   2月份的平均人数=(81+101)÷2=91(人)

   3月份的平均人数=(101+87)÷2=94(人)

然后,将各月平均人数用[学中做6-1]的方法计算,才能得到正确的答案。所以,该商场2013年第一季度平均售货员人数为:

$$\bar{a} = \frac{\dfrac{75+81}{2} + \dfrac{81+101}{2} + \dfrac{101+87}{2}}{3} \approx 88(人)$$

经过以上讨论,可以得出间隔相等的间断时点数列序时平均数的计算公式为:

$$\bar{a} = \frac{\dfrac{a_1}{2} + a_2 + \cdots + a_{n-1} + \dfrac{a_n}{2}}{n-1}$$

式中 n——时点数列项数。

这种方法也称为"首末折半法",它便于应用,实际计算中主要采用这一形式。

(2) 间隔不等的间断时点数列求序时平均。间隔不等的间断时点数列即登记时间间隔不相等。序时平均数的计算则应以各相邻点之间所间隔的时间为权数,采用加权平均法进行计算。其计算公式为:

$$\bar{a} = \frac{\dfrac{a_1+a_2}{2} \cdot f_1 + \dfrac{a_2+a_3}{2} \cdot f_2 + \cdots + \dfrac{a_{n-1}+a_n}{2} \cdot f_{n-1}}{f_1 + f_2 + \cdots + f_{n-1}} = \frac{\sum \bar{a}_i f_i}{\sum f_i}$$

式中 $\bar{a}_i$——各时点间隔期内的平均水平;

   f_i——各时点的间隔长度。

【学中做6-5】例如,某企业某产品库存情况如表6-6所示,求2013年该企业该种产品全年平均库存量。

表6-6   **产 品 库 存**

日 期	1月1日	3月1日	7月1日	8月1日	10月1日	12月31日
库存量(件)	36	40	20	12	50	10

全年平均库存量为:

$$\bar{a} = \frac{\dfrac{a_1+a_2}{2} \cdot f_1 + \dfrac{a_2+a_3}{2} \cdot f_2 + \cdots + \dfrac{a_{n-1}+a_n}{2} \cdot f_{n-1}}{f_1 + f_2 + \cdots f_{n-1}}$$

$$= \frac{\dfrac{36+40}{2} \times 2 + \dfrac{40+20}{2} \times 4 + \dfrac{20+12}{2} \times 1 + \dfrac{12+50}{2} \times 2 + \dfrac{50+10}{2} \times 3}{2+4+1+2+3}$$

$$= \frac{364}{12} \approx 30(件)$$

根据间断时点数列计算序时平均数,是假定研究现象在相邻两个时点之间的变动是均匀的,实际上各种现象的变动一般是不均匀的。因此,用上述方法计算得到的序时平均数,只是一个近似值。时点数列的间隔越长,这种假定性越大,其准确性就越差。为了使计算结果能尽可能反映实际情况,间断时点数列的间隔不宜过长。

(二)由相对指标动态数列或平均指标动态数列计算序时平均数

相对指标动态数列或平均指标动态数列是由具有互相联系的两个总量指标动态数列对比构成的。因此要先分别计算出这两个总量指标动态数列的序时平均数,然后进行对比,求得相对指标动态数列或平均指标动态数列序时平均数。其计算公式为:

$$\bar{c} = \frac{\bar{a}}{\bar{b}}$$

式中　　$\bar{c}$——相对数或平均数动态数列序时平均数;

　　　　　$\bar{a}$——分子的总量指标动态数列的序时平均数;

　　　　　$\bar{b}$——分母的总量指标动态数列的序时平均数。

构成分子、分母的动态数列可以都是时期数列,可以都是时点数列,也可以一个是时期数列,一个是时点数列。现举其中一种情况说明其计算方法。

【学中做 6-6】某商业企业第一季度销售额与月初商品库存额资料如表 6-7,计算该商业企业第一季度月平均商品流转次数。

表 6-7　　　　　某商业企业第一季度销售额与月初商品库存额资料

月　份	1	2	3	4
a. 商品销售额(万元)	560	712	900	—
b. 月初商品库存额(万元)	358	282	286	320
c. 商品流转次数(次)	1.75	2.51	2.97	—

商品流转次数数列是相对数动态数列,由于其对比的基数不同,所以不能直接计算。我们可以看出它是一个时期数列(商品销售额)和一个时点数列派生的序时平均数动态数列(月平均商品库存额数列)对比构成的动态数列。因此要先分别计算出月平均商品销售额和月平均商品库存额,然后将两者对比求得平均商品流转次数。其计算过程为:

$$\bar{c} = \frac{\bar{a}}{\bar{b}} = \frac{\dfrac{\sum a}{n}}{\dfrac{\dfrac{b_1}{2} + b_2 + \cdots b_{n-1} + \dfrac{b_n}{2}}{n-1}} = \frac{\dfrac{560+712+900}{3}}{\dfrac{\dfrac{358}{2} + 282 + 286 + \dfrac{320}{2}}{4-1}} = \frac{724}{302} = 2.40(次)$$

该商业企业第一季度平均商品流转次数为 2.40 次。

三、增长量

增长量是表明某种现象在一段时期内增长的绝对量,它等于报告期水平与基期水平之差。其计算公式为:

增长量=报告期水平-基期水平

增长量有正负之分,当报告期水平大于基期水平时,增长量为正值,表示现象水平增加;当报告期水平小于基期水平时,增长量为负值,表示现象的水平减少。

按采用的基期不同,增长量可分为逐期增长量、累计增长量和年距增长量。

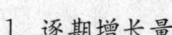

1. 逐期增长量

逐期增长量是报告期水平与前一期水平之差,即 $a_n - a_{n-1}$,它说明报告期较其前期增长的绝对量。

2. 累计增长量

累计增长量是报告期水平与某一固定基期水平(通常是最初水平)之差,即 $a_n - a_0$,它说明报告期较某一固定基期增长的绝对量,也说明在某一段较长时期内总的增长量。

逐期增长量和累计增长量的计算参见表 6-8。

3. 逐期增长量和累计增长量之间的关系

这两种增长量虽然计算基期和它们说明的问题不同,但它们之间却存在一定的换算关系:同一动态数列各逐期增长量之和,等于相应的累计增长量;两个相邻累计增长量之差,等于相应的报告期的逐期增长量。

即

$$(a_1 - a_0) + (a_2 - a_1) + \cdots + (a_n - a_{n-1}) = a_n - a_0$$
$$(a_n - a_0) - (a_{n-1} - a_0) = a_n - a_{n-1}$$

4. 年距增长量

年距增长量是报告年某月(季)水平与其上年同月(季)水平之差。对受季节影响较大的现象,使用年距增长量指标进行分析,可排除季节变动的影响。

四、平均增长量

平均增长量是指动态数列的各逐期增长量的序时平均数,它表明该现象在一定时期内,单位时间平均增长的绝对量。其计算公式为:

$$平均增长量 = \frac{逐期增长量之和}{逐期增长量的个数} = \frac{累计增长量}{动态数列的项数 - 1}$$

平均增长量也有正负之分,正值为平均增长量,负值为平均减少量。

【学中做 6-7】某地区某种经济作物产量相关资料如表 6-8。计算该时期的平均增长量。

表 6-8　　　　　　　　　某地区某种经济作物近年产量资料　　　　　　　　　　单位:万吨

年　份	2007	2008	2009	2010	2011	2012	2013
发展水平:产量	30	32	31	34	36	37	36
增长量:逐期	—	2	−1	3	2	1	−1
累计	—	2	1	4	6	7	6

$$平均增长量 = \frac{逐期增长量之和}{逐期增长量的个数}$$
$$= \frac{2 + (-1) + 3 + 2 + 1 + (-1)}{6}$$
$$= 1(万吨)$$

$$或平均增长量 = \frac{累计增长量}{动态数列的项数 - 1}$$
$$= \frac{36 - 30}{7 - 1} = 1(万吨)$$

学习子情境三　动态数列的速度指标

一、发展速度和增长速度

(一) 发展速度

发展速度是将现象报告期水平除以基期水平求得的表明某种现象发展程度的相对指标。即：

$$发展速度 = \frac{报告期水平}{基期水平}$$

发展速度通常用百分数表示，当比值较大时，也可用倍数和翻番数表示，它说明现象报告期水平为基期水平的百分之几或若干倍或翻几番。当它大于 100%（或 1）时，表明现象在增长；当它小于 100%（或 1）时，表明现象在下降。

根据所采用的基期不同，发展速度可分为环比发展速度和定基发展速度。

(1) 环比发展速度是报告期水平与前一期水平之比，它表明报告期水平为前一期水平的百分之几或若干倍，从一个环比发展速度动态数列来说，它表明现象逐期的发展程度。环比发展速度可表示为：

$$\frac{a_1}{a_0}, \frac{a_2}{a_1}, \frac{a_3}{a_2}, \cdots, \frac{a_n}{a_{n-1}}$$

(2) 定基发展速度是报告期水平与某一固定基期水平（通常是最初水平）之比，它表明报告期水平为某固定基期水平的百分之几或若干倍或翻几番，定基发展速度数列的各期数值，都分别说明现象在一较长时期内的总发展速度。定基发展速度可表示为：

$$\frac{a_1}{a_0}, \frac{a_2}{a_0}, \frac{a_3}{a_0}, \cdots, \frac{a_n}{a_0}$$

环比发展速度和定基发展速度的计算参见表 6-9。

(3) 上述两种发展速度使用的基期和它们说明的问题不同，但这两种发展速度之间却存在一定的关系：同一动态数列各期环比发展速度的连乘积，等于其相应时期的定基发展速度；两个相邻定基发展速度之比，等于相应报告期的环比发展速度。即：

$$\frac{a_1}{a_0} \times \frac{a_2}{a_1} \times \frac{a_3}{a_2} \times \cdots \times \frac{a_n}{a_{n-1}} = \frac{a_n}{a_0}$$

$$\frac{a_n}{a_0} \div \frac{a_{n-1}}{a_0} = \frac{a_n}{a_{n-1}}$$

通过上述数量关系，环比发展速度和定基发展速度可以互相推算。

(4) 对于具有季节性变化的一些社会经济现象，为了消除季节变动的影响，可以计算年距发展速度，用来说明本期发展水平相对于上年同期发展水平变化的方向与程度，它是实际统计分析中经常使用的指标。其计算公式为：

$$年距发展速度 = \frac{本年某月（季）发展水平}{去年同月（季）发展水平}$$

(二) 增长速度

增长速度是某种现象报告期的增长量与基期水平之比,表明该现象增长程度的相对指标。其计算公式为:

$$增长速度 = \frac{报告期增长量}{基期水平} = \frac{报告期水平 - 基期水平}{基期水平} = \frac{报告期水平}{基期水平} - 1$$

从上述公式可以看出增长速度与发展速度有着密切的关系,即:

$$增长速度 = 发展速度 - 1$$

增长速度有正负之分,当发展速度大于 1 时,增长速度为正值,表明现象的增长程度;当发展速度小于 1 时,增长速度为负值,表明现象的下降程度。

增长速度由于采用的基期不同,也可分为环比增长速度和定基增长速度。

1. 环比增长速度

环比增长速度是逐期增长量与前一期发展水平对比的结果,表示现象逐期增长的方向和程度。其计算公式为:

$$环比增长速度 = \frac{逐期增长量}{前一期水平} = \frac{报告期水平 - 前一期水平}{前一期水平} = 环比发展速度 - 1$$

2. 定基增长速度

定基增长速度是累计增长量与某一固定基期发展水平对比的结果,表示现象在较长时期内总的增长程度。其计算公式为:

$$定基增长速度 = \frac{累计增长量}{某一固定基期水平} = \frac{报告期水平 - 某一固定基期水平}{某一固定基期水平}$$

$$= 定基发展速度 - 1$$

所以,只要有环比和定基的发展速度,将之减 1 或减 100%,即可得环比和定基的增长速度;相反,若知各期的环比和定基增长速度,分别将它们加 1 或加 100%,即得环比发展速度和定基发展速度。

环比增长速度和定基增长速度的计算参见表 6-9。

必须指出,环比增长速度与定基增长速度无直接的换算关系。如果由一个环比增长速度数列求其定基增长速度数列,需先将各期环比增长速度换算成各期环比发展速度,再将它们连乘,得各期的定基发展速度,最后,将各期定基发展速度分别减 1 或减 100%,即得各期的定基增长速度。相反,若知现象各期的定基增长速度,求各期的环比增长速度,也要经过一定的变换计算求得。

为消除季节变动的影响,还需要计算年距增长速度。年距增长速度是现象报告年某月(季)的年距增长量,与上年同月(季)现象的水平之比,或用年距发展速度减 1 或减 100%求得。即:

$$年距增长速度 = \frac{年距增长量}{上年同月(季)发展水平} = 年距发展速度 - 1$$

为进一步对比分析现象的增长情况,需运用"增长 1%的绝对值"指标。增长 1%的绝对值计算公式为:

$$增长 1\% 的绝对值 = \frac{逐期增长量}{环比增长速度 \times 100} = \frac{a_n - a_{n-1}}{\dfrac{a_n - a_{n-1}}{a_{n-1}} \times 100} = \frac{a_{n-1}}{100}$$

因而,增长1%的绝对值等于前期水平除以100。

【学中做6-8】下面以我国某海关2008—2013年出口商品总额为例计算各种动态指标,见表6-9。

表6-9 　　　　　　　　　我国2008—2013年某海关出口商品总额

时　　间(年)		2008	2009	2010	2011	2012	2013
发展水平(万吨)		718.43	849.40	917.44	1 210.06	1 487.80	1 510.66
增长量(万吨)	逐期	—	130.97	68.04	292.62	277.74	22.86
	累计	—	130.97	199.01	491.63	769.37	792.23
发展速度(%)	环比		118.23	108.01	131.90	122.95	101.54
	定基	100.00	118.23	127.70	168.43	207.09	210.27
增长速度(%)	环比	—	18.23	8.01	31.90	22.95	1.54
	定基		18.23	27.70	68.43	107.09	110.27
增长1%的绝对值		—	7.18	8.49	9.17	12.10	14.88

二、平均发展速度和平均增长速度

(一)平均发展速度和平均增长速度的概念

平均发展速度是某种现象各期环比发展速度的平均数,它表明该现象在一个较长时期内,平均单位时间发展变化的程度。

平均增长速度是某种现象各期环比增长速度的平均数,它表明该现象在一个较长时期内,平均单位时间增长的程度。平均增长速度虽是各期环比增长速度的平均数,但它不能直接由各期环比增长速度计算,而需要通过它与平均发展速度的关系求得。两者关系为:

$$平均增长速度＝平均发展速度-1(或100\%)$$

平均增长速度有正负之分,正值表示平均增长的程度,负值表示平均下降的程度,又称为平均递减速度。

平均发展速度与平均增长速度在实际工作中起着重要的作用。这两个指标是编制国民经济计划,进行国民经济宏观调控的重要指标,也可以经常用它们来比较不同阶段、不同时期、不同国家或地区同类现象发展变化情况;它们还可作为各种推算和预测的依据。

(二)平均发展速度的计算

根据环比发展速度的连乘积等于定基发展速度,当计算平均发展速度时,不能采用算术平均法,而应采用几何平均法。其计算公式为:

$$\overline{x} = \sqrt[n]{x_1 \cdot x_2 \cdot x_3 \cdots \cdot x_n} = \sqrt[n]{\prod x_i}$$

式中　$\overline{x}$——平均发展速度;

　　　　x_i——第i年的环比发展速度;

　　　　$\prod$——连乘符号。

由于环比发展速度的连乘积等于相应的定基发展速度,因此平均发展速度的公式也可写成:

$$\overline{x} = \sqrt[n]{\frac{a_n}{a_0}}$$

因为 $\frac{a_n}{a_0}$ 是现象的总发展速度,所以平均发展速度的公式又可写成:

$$\overline{x} = \sqrt[n]{R}$$

式中　R——总发展速度。

由上面的公式计算平均发展速度时,可根据各时期的环比发展速度来计算,也可根据最初水平和最末水平来计算,还可根据总的发展速度来计算。

平均发展速度和平均增长速度一般可用百分数表示,但像人口平均出生率、死亡率等指标的分子明显小于分母,可采用千分数表示。

【学中做 6 - 9】根据第四次、第五次人口普查资料,我国大陆人口 2000 年普查时为 126 583 万人,2010 年普查时为 133 972 万人,试求两次人口普查之间我国人口年平均增长速度。

$$\overline{x} = \sqrt[n]{\frac{a_n}{a_0}} = \sqrt[10]{\frac{133\ 972}{126\ 583}} = 1.001\ 774 \times 100\% = 100.177\ 4\%$$

$$年平均增长速度 = (1.001\ 774 - 1) \times 1000‰ = 17.74‰$$

【学中做 6 - 10】如果以 2010 年人口普查数为基数,其后每年以 17.74‰ 的速度递增,到 2020 年我国大陆人口将达到多少?

$$a_n = a_0 \cdot \overline{x}^n = 133\ 972 \times 1.001\ 774^{10} = 136\ 368(万人)$$

即按 17.74‰ 的速度递增,到 2020 年 11 月 1 日我国大陆人口将达到 13.6368 亿人。

学习子情境四　动态数列趋势分析和预测

一、影响动态数列因素的分析

客观事物随着时间发展的变化,是受多种因素共同影响的结果。在诸多影响因素中,有的是长期起作用的,是对事物的变化发挥决定性作用的因素;有的只是短期起作用,或者只是偶然发挥非决定性作用的因素。在分析时间序列的变动规律时,事实上不可能对每一个影响因素都一一划分开来,分别去作精确分析。但是我们可以将众多影响因素,按照对现象变化影响的类型,划分为若干种时间序列的构成要素,然后对这几类构成要素分别进行分析,以揭示时间数列的变动规律性。影响时间序列的构成要素通常可归纳为四种:即长期趋势、季节变动、循环变动、不规则变动。

1. 长期趋势

长期趋势是指某种现象在相当长的时期内所表现的沿着某一方向的持续发展变化。长期趋势可能呈现出不断增长或不断下降的趋势,也可表现为只围绕某一常数值而无明显增减变化的水平趋势。长期趋势是受某种固定的起根本性作用的因素影响的结果。例如,中

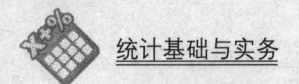

国改革开放以来经济持续增长,表现为国内生产总值逐年增长的态势。

2. 季节变动

季节变动是指某些社会经济现象由于季节更替、生产因素或自然因素的影响,而形成的有规则的周期性变动。如农副产品的产量都因季节更替而有淡旺季之分,气候的变化影响四季服装的销售量,这些变动都呈现出季节性的周期性变动。

3. 循环变动

循环变动是指以若干年(或月、季)为一定周期的有一定规律性的周期波动。循环变动与季节变动不同,循环变动的周期长短很不一致,不像季节变动那样有明显的按月或按季的固定周期规律,循环变动没有固定的循环周期,其变动的周期较长,一般在数年以上,各循环周期和幅度的规律性也较难把握。如农业收成的丰年和歉年,水果生产的大年、小年现象等。

4. 不规则变动

不规则变动是指客观现象由于突发事件或偶然因素引起的无周期性的变动,也称偶然变动或随机变动。包括由突发的自然灾害、意外事故或重大政治事件所引起的剧烈变动。

这四种因素的变动构成了事物在一定时期内的变动,在对动态数列进行分析时,首先要明确这四种类型因素变动的构成形式,即它们是如何结合及相互作用的。把这些构成因素和动态数列的关系用一定的数学关系表示,就构成动态数列影响因素分解模型,一般常用的数学模型有乘法模型和加法模型。

乘法模型是假定四种因素存在着某种相互影响关系,互不独立。因此,动态数列各期发展水平是各个因素相乘之积,适用于动态相对指标总变动的计算。其计算公式为:

$$Y = T \cdot S \cdot C \cdot I$$

式中　Y—— 动态总变动;

　　　T—— 长期趋势变动;

　　　S—— 季节变动;

　　　C—— 循环变动;

　　　I——不规则变动。

加法模型是假定四种变动因素是互相独立的,则动态数列各期发展水平是各个影响因素相加的总和,适用于动态问题指标总变动的计算,其计算公式为:

$$Y = T + S + C + I$$

二、长期趋势分析与预测

分析长期趋势的目的,在于消除季节变动、循环变动和无规则变动等因素的影响,显示出现象发展变化的基本趋势。探讨现象发展变化的特点和规律,为统计预测、编制计划及指导工作提供依据。测定长期趋势的方法有很多,常用的有时距扩大法、移动平均法、数学模型法等。下面将分别介绍这些方法的运用。

(一) 时距扩大法

时距扩大法是对原来时距的动态数列,加工整理为时距较长的动态数列,以消除原数列因时距过短被偶然因素引起的波动。经过对原始动态数列扩大时距修匀,可以使现象的发展趋势和规律性明显表现出来。

【学中做 6 - 11】 某商业企业 2013 年销售资料见表 6 - 10。

表 6 - 10　　　　　　　　某商业企业 2010 年销售资料表　　　　　单位:万元

月　份	1	2	3	4	5	6	7	8	9	10	11	12
销售额	80	85	78	76	86	87	86	82	87	84	90	96

从表 6 - 10 中可以看出,由于该年某些月份销售受多种因素的影响,商品销售额的发展趋势不够明显。如果将时距扩大为季度,则可编制新的动态数列,如表 6 - 11 所示,就能明显地反映其销售额不断增长的总趋势。

表 6 - 11　　　　　　　　某商业企业 2013 年销售资料表　　　　　单位:万元

季　度	一	二	三	四
商品销售额	243	249	255	270
月平均销售额	81	83	85	90

应用时距扩大法需要注意以下几个问题:

第一,扩大的时距多大为宜取决于现象自身的特点。对于呈周期波动的动态数列,扩大的时距应与波动的周期相吻合;对于一般的动态数列,则要逐步扩大时距,以能够显示趋势变动的方向为宜。

第二,扩大的时距要一致,相应的发展水平才具有可比性。

(二) 移动平均法

移动平均法是扩大原动态数列的时间间隔,在原数列中按一定项数逐项移动计算序时平均数,这些序时平均数形成的新数列消除或削弱了原数列中的由于短期偶然因素引起的不规则变动和其他成分,对原数列的波动起到修匀的作用,从而呈现出现象在较长时期的发展趋势。下面以某旅行社 2013 年各月营业额的资料为例,说明移动平均法的具体应用。见表 6 - 12。

表 6 - 12　　　　　　　　某旅行社 2013 年各月营业额移动平均计算表

月份	总产值(万元)	三项移动平均	四项移动平均	移正平均
1	51.0	—	—	—
2	40.0	48.4		—
			49.8	
3	54.2	49.4		51.3
			52.8	
4	54.0	57.0		56.2
			59.5	
5	62.8	61.2		60.9
			62.3	
6	66.8	65.0		64.2
			66.0	
7	65.4	67.0		67.6
			69.2	
8	68.8	70.0		69.8
			70.4	
9	75.8	72.1		71.2
			72.0	
10	71.7	73.0		73.3
			74.5	
11	71.5	74.0		—
12	78.8	—		

表6－12包括奇数项、偶数项两种移动平均,分述如下:

奇数项移动平均求得的平均值,应对准所平均时期的中间数字,一次平均即可。例如,表6－12中三项移动平均栏的第一项为48.4[(50.1＋40.0＋54.2)÷3],与2月份的数字相对,其他的以此类推。

偶数项移动平均求得的平均数,应位于所平均的中间两项之间。例如,表6－12中四项移动平均栏的第一项为49.8[(51.0＋40.0＋54.2＋54.0)÷4],应放在第二个月的数字与第三个月的数字之间,以下类同。这样组成的新数列中,每个值都错后半期,可采用修正办法将每个月偶数项计算出的移动平均数下移半期,或再进行一次两项移动平均,使之与具体的时间相对应(见表6－12中的移正平均)。

通过表6－12中的数据可以看出该旅行社1年来,营业额发展受一些因素影响有些波动,但通过移动平均,便能较明显地看出各月营业额变动的总趋势。

采用移动平均法所计算出的新数列比原动态数列的项数要少。一般来说,被平均的越多,修匀的作用就越大,而所得的移动平均数就越少;反之,被平均的项数越少,修匀的作用就越小,所得的移动平均数就越多。所以,时距的选择要适中,否则不利于揭示现象的发展趋势。一般情况下,数列如果存在自然周期,应根据周期确定被平均的项数。

(三) 数学模型法

它是用适当的数学模型来反映动态数列各因素之间的关系,从而计算各期的趋势值。在测定长期趋势时,较广泛地使用这种方法。下面以直线趋势的测定为例来说明这种方法的具体应用。

如果动态数列逐期增长量相对稳定,即现象发展水平按相当固定的绝对速度变化时,则采用直线(线性函数)作为趋势线,来描述趋势变化,预测前景。

如以时间因素作为自变量(t),把数列水平作为因变量(y),拟合的直线趋势方程为:

$$y_c = a + bt$$

参数a,b的求法,常用平均法和最小平方法,这里只介绍最小平方法。

最小平方法也叫最小二乘法,是分析和预测现象长期趋势常用的方法之一。它的基本原理是:通过对原始数字的处理,拟合一条比较理想的趋势直线或趋势曲线,使原数列各数据点与趋势线垂直距离的离差平方和最小,即$\sum(y-y_c)^2$为最小值。能够满足$\sum(y-y_c)^2$为最小值的直线趋势方程$y_c=a+bt$,其参数a,b可以通过求解面的联立方程求得:

$$\begin{cases} \sum y = na + b\sum t \\ \sum ty = a\sum t + b\sum t^2 \end{cases}$$

解得

$$a = \frac{\sum y}{n} - \frac{b\sum t}{n} = \bar{y} - b\bar{t}$$

$$b = \frac{\sum ty - \frac{1}{n}(\sum t)(\sum y)}{\sum t^2 - \frac{1}{n}(\sum t)^2}$$

为了简化计算,可令 $\sum t = 0$。其具体方法是:当动态数列的项数为奇数时,可取中间一项的时间序号等于零,中间以前的时间序号为负值,中间以后的时间序号为正值;当动态数列的项数为偶数时,中间以前的时间序号为负值,中间以后的时间序号为正值。如数列有5项水平,时间跨度从2009年至2013年,则 t 值分别为:

2009年	2010年	2011年	2012年	2013年
-2	-1	0	1	2

当动态数列的项数为偶数时,中间以前的时间序号为负值,中间以后的时间序号为正值。如某数列有6项水平,时间跨度从2008年至2013年,则 t 值分别为:

2008年	2009年	2010年	2011年	2012年	2013年
-5	-3	-1	1	3	5

在以上两种场合,$\sum t = 0$,所以,参数 a,b 可简化为:

$$\begin{cases} a = \dfrac{\sum y}{n} \\ b = \dfrac{\sum ty}{\sum t^2} \end{cases}$$

下面以某企业连续6年的销售量资料为例说明最小平方法的具体应用。

【学中做6-12】 某企业2008—2013年销售量资料见表6-13。

表6-13　　　　　　　　　　**某企业2008—2013年销售量资料表**

年　份	时间 t	销售量 y(万吨)	t^2	ty	y_c
2008	-5	50	25	-250	48.78
2009	-3	52	9	-156	53.40
2010	-1	58	1	-58	58.02
2011	1	62	1	62	62.64
2012	3	68	9	204	67.24
2013	5	72	25	360	71.88
合计	0	362	70	162	361.96

将表中数字代入公式,可得:

$$a = \frac{\sum y}{n} = \frac{362}{6} = 60.33$$

$$b = \frac{\sum ty}{\sum t^2} = \frac{162}{70} = 2.31$$

则所得直线趋势方程为:

$$y_c = a + bt = 60.33 + 2.31t$$

所以2008年的趋势值为:

$$y_c = 60.33 + 2.31 \times (-5) = 48.78(万吨)$$

以此类推。

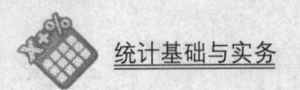

若预测 2014 年的销售额,将 $t=7$ 代入方程,可得:

$$y_c = 60.33 + 2.31 \times 7 = 76.5 (万吨)$$

三、季节变动的分析

(一) 季节变动的概念

季节变动是指某些现象由于受自然因素和社会因素的影响,而形成的有规律的周期性变动。季节变动在现实生活中经常会遇到,如商业活动中的"销售旺季"和"销售淡季",再如,每年寒暑假期间,总是客运量的高峰期,每年端午节前后,糯米的销量最大,中秋节前后,月饼的销量最多。此外,在其他行业如建筑业、货运业等,也都存在不同程度的季节变动。

季节变动不仅仅是指 1 年中四季的变化,而是泛指有规律的、按一定周期(年、季、月、周、日)重复出现的变化。季节变动的原因通常与自然条件有关,同时也可能是由于生产条件、节假日、风俗习惯等社会经济因素所致,季节变动常会给人们的社会经济生活带来某种影响,如会影响某些商品的生产、销售与库存。

我们测定季节变动的意义主要在于认识规律、分析过去、预测未来。同时,为了加强计划性,克服盲目性,更好地组织生产和安排人们生活,也需要研究和掌握有关现象的季节变动规律。

(二) 季节变动的测定

测定季节变动的主要方法是通过计算季节比率来反映季节变动的程度。它是现象各月(季)的发展水平与全期的平均发展水平对比,得到的一种相对数。季节比率高说明"旺季";反之,则说明"淡季"。

计算季节比率最常用、最简便的方法是按月(季)平均法。这种方法是通过若干年资料的数据,求出同月份的平均水平与全数列总平均月份水平,然后对比得出各月份各季节比率。其计算公式为:

$$季节比率 = \frac{同月份平均水平}{总平均月份水平} \times 100\%$$

为了比较准确地观察季节变动情况,避免个别年份的资料受偶然因素影响过大,季节比率指标一般用 3 年以上各月或各季度的完整资料来计算。现举例说明季节比率的应用。

【学中做 6-13】某旅行社近 4 年各月收入资料见表 6-14。

具体计算过程如下:

第一步,计算同月份平均水平。

$$1月份平均数 = \frac{40+43+44+55}{4} = 45.5(万元)$$

其余见表 6-14 第 7 列。

第二步,求总平均月份水平。

表 6-14　　　　　　　　　　　　某旅行社收入资料　　　　　　　　　　　　单位:万元

月份	2010年	2011年	2012年	2013年	4年合计 $\sum$	同月平均 $\sum/4$	季节比率 %
(1)	(2)	(3)	(4)	(5)	(6)	(7)	(8)
1	40	43	44	55	182	45.5	74.1
2	50	52	64	72	238	59.5	96.9
3	41	45	58	62	206	51.5	83.9
4	39	41	56	60	196	49.0	79.8
5	45	48	67	70	230	57.5	93.6
6	53	65	74	86	278	69.5	113.2
7	68	79	84	98	329	82.3	134.0
8	73	86	95	108	362	90.5	147.4
9	50	64	76	87	277	69.3	112.9
10	48	60	68	78	254	63.5	103.4
11	43	45	56	63	207	51.8	84.4
12	38	41	52	58	189	47.3	77.0
合计	588	669	794	897	2 948	737.2	1200.6
平均	49.0	55.8	66.2	74.8	245.7	61.4	100.1

$$总平均月份水平=\frac{2948}{48}=61.4(万元)$$

或　　　　　　　　$$总平均月份水平=\frac{737.2}{12}=61.4(万元)$$

或　　　　　　　　$$总平均月份水平=\frac{245.7}{4}=61.4(万元)$$

第三步,计算季节比率。

$$1月份季节比率=\frac{45.5}{61.4}=74.1\%$$

其余参见表 6-14 中的第 8 列。

第四步,用季节比率预测。为了预测以后各年不同月(或季)的发展趋势,通常假定按过去资料测定的季节变动模型能适用于未来。因此,按月(或季)平均预测法的计算公式为:

各月(或季)预测值=上年各月(或季)的平均水平×各月(或季)的季节比率

如对 2014 年收入进行预测:

5 月份的收入=74.8×93.6%=70.0(万元)

7 月份的收入=74.8×134.0%=100.2(万元)

通过上面的计算由各月份季节比率组成的数列,可以看出旅行社收入的季节变动趋势,自 1 月份以后,各月份季节比率逐月增长,8 月份达到最高峰,9 月份开始下降,到 12 月份降到最低点。

按月平均法计算简便,容易掌握。但季节比率的计算不够精确,究其原因:一是它不考虑长期趋势的影响;二是季节比率的高低受各年数值大小的影响,数值大的年份,对季节比率影响较大;数值小的年份,对季节比率的影响较小。

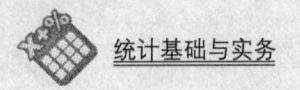

📚 **【情境小结】**

1. 动态数列的意义和种类。把反映某种现象的同一指标,在不同时间上的指标数值,按时间(年、季、月、日等)先后顺序编排所形成的数列,称为动态数列或时间数列,又称时间序列。由于反映社会经济现象的指标有绝对数、相对数和平均数三种,所以动态数列根据统计指标表现形式不同可以分为总量指标动态数列、相对指标动态数列和平均指标动态数列三种。

2. 动态数列的编制原则。

(1) 总体范围应一致。

(2) 指标的内容应相同。

(3) 时期数列的时期长短应一致,时期数列和时点数列的间隔力求一致。

(4) 指标的计算方法、计算价格和计量单位应一致。

3. 动态分析指标。

(1) 发展水平。发展水平是指动态数列中的各项指标数值,它反映现象在一定时期内或时点上所达到的规模或水平,是计算动态分析指标的基础。

(2) 平均发展水平。将一个动态数列各期发展水平加以平均而得到的平均数,叫平均发展水平,又称为动态平均数或序时平均数。

(3) 增长量。增长量是表明某种现象在一段时期内增长的绝对量,它等于报告期水平与基期水平之差。

根据比较基期的不同,增长量可以分为累计增长量和逐期增长量。增长量有正有负,正值表明增加,负值则表明减少。

(4) 平均增长量。平均增长量是指动态数列的各逐期增长量的序时平均数,它表明该现象在一定时期内,单位时间平均增长的绝对量。

(5) 发展速度。发展速度是将现象报告期水平除以基期水平求得的表明某种现象发展程度的相对指标。由于采用的基期不同,发展速度可以分为环比发展速度和定基发展速度两种。

(6) 增长速度。增长速度是表明现象增长程度的相对指标,它是将现象报告期比基期的增长量除以基期水平而求得的。增长速度同样由于比较的基期不同,分为定基增长速度和环比增长速度。

(7) 平均发展速度。平均发展速度是现象各期环比发展速度的平均数,它表明现象在一个较长时期内,平均单位时间发展变化的程度。

(8) 平均增长速度。平均增长速度是现象各期环比增长速度的平均数,它表明现象在一个较长时期内,平均单位时间增长的程度。平均增长速度虽是各期环比增长速度的平均数,但它不能直接由各期环比增长速度计算,而需要通过它与平均发展速度的关系求得。

关系总结:

$$增长速度=发展速度-1$$
$$环比增长速度=环比发展速度-1$$
$$定基增长速度=定基发展速度-1$$
$$平均增长速度=平均发展速度-1$$

【做中学】

一、单项选择题

1. 时间序列与变量数列（　　）。

　　A. 都是根据时间顺序排列的　　　　　　B. 都是根据变量值大小排列的

　　C. 前者是根据时间顺序排列的,后者是根据变量值大小排列的

　　D. 前者是根据变量值大小排列的,后者是根据时间顺序排列的

2. 时间序列中,数值大小与时间长短有直接关系的是（　　）。

　　A. 平均数时间序列　　B. 时期序列　　　　C. 时点序列　　　　D. 相对数时间序列

3. 发展速度属于（　　）。

　　A. 比例相对数　　　　B. 比较相对数　　　C. 动态相对数　　　D. 强度相对数

4. 计算发展速度的分母是（　　）。

　　A. 报告期水平　　　　B. 基期水平　　　　C. 实际水平　　　　D. 计划水平

5. 某车间月初工人人数资料见表 6-15,则该车间上半年的平均人数约为（　　）人。

表 6-15　　　　　　　　　　　　　月初工人人数资料

月　　份	1	2	3	4	5	6	7
月初人数（人）	280	284	280	300	302	304	320

　　A. 296　　　　　　　B. 292　　　　　　　C. 295　　　　　　　D. 300

6. 某地区某年 9 月末的人口数为 150 万人,10 月末的人口数为 150.2 万人,该地区 10 月的人口平均数为（　　）。

　　A. 150 万人　　　　B. 150.2 万人　　　C. 150.1 万人　　　D. 无法确定

7. 由一个 9 项的时间序列可以计算的环比发展速度有（　　）个。

　　A. 8　　　　　　　　B. 9　　　　　　　　C. 10　　　　　　　D. 7

8. 采用几何平均法计算平均发展速度的依据是（　　）。

　　A. 各年环比发展速度之积等于总速度

　　B. 各年环比发展速度之和等于总速度

　　C. 各年环比增长速度之积等于总速度

　　D. 各年环比增长速度之和等于总速度

9. 某企业的科技投入,2009 年比 2005 年增长了 58.6%,则该企业 2006—2009 年科技投入的平均发展速度为（　　）。

　　A. $\sqrt[5]{58.6\%}$　　　B. $\sqrt[5]{158.6\%}$　　　C. $\sqrt[6]{58.6\%}$　　　D. $\sqrt[6]{158.6\%}$

10. 根据牧区每个月初的牲畜存栏数计算全牧区半年的牲畜平均存栏数,采用的公式为（　　）。

　　A. 简单平均法　　B. 几何平均法　　　C. 加权序时平均法　　D. 首末折半法

二、多项选择题

1. 对于时间序列,下列说法中,正确的有（　　）。

　　A. 序列是按数值大小顺序排列的　　　　B. 序列是按时间顺序排列的

　　C. 序列中的数值都有可加性　　　　　　D. 序列是进行动态分析的基础

　　E. 编制时应注意数值间的可比性

2. 时点序列的特点有(　　)。

A. 数值大小与间隔长短有关　　　　B. 数值大小与间隔长短无关

C. 数值相加有实际意义　　　　　　D. 数值相加没有实际意义

E. 数值是连续登记得到的

3. 下列说法中,正确的有(　　)。

A. 平均增长速度＞平均发展速度　　B. 平均增长速度＜平均发展速度

C. 平均增长速度＝平均发展速度－1　D. 平均发展速度＝平均增长速度－1

E. 平均发展速度×平均增长速度＝1

4. 下列计算增长速度的公式中,正确的有(　　)。

A. $增长速度 = \dfrac{增长量}{基期水平} \times 100\%$　　　　B. $增长速度 = \dfrac{增长量}{报告期水平} \times 100\%$

C. $增长速度 = 发展速度 - 100\%$　　　　D. $增长速度 = \dfrac{报告期水平 - 基期水平}{基期水平} \times 100\%$

E. $增长速度 = \dfrac{报告期水平}{基期水平} \times 100\%$

5. 采用几何平均法计算平均发展速度的公式有(　　)。

A. $\bar{x} = n\sqrt{\dfrac{a_1}{a_0} \times \dfrac{a_2}{a_1} \times \dfrac{a_3}{a_2} \times \cdots \times \dfrac{a_n}{a_{n-1}}}$　　　B. $\bar{x} = n\sqrt{\dfrac{a_n}{a_0}}$

C. $\bar{x} = n\sqrt{\dfrac{a_n}{a_1}}$　　　　　　　　D. $\bar{x} = n\sqrt{R}$

E. $\bar{x} = \dfrac{\sum x}{n}$

6. 某公司连续5年的销售额资料见表6-16,根据上述资料计算的下列数据正确的有(　　)。

表6-16　　　　　　　　　　　销 售 额 资 料

时　　间	第一年	第二年	第三年	第四年	第五年
销售额(万元)	1 000	1 100	1 300	1 350	1 400

A. 第二年的环比增长速度＝定基增长速度＝10%

B. 第三年的累计增长量＝逐期增长量＝200(万元)

C. 第四年的定基发展速度为135%

D. 第五年增长1%绝对值为14万元

E. 第五年增长1%绝对值为13.5万元

7. 下列关系中,正确的有(　　)。

A. 环比发展速度的连乘积等于相应的定基发展速度

B. 定基发展速度的连乘积等于相应的环比发展速度

C. 环比增长速度的连乘积等于相应的定基增长速度

D. 环比发展速度的连乘积等于相应的定基增长速度

E. 平均增长速度＝平均发展速度－1

8. 测定长期趋势的方法主要有(　　)。

A. 时距扩大法　　　B. 方程法　　　　C. 最小平方法　　　D. 移动平均法

E. 几何平均法

9. 关于季节变动的测定,下列说法中,正确的有( )。

A. 目的在于掌握事物变动的季节周期性   B. 常用的方法是按月(季)平均法

C. 需要计算季节比率   D. 按月计算的季节比率之和应等于400%

E. 季节比率越大,说明事物的变动越处于淡季

10. 时间序列的可比性原则主要指( )。

A. 时间长度要一致   B. 经济内容要一致

C. 计算方法要一致   D. 总体范围要一致

E. 计算价格和单位要一致

三、判断题(把"√"或"×"填在题后的括号里)

1. 在各种动态数列中,指标值的大小都受到指标所反映的时期长短的制约。 ( )

2. 发展水平就是动态数列中的每一项具体指标数值,它只能表现为绝对数。 ( )

3. 若将某城市 2005—2010 年年末工业企业固定资产净值按时间先后顺序排列,此种动态
数列称为时点数列。 ( )

4. 序时平均数与一般平均数完全相同,因为它们都是将各个变量值的差异抽象化。 ( )

5. 若环比增长速度每年相等,则其逐期增长量也每年相等。 ( )

6. 由间隔时点数列计算序时平均数,是假定现象的动态变化过程为均匀变动。 ( )

四、思考题

1. 编制时间序列应注意哪些问题?

2. 简述时点序列和时期序列的特点。

3. 根据所学的动态分析方法,举例说明时间序列有哪些用途。

4. 简述计算动态平均数所使用的计算方法。

5. 季节变动的测定常用什么方法?简述其基本原理。

五、业务题

1. 某银行 2013 年部分月份的现金库存额资料如表 6-17。

表 6-17   现 金 库 存 额

日 期	1月1日	2月1日	3月1日	4月1日	5月1日	6月1日	7月1日
库存额(万元)	500	480	450	520	550	600	580

要求:(1) 具体说明这个时间序列属于哪一种时间序列。

      (2) 分别计算该银行 2013 年第一季度、第二季度和上半年的平均现金库存额。

2. 某单位上半年职工人数统计资料见表 6-18。

表 6-18   职工人数统计

时 间	1月1日	2月1日	4月1日	6月30日
人数(人)	1 002	1 050	1 020	1 008

要求计算:(1) 第一季度平均人数;

        (2) 上半年平均人数。

3. 某企业 2013 年上半年的产量和单位成本资料见表 6-19。

表 6-19   产量和单位成本

月 份	1	2	3	4	5	6
产量(件)	2 000	3 000	4 000	3 000	4 000	5 000
单位成本(元)	73	72	71	73	69	68

要求：计算该企业 2013 年上半年的产品平均单位成本。

4. 某地区 2009—2013 年国民生产总值数据见表 6-20。

表 6-20   国民生产总值

年 份		2009	2010	2011	2012	2013
国民生产总值(亿元)		40.9		68.5	58	
发展速度(%)	环比	—				
	定基	—				151.34
增长速度(%)	环比	—	10.3			
	定基	—				

要求：(1) 计算并填列表中所缺数字。

   (2) 计算该地区 2009—2013 年的平均国民生产总值。

   (3) 计算 2010—2013 年国民生产总值的平均发展速度和平均增长速度。

5. 根据表 6-21 资料计算某地区第四季度在业人口数占劳动力资源人口的平均比重。

表 6-21   在业人口数及劳动力资源人口

日 期	9 月 30 日	10 月 31 日	11 月 30 日	12 月 31 日
在业人口(万人)a	280	285	280	270
劳动力资源人口(万人)b	680	685	684	686

6. 某企业第四季度总产值和劳动生产率资料见表 6-22。

表 6-22   总产值和劳动生产率资料

月 份	10	11	12
工业总产值(万元)a	150	168	159.9
劳动生产率(元)b	7 500	8 000	7 800

要求：(1) 计算该企业第四季度的月平均劳动生产率。

   (2) 计算该企业第四季度劳动生产率。

7. 某公司 2003—2013 年的产品销售数据见表 6-23(单位：万元)。

表 6-23   产品销售数据

年 份	2003	2004	2005	2006	2007	2008
销售额	80	83	87	89	95	101

年 份	2009	2010	2011	2012	2013	
销售额	107	115	125	134	146	

要求：应用最小平方法配合趋势直线，并计算各年的趋势值。

8. 某市某产品连续 4 年各季度的出口额资料见表 6-24(单位:万元)。

表6-24　　　　　　　　　　出口额资料

季　度	一	二	三	四
第一年	16	2	4	51
第二年	28	4.3	6.7	77.5
第三年	45	7.1	14.2	105
第四年	50	5.1	16.8	114

要求:计算该市该产品出口额的季节比率,并对其季节变动情况作简要分析。

学习情境七　统计指数

【情境引例】

作为某大型超市负责饮料专柜销售的专管员,王林需要了解销售量和价格的变动方向、变动程度对商品销售额的变动方向及变动程度有怎样的影响。其所在专柜 2013 年三季度开展季节性促销,饮品价格均有不同程度下调,结果三季度销售额比二季度增加了 300 万元。根据两个季度每种饮品的价格和销售量资料进行分析,结果表明,由于价格下调,销售额降低了 100 万元;而销售量的增加,使销售额增加了 400 万元,两者共同作用的结果,使得该专柜三季度的销售额比二季度增加了 300 万元。

同学们你们知道这些数据是怎样得来的吗?

下面让我们通过对本章内容的学习来找出问题的答案吧。

【职业能力目标】

通过本情境的学习,学习者可以认识指数,掌握平均指数的编制原则、综合指数的编制方法,会运用指数体系进行两因素分析。

【典型学习任务】

根据统计资料编制综合指数,运用指数体系进行因素分析。

学习子情境一　认识统计指数

指数是反映事物数量相对变化程度的一类重要指标。从统计学的角度,指数就是代表所关心的变量的一些统计量。我们生活中的许多重要领域都能看到指数的身影,如经济领域中的物价指数,对人体舒适度影响的温度、湿度指数等。此外,重要的经济媒体几乎天天报道的纳斯达克指数、东京日经指数、伦敦金融时报指数、道·琼斯指数、香港恒生指数、上证指数和深圳成份指数等,统计指数法是统计分析中广为采用的重要方法。

一、统计指数的概念与作用

(一) 统计指数的概念

统计指数产生于 18 世纪后半期,在两百多年的历史中,指数的运用在发展,指数的理论在发展,关于指数的概念也在发展。

指数的编制是从物价的变动当中产生的。18 世纪中叶,由于金银大量流入欧洲,引起欧洲的物价飞涨,社会动荡不安,于是人们希望可以有某种方法,搜集某些数据来反映物价的变动,这就是物价指数产生的根源。有些指数,如消费者价格指数、生活费用价格指数,同人们的日常生活息息相关。

指数的含义有广义和狭义两种。广义的指数指所有的相对数,即反映简单现象总体或复杂现象总体数量变动的相对数,如各国经济发展速度。狭义的指数仅指反映不能直接相加的复杂社会经济现象在数量上综合变动情况的相对数。例如,要说明我国面粉这种商品价格的综合变动情况,由于各种面粉的经济用途、产地、口感、营养价值等不同,不能直接将各种面粉的价格简单对比,而要解决这种复杂的问题,就要编制统计指数综合反映它们的变动情况。一般来说,统计指数具有综合性、相对性和平均性的特征,即统计指数主要是用来反映和研究多种因素构成的事物的总体变动;统计指数所表明的事物的变动是相对变动。统计中的指数,主要指这种狭义的指数。

通过对指数概念的了解,我们可以总结出指数具有如下性质:

(1) 指数是一个比较值,它主要用于说明事物之间的比较,或动态比较、空间比较以及计划完成状况比较。

(2) 指数是一个综合值,它比较的不是单一的数值,而是总体的综合数值对比,这就是指数与相对数的不同点。如某地区购买力下降 5%,不是指对某一种商品的购买力下降了5%,而是对该地区而言,对所有可能产生消费行为的购买能力总体下降了 5%。

(3) 指数是一个平均数,指数是对多种事物综合比较的值,这里的综合,内含平均之意。

(4) 指数是一个代表值。如物价指数不是全社会所有商品的总变动程度的测定,而是部分代表性商品的物价的综合变动。

(二) 统计指数的作用

统计指数的作用主要有以下几点:

(1) 综合反映社会经济现象总变动方向及变动程度。这是指数的主要作用。指数一般都是用百分比表示相对指标,这个百分比大于或小于 100%,表示上升或下降变动的方向。例如消费者价格指数 107%,表明消费者购买商品和获得服务项目的价格有涨有落,总的来说,涨了 7%。

(2) 分析多因素影响现象的总变动中,各因素的影响大小和影响程度。利用指数体系理论可以测定复杂社会经济现象总变动中,各构成因素的变动对现象总变动的影响情况,并对经济现象变化作综合评价。任何一个复杂现象都是由多个因子构成的,如:商场销售额变动受销售量和销售价格两个因素的影响。

销售额＝价格×销售量

这种影响可以从相对数和绝对数两方面分析,分析因素的影响方向和影响程度。

(3) 研究事物在长时间内的变动趋势。在由连续编制的动态数列形成的指数体系中,可反映事物的发展变化趋势。如,根据 2005—2013 年共 9 年的零售商品价格资料,编制 8 个环比价格指数,从而构成价格指数数列。这样,就可以揭示价格的变动趋势,研究物价变动对经济建设和人民生活水平的影响程度。

(4) 统计指数是企业经营管理分析的重要工具之一。指数被广泛地用于分析销售额的

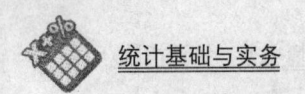

变动情况,总成本的变动情况,总工资的变动情况,产品结构变动对单位成本的影响和人员结构变动对平均工资的影响等,为企业经营管理决策提供了可靠的依据。

二、统计指数的分类

由于着眼点不同,统计指数可划分成不同类型。

1. 按所反映的对象的范围不同,可分为个体指数和总指数

(1) 个体指数是反映单一现象变动情况的相对数。例如,某种商品销售量指数、个别商品的价格指数、单个产品的成本指数等都是个体指数。

(2) 总指数是反映由多个单一现象构成的繁杂现象的变动情况的相对数。例如,工业生产指数、商品零售价格指数、社会商品零售量指数、居民消费价格指数等都是总指数。

2. 指数按其计算形式不同,分为综合指数、平均指数

(1) 综合指数是两个总量指标对比以综合反映复杂现象总变动的指数。

(2) 平均指数是以个体指数为基础采用平均数形式编制总指数。

3. 按统计指标的特征不同,可分为数量指数和质量指数

(1) 数量指数是用来反映社会经济现象的数量或规模变动方向和程度的指数,如职工人数指数、产品产量指数、商品销售量指数等。

(2) 质量指数是用于反映社会经济现象质量、内涵变动情况的指数,如成本指数、物价指数、劳动生产率指数等。

4. 按反映的时态状况不同,可分为动态指数和静态指数

(1) 动态指数是表明某种事物在不同时间上发展变化的指数,如股票价格指数、商品零售价格指数、农副产品产量指数等。

(2) 静态指数是反映某种事物在同时期不同空间对比情况的指数,如计划完成情况指数、地区经济综合评价指数等。

学习子情境二 综合指数

综合指数是总指数的基本形式,它的重要意义在于它能最完美地显示出所研究现象的经济内容。综合指数有两种:数量指标综合指数和质量指标综合指数。

一、数量指标综合指数

数量指标综合指数是说明总体规模变动情况的相对指标指数。例如,商品销售量指数、工业产品生产量指数等。

(一) 数量指标综合指数公式的建立

我们用商品价格指数为例来说明质量指标综合指数的编制方法。

【学中做 7-1】假设某超市销售三种商品,基期和报告期的销售量和价格资料如表7-1。

表 7-1　　　　　　　　　　　　　　　**销售量和价格**

商品	计量单位	基期销售量 q_0	报告期销售量 q_1	基期价格 p_0	报告期价格 p_1
猪肉	千克	50	62.5	20	14
袜子	双	75	90	10	8
鸡蛋	千克	100	115	5	5
合计	—	—	—	—	—

要求:计算产品产量总指数,反映三种产品产量综合变动情况及其产量变动对产值的影响。

由于各种产品价格不同,将它们的产量直接相加后进行综合对比没有经济意义。为了解决这一问题,在编制总指数时,需要解决几个问题:第一,引入同度量因素,使总体内不能同度量的指标过渡为同度量。所谓同度量因素,就是在综合指数编制中,将不能直接相加的因素转化为能够直接相加的量的媒介因素。同度量因素在综合指数的编制中主要起着过渡和媒介作用。就产品产量指数而言,必须以产品出厂价格作为同度量因素,则:

$$销售量 \times 销售价格 = 销售额$$

把不同产品销售量转化为销售额,这样就可以加总了,然而销售变动除受销售量变动影响外,还受销售价格变动的影响。要单纯反映产品销售量的变动,就要将销售价格固定,以排除销售价格变动的影响,即假定两个时期的产品销售量都是按同一时期销售价格计算的产值。用公式表示:

$$\overline{k_q} = \frac{\sum q_1 p}{\sum q_0 p}$$

式中　q——物量(生产量、销售量);

　　　p——同一时期商品价格;

　　　下标 1——报告期;

　　　下标 0——基期;

　　　$\overline{k}$——销售量总指数。

用 k 代表个体指数,如果计算商品销售量的个体指数,可得:

$$甲商品\ k_q = \frac{q_1}{q_0} = \frac{62.5}{50} = 125\%$$

$$乙商品\ k_q = \frac{q_1}{q_0} = \frac{90}{75} = 120\%$$

$$丙商品\ k_q = \frac{q_1}{q_0} = \frac{115}{100} = 115\%$$

计算结果表明:猪肉商品销售量增加了 25%,袜子商品销售量增加了 20%,鸡蛋商品销售量增加了 15%。

商品销售量指数并非某种具体商品的个体指数,而是反映多种商品销售量的总指数,在编制数量指标总体指数中要注意几个问题:

(1) 各种商品的度量单位不同,它们的产品销售量不能直接相加。

(2) 同度量因素(价格)用哪一时期的,是报告期、基期,还是另一种价格? 使用不同时期的价格会得到不同的结果,因而产生了采用不同的同度量因素的各种指数公式。关于这点,统计学界主要有两种主张:①将同度量因素固定在基期,这是由德国经济学家蒂思·拉斯贝尔在 1864 年所提出,由此得出的指数公式被称为拉斯贝尔指数公式(拉氏指数)。②将同度量因素固定在报告期,这是由德国经济学家哈曼·帕舍尔在 1874 年提出,由此得出的指数公式被称为帕舍尔指数公式(帕氏指数)。

现分别按不同时期的价格为同度量因素逐一列出商品销售量的指数公式。

(二) 用基期价格(p_0)作为同度量(1)因素的综合指数

$$\overline{k_q} = \frac{\sum q_1 p_0}{\sum q_0 p_0} \tag{1}$$

【学中做 7-2】 将[学中做 7-1]中资料代入上式得该超市销售量总指数为:

$$\overline{k_q} = \frac{\sum q_1 p_0}{\sum q_0 p_0} = \frac{62.5 \times 20 + 90 \times 10 + 115 \times 5}{50 \times 20 + 75 \times 10 + 100 \times 5} = \frac{2\,725}{2\,250} = 121.11\%$$

$$\sum p_0 q_1 - \sum p_0 q_0 = 2\,725 - 2\,250 = 475(元)$$

计算结果,商品销售量总指数为 121.11%。(1)式称为拉斯贝尔数量指数公式,在这个公式中,分子是以基期的销售价为同度量系数的,所以说在价格水平保持不变的情况下,只是销售量本身的变动,而不包括销售价格变动的因素。即商品销售量增长了 21.11%,它的变动使商品销售额增加了 21.11%。分子与分母之差为 475 元,也说明由于销售量的变动对销售额绝对值的影响。

(三) 用报告期价格(p_1)作为同度量因素的综合指数

$$\overline{k_q} = \frac{\sum q_1 p_1}{\sum q_0 p_1} \tag{2}$$

【学中做 7-3】 将[学中做 7-1]中资料代入上式得该超市销售量总指数为:

$$\overline{k_q} = \frac{\sum q_1 p_1}{\sum q_0 p_1} = \frac{62.5 \times 14 + 90 \times 8 + 115 \times 5}{50 \times 14 + 75 \times 8 + 100 \times 5} = \frac{2170}{1800} = 120.56\%$$

$$\sum q_1 p_1 - \sum q_0 p_1 = 2\,170 - 1\,800 = 370(元)$$

计算结果,商品销售量总指数为 120.56%。(2)式即帕舍尔数量指数公式,在这个公式中,分子是报告期的销售额,分母是基期销售量按报告期销售价计算的替代销售额,它旨在说明价格保持不变的条件下,销售量对销售额的影响程度,即表明销售量增加了 20.56%,使销售额增加了 370 元。

实际编制销售量总指数,究竟采用哪一个价格作为同度量因素,要根据不同的研究对象、目的,以及资料取得的难易程度来选用相应的计算公式,并根据具体情况进行某些修正,使得到的指数合乎客观实际。在实际工作中,通常采用(1)式来测定物价的综合变动。

二、质量指标综合指数

质量指标综合指数是说明总体内涵质量变动情况的比较指标指数,如工资水平指数、成本指数、股票价格指数等。

(一) 质量指标综合指数公式的建立

在上述编制数量指标指数的过程中,是把质量指标(价格)作为同度量因素固定在某一个时期上的。同样,在编制质量指标指数的过程中,就应采用相应的数量指标(销售量)作为同度量因素固定在某一个时期上。

用公式表示:

$$\overline{k_p} = \frac{\sum p_1 q}{\sum p_0 q}$$

(二) 以基期销售量(q_0)作为同度量因素的物价总指数

$$\overline{k_p} = \frac{\sum p_1 q_0}{\sum p_0 q_0} \tag{3}$$

【学中做 7-4】 沿用[学中做 7-1],计算商品价格的个体指数,可得:

$$猪肉\ k_p = \frac{p_1}{p_0} = \frac{14}{20} = 70\%$$

$$袜子\ k_p = \frac{p_1}{p_0} = \frac{8}{10} = 80\%$$

$$鸡蛋\ k_p = \frac{p_1}{p_0} = \frac{5}{5} = 100\%$$

计算结果表明:猪肉价格降低 30%,袜子乙商品价格降低 20%,鸡蛋价格保持不变。

将[学中做 7-1]资料代入(3)式中,得该超市物价总指数为:

$$\overline{k_p} = \frac{\sum p_1 q_0}{\sum p_0 q_0} = \frac{14 \times 50 + 8 \times 75 + 5 \times 100}{20 \times 50 + 10 \times 75 + 5 \times 100} = \frac{1\,800}{2\,250} = 80\%$$

$$\sum p_1 q_0 - \sum p_0 q_0 = 1800 - 2250 = -450(元)$$

(3) 式是拉斯贝尔提出的,称为拉斯贝尔物价指数公式。在这个公式中,分子是按基期销售量乘报告期销售价计算的替代销售额,分母是基期的销售额,两者对比说明由于销售价格本身变动对销售额的影响程度。即商品价格下降 20%,使得商品销售额也下降 20%。不同时期销售额相减说明由于销售价格本身变动对销售额的影响的绝对数是 450 元。

(三) 用报告期价格(q_1)作为同度量因素的综合指数

$$\overline{k_p} = \frac{\sum p_1 q_1}{\sum p_0 q_1} \tag{4}$$

【学中做 7-5】 将[学中做 7-1]资料代入(4)式中,得该超市物价总指数为:

$$\overline{k_p} = \frac{\sum p_1 q_1}{\sum p_0 q_1} = \frac{14 \times 62.5 + 8 \times 90 + 5 \times 115}{20 \times 62.5 + 10 \times 90 + 5 \times 115} = \frac{2\,170}{2\,725} = 79.63\%$$

$$\sum p_1 q_1 - \sum p_0 q_1 = 2\,170 - 2\,725 = -555(元)$$

(4)式是哈曼·派舍尔提出来的,称为派舍尔物价指数公式。在这个公式中,分子是报告期的销售额,分母是以报告期销售量按基期价格计算的替代销售额,目的在于说明在销售量不变的情况下,销售价格水平的变动方向和变动程度。即商品价格下降 20.37%,使得商品销售额也下降 20.37%。不同时期销售额相减说明由于销售价格本身变动对销售额的影响的绝对数是 555 元。

需要说明的是:以上销售额指标是由销售价格和销售量两个因素所构成的,要计算其中一个因素的报告期相对于基期的变动程度(即这个因素的指数),便要把另一个因素固定起来。同理,当一个总量指标是由三个因素构成时,在运用综合指数法计算其中一个因素的指数时,就要把其他因素都作为同度量因素固定起来,以便反映要考察的那个因素报告期相对于基期的变动程度。

三、综合指数的特点

从数量指数来看,通过同度量因素 p 把因计量单位不同而不能直接加总的各项数量指标转化为可以直接加总的价值指标值,并把同度量因素 p 固定在基期或报告期,使相互可比的两个价值指标值只反映各项数量指标值的综合变化;从其质量指数来看,以直接加总的价值指标值 q 把因计量单位不同而不能直接加总的各项质量指标值转化为可以直接加总的价值指标值,并把同度量因素 q 固定在基期或报告期,使相互可比的两个价值指标值只反映各项质量指标值的综合变化。由此可见,加权综合指数这种通过同度量因素实现"先综合、后对比"的编制方法,解决了指数计算中的可加性和可比性问题。

学习子情境三 平均指数

综合指数是编制总指数的基本形式,它正确地反映了被研究现象总体动态变化的客观实际内容。平均指数也是总指数的一种重要形式,它是综合指数的变形形式。

平均数指数有两种表现形式:一种是加权算术平均数指数;另一种是加权调和平均数指数。

一、平均指数的基本形式

(一) 加权算术平均数指数

加权算术平均法是以个体指数为变量值,以一定时期的总值资料为权数,对个体指数加权算术平均以计算总指数的方法。一般情况下,数量指标指数可以变形为加权算术平均指数形式,见下列各公式的演变。

1. 数量指标指数

其计算公式为:

$$\overline{k_q} = \frac{\sum k p_0 q_0}{\sum p_0 q_0} = \frac{\sum \frac{q_1}{q_0} \times p_0 q_0}{\sum p_0 q_0} = \frac{\sum p_0 q_1}{\sum p_0 q_0} \tag{5}$$

式中 k ——个体指数。

以 p_0q_0 为权数的个体数量指标指数的加权算术平均数等于数量指标总体指数。

【学中做 7-6】利用表7-2资料计算销售总指数。

表7-2   三种商品基期和报告期销售情况表

商品	计量单位	基期销售量 q_0	报告期销售量 q_1	$k_q = \dfrac{q_1}{q_0}$	p_0q_0
猪肉	千克	50	62.5	125	1 000
袜子	双	75	90	120	750
鸡蛋	千克	100	115	115	500
合计	—	—	—	—	—

利用(5)式计算销售总指数为:

$$\overline{k_q} = \frac{\sum kp_0q_0}{\sum p_0q_0} = \frac{62.5\times20+90\times10+115\times5}{50\times20+75\times10+100\times5} = \frac{2\ 725}{2\ 250}$$

$$= 121.11\%$$

$$\sum k_qp_0q_0 - \sum p_0q_0 = 2\ 725 - 2\ 250$$
$$= 475(元)$$

这个计算结果同用(1)式计算的结果完全相同,由此可见,当编制指数时只掌握个体指数和基期资料,运用算术平均数公式编制总指数比较方便。

2. 质量指标指数

其计算公式为:

$$\overline{k_p} = \frac{\sum kp_0q_0}{\sum p_0q_1} = \frac{\sum \dfrac{p_1}{p_0}\times p_0q_1}{\sum p_0q_1} = \frac{\sum p_1q_1}{\sum p_0q_1} \tag{6}$$

以 p_0q_1 为权数的个体质量指标指数的加权算术平均数等于质量指标总体指数。p_0q_1 是较难得的资料,计算单位成本总指数时,p_0q_1 是由企业计算出来上报的,只有有较健全的成本会计资料的国有大中型企业,才能得到齐全的资料,但一般有齐全资料的企业不用此法,而是直接用综合指数形式进行计算。

【学中做 7-7】设某粮油商店2012年和2013年三种商品的零售价格和销售量资料如表7-3。试分别以基期销售量和零售价格为权数,计算三种商品的价格综合指数和销售量综合指数。

表7-3   某粮油商店三种商品的销售情况表

商品 名称	计量 单位	销售量		单价(元)	
		2012 年	2013 年	2012 年	2013 年
黑米	千克	1 200	1 500	3.6	4.0
饺子粉	千克	1 500	2 000	2.3	2.4
大豆油	千克	500	600	9.8	10.6

如表7-4。

表 7 - 4   加权综合指数计算表

商品名称	计量单位	销售量		单价(元)		销售额			
		2012 年 q_0	2013 年 q_1	2012 年 p_0	2013 年 p_1	2012 年 p_0q_0	2013 年 p_1q_1	p_0q_1	p_1q_0
黑米	千克	1 200	1 500	3.6	4.0	4 320	6 000	5 400	4 800
饺子粉	千克	1 500	2 000	2.3	2.4	3 450	4 800	4 600	3 600
大豆油	千克	500	600	9.7	10.6	4 900	6 360	5 880	5 300
合计	—	—	—	—	—	12 670	17 160	15 880	13 700

基期价格综合指数为:

$$\overline{k_p} = \frac{\sum p_1 q_0}{\sum p_0 q_0} = \frac{13\ 700}{12\ 670} = 108.73\ \%$$

基期销售量综合指数为:

$$\overline{k_q} = \frac{\sum p_0 q_1}{\sum p_0 q_0} = \frac{15\ 880}{12\ 670} = 125.34\ \%$$

结论:与 2012 年相比,三种商品的零售价格平均上涨了 8.73%,销售量平均上涨了 25.34%。

报告期价格综合指数为:

$$\overline{k_p} = \frac{\sum p_1 q_1}{\sum p_0 q_1} = \frac{17\ 160}{15\ 880} = 108.06\ \%$$

报告期销售量综合指数为:

$$\overline{k_q} = \frac{\sum p_1 q_1}{\sum p_1 q_0} = \frac{17\ 160}{13\ 700} = 125.26\ \%$$

$$\overline{k_q} = \frac{\sum p_1 q_1}{\sum p_1 q_0} = \frac{17\ 160}{13\ 700} = 125.26\ \%$$

结论:与 2012 年相比,三种商品的零售价格平均上涨了 8.06%,销售量平均上涨了 25.26%。

(二) 加权调和平均数指数

加权调和平均数指数是个体指数的加权调和平均数。一般情况下,质量指标指数可以加以变形为加权调和平均数指数形式。见下列各公式的演变。

(1) 数量指标指数,其计算公式为:

$$\overline{k_q} = \frac{\sum p_0 q_1}{\sum \frac{1}{k_q} p_0 q_1} = \frac{\sum p_0 q_1}{\sum \frac{q_0}{p_1} p_0 q_1} = \frac{\sum p_0 q_1}{\sum p_0 q_0}$$

以 $p_0 q_1$ 为权数,个体指数为倒数的加权调和平均数等于综合指数。

（2）质量指标指数，其计算公式为：

$$\overline{k_p} = \frac{\sum p_1 q_1}{\sum \frac{1}{k_p} p_1 q_1} = \frac{\sum p_1 q_1}{\sum \frac{p_0}{p_1} p_1 q_1} = \frac{\sum p_1 q_1}{\sum p_0 q_1}$$

以 $p_1 q_1$ 为权数，个体指数为倒数的加权调和平均数等于综合指数。

【学中做 7-8】某家商场销售三种商品见表 7-5，计算价格指数。

表 7-5　　　　　　　　　　　　　　　三种商品销售情况表

商品名称	计量单位	销售量		价格（元）		$p_0 q_0$	$p_1 q_1$	$p_0 q_1$	$p_1 q_0$
		q_0	q_1	p_0	p_1				
内衣	件	480	600	25	25	12 000	15 000	15 000	12 000
钥匙扣	件	500	600	40	36	20 000	21 600	24 000	18 000
大米	袋	200	180	50	70	10 000	12 600	9 000	14 000
合计	—	—	—	—	—	42 000	49 200	48 000	44 000

根据表 7-6 资料，计算价格指数。

表 7-6　　　　　　　　　　　　　　　三种商品指数计算资料表

商品名称	商品价格个体指数 $k_p = \dfrac{p_1}{p_0}$	报告期商品销售额 $p_1 q_1$
内衣	1.0	15 000
钥匙扣	0.9	21 600
大米	1.4	12 600
合计	—	49 200

$$\overline{k_p} = \frac{\sum p_1 q_1}{\sum \frac{1}{k_p} p_1 q_1} = \frac{\sum p_1 q_1}{\sum \frac{p_0}{p_1} p_1 q_1} = \frac{\sum p_1 q_1}{\sum p_0 q_1}$$

$$= \frac{49\,200}{1 \times 15\,000 \times \frac{1}{0.9} \times 216\,000 \times \frac{1}{1.4} \times 12\,600} = \frac{49\,200}{48\,000} = 102.5\%$$

$$\sum p_1 q_1 - \sum \frac{1}{k_p} p_1 q_1 = 49\,200 - 48\,000 = 1\,200（元）$$

利用调和平均数指数公式计算的价格指数，与运用综合指数公式计算的价值指数，在经济内容和实际意义上是一样的。

【学中做 7-9】按表 7-7 资料计算调和平均数指数。

表 7-7　　　　　　　　　　　　　　　三种商品指数计算资料表

商品	计量单位	p_0	p_1	$k_p = \dfrac{p_1}{p_0}$	$p_1 q_1$
黑米	千克	20	14	70.0	875
袜子	双	10	8	80.0	720
毛巾	条	5	5	100.0	575
合计	—	—	—	—	2 170

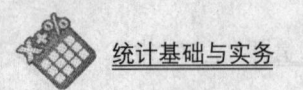

$$\overline{k_p} = \frac{\sum p_1 q_1}{\sum \frac{1}{k_p} p_1 q_1} = \frac{2\,170}{\frac{1}{0.7} \times 875 + \frac{1}{0.8} \times 720 + \frac{1}{1.0} \times 575} = 79.63\%$$

(三) 固定权数加权平均法

在上述平均指数公式中,当权数不是综合指数中的 $p_0 q_0$,而是某种固定权数 w 时,称为固定权数的加权平均法。我国的商品零售物价指数,农副产品收购价格指数,国外的消费品价格指数和工业产量指数,都是采用这种方法计算的。

固定权数平均数指数一般可分为物价指数和物量指数,其计算公式分别为:

$$\overline{k_p} = \sum \frac{p_1}{p_0} \frac{w}{\sum w} = \sum k \frac{w}{\sum w}$$

$$\overline{k_q} = \sum \frac{q_1}{q_0} \frac{w}{\sum w} = \sum k \frac{w}{\sum w}$$

式中　　$w = \dfrac{p_0 q_0}{\sum p_0 q_0}$。

二、统计指数法应用实例

本学习情景引例只是实际生活中指数的一种简单运用。在我国统计实践中,重要的统计指数有如下几种,每种指数都能为我们的现实工作提供很多帮助。

1. 工业生产指数

工业生产指数是综合反映一个国家或地区主要工业产品产量变动程度和发展状况的主要指标,一般采用个体物量指标的加权算术平均方法来计算。其中权数是基期各工业部门的增加值。其计算公式为:

$$\overline{k_q} = \sum \left(\frac{q_1}{q_0}\right) \frac{p_0 q_0}{\sum p_0 q_0}$$

【学中做 7 - 10】某西方国家某年工业指数计算见表 7 - 8。

表 7 - 8　　　　　　　　　　某国某年工业指数资料表

工业部门	代表产品数	部门权数(万分比)	2007 年指数	指数×权数
(甲)	(乙)	(1)	(2)	(3)=(1)×(2)
化工业	20	289.9	128.7	37 310.13
矿业	11	94.8	82.7	7 839.96
汽车制造业	446	9 628.8	128.8	1 240 189.44
合计	477	10 013.5	—	1 285 339.53

$$工业生产指数 = \frac{\sum kw}{\sum w} = \frac{1\,285\,339.53\%}{10\,013.5} = 128.36\%$$

在实际应用中,有的国家以各工业部门增加值占全部工业增加值的比重为权数计算工业生产指数。例如,2012 年美国工业生产指数所用的权数是:化工业 8.69%;矿业 9.36%;

汽车制造业 89.95%

2. 居民消费价格指数

居民消费价格指数是反映居民支付所购买商品和获得服务项目的价格变动趋势和程度的相对数。

编制居民消费价格指数,对于观察居民生活消费水平及服务项目价格的变动对城乡居民生活的影响,对于各级部门掌握居民消费价格变动情况和研究并制定居民消费价格政策、工资政策,以及测定通货膨胀等,具有重要的现实意义。

居民消费价格指数是由居民用于日常生活的消费的全部商品和服务项目所构成。从消费渠道来讲,它既包括城乡居民从商场、超市等场所购买的商品,也包括城乡居民从餐饮行业购买的商品,具体包括食品、衣着、家庭设备等。

居民消费价格指数是目前世界各国普遍编制的一种指数。

3. 股票价格指数

股票价格指数是综合反映整个股票市场价格变动的基本趋势的指标,被称为市场经济的"晴雨表"。在股价指数的编制方法中,综合指数是一种重要的编制方法,其计算公式为:

$$\overline{k_q} = \frac{本日样本股票市价总值}{基期样本股票市价总值} \times 100\% = \frac{\sum p_1 q_0}{\sum p_0 q_0} \times 100\%$$

式中　p_1——本日样本股票的收盘价;

　　　p_0——基期样本股票的收盘价;

　　　q_0——基期样本股票的发行股数。

股票价格指数一般由证券交易所、金融服务机构、咨询研究机构或者新闻单位编制和发布。

学习子情境四　指数体系和因素分析

一、认识指数体系

前面介绍的是指数编制的一些方法。在实际中,为了更深入研究社会经济相互关系的现象,除了确定单个指数的计算方法,更重要的是确定几个指数组成的指数体系。

指数体系是指相互联系且在数值上具有一定数量对等关系的一系列指数所形成的体系。例如:销售额指数体系由销售额指数、销售量指数和价格指数构成。

指数间的这种数量对等关系最典型的表现形式是:一个总变动指数等于若干个(两个或两个以上)因素变动指数的乘积。如:

销售额指数＝销售量指数×价格指数

$$\frac{\sum p_1 q_1}{\sum p_0 q_0} = \frac{\sum q_1 p_0}{\sum q_0 p_0} \times \frac{\sum p_1 q_1}{\sum p_0 q_1}$$

商品销售额增减额＝销售量变动引起的销售额增减额

×销售价格变动引起的销售额增减额

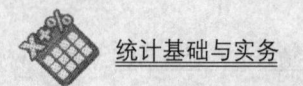

$$\sum p_1 q_1 - \sum q_0 p_0 = (\sum q_1 p_0 - \sum q_0 p_0) + (\sum p_1 q_1 - \sum p_0 q_1)$$

$$生产费用指数 = 产量指数 \times 单位产品成本指数$$

显然,这些指数体系是建立在有关指标的经济联系的基础之上的,因而它们具有实际的经济分析意义。

【学中做 7-11】某地 2013 年社会商品零售总额为 5 700 万元,比上年增长 21.2%,如扣除物价因素比上年增长 10.2%,求物价指数并说明由于物价上涨使当地居民多支付的货币额。

$$\bar{k}_p = \frac{\bar{k}_{pq}}{\bar{k}_q} = \frac{121.2\%}{110.2\%} = 109.98\%$$

$$\sum p_1 q_1 - \sum q_1 p_0 = \sum p_1 q_1 - \frac{\sum p_1 q_1}{\bar{k}_p} = 5\ 700 - \frac{5\ 700}{109.98\%} = 517.24(元)$$

在编制指数体系时,应遵循的原则为:在编制质量指标指数时,要以报告期数量指标为同度量因素(权数);编制数量指标指数时则应以基期质量指标为同度量因素(权数)。

二、因素分析

因素分析是借助指数体系来分析社会经济现象变动中各种因素变动发生作用的影响程度。

1. 因素分析法的基本要点

(1) 根据现象之间的客观的内在联系确定指数体系。

(2) 在测定复杂现象总变动中某一个因素的变动影响时,必须把其他因素固定下来,假定其不变。

(3) 因素的排列,一般按照数量指标在前,质量指标在后的原则顺序排列。

2. 因素分析法的基本步骤

(1) 计算总变动指数,测定其变动的程度和变动的绝对额。

(2) 分别计算各构成因素指数,测定它们各自对总变动指数的影响程度和影响绝对额。

(3) 利用指数体系从相对数和绝对数两方面对各影响因素进行综合分析。

3. 因素分析法的种类

(1) 按照被分析指标的性质不同,分为总量指标的因素分析、相对指标的因素分析和平均指标的因素分析。

(2) 按照分析指标所包含的因素多少,分为两因素的因素分析和多因素的因素分析。

三、总量指标的因素分析

(一) 两因素分析

在指标体系中,若某个总量指标是两个因素指标的乘积,则可以根据指标关系来构造指数体系,它是总量指标因素分析法的基础。

以销售额为例,商品销售额是总量指标,它包含价格和销售量两个因素。对销售额的变动进行因素分析就是要测定价格、销售量这两个因素各自对销售额变动的影响程度和影响的绝对量。

1. 个体指标的两因素分析

$$销售额指数\ \overline{k_{pq}} = \frac{\sum p_1 q_1}{\sum p_0 q_0}$$

$$变动的绝对额 = \sum p_1 q_1 - \sum p_0 q_0$$

$$销售量的变动\ \overline{k_q} = \frac{\sum q_1 p_0}{\sum q_0 p_0}$$

$$由于销售量的变动引起的销售额的变动 = \sum q_1 p_0 - \sum q_0 p_0$$

$$价格的变动\ \overline{k_p} = \frac{\sum p_1 q_1}{\sum p_0 q_1}$$

$$由于价格的变动引起的销售额的变动 = \sum p_1 q_1 - \sum p_0 q_1$$

【学中做 7-12】承接[学中做 7-8]，利用指数体系分析价格和销售量变动对销售额的影响。

$$销售总指标 = \frac{\sum p_1 q_1}{\sum p_0 q_0} = \frac{49\ 200}{42\ 000} = 117.14\%$$

$$销售量指数 = \frac{\sum p_0 q_1}{\sum p_0 q_0} = \frac{48\ 000}{42\ 000} = 114.29\%$$

$$销售价格指数 = \frac{\sum p_1 q_1}{\sum p_0 q_1} = \frac{49\ 200}{48\ 000} = 102.5\%$$

相对数分析：$117.14\% = 114.29\% \times 102.5\%$

绝对数分析：$(49\ 200 - 42\ 000) = (48\ 000 - 42\ 000) + (49\ 200 - 48\ 000)$

$$7\ 200(元) = 6\ 000 + 1\ 200$$

分析数字表明：销售额上升 17.14%（增加 7 200 元），是由于销售量上升了 14.29%（影响销售额增加 6 000 元）和销售价格上升 2.5%（影响销售额增加 1 200 元）共同作用的结果。

上面介绍的因素分析法就是一般常用的指数体系分析法，在这种分析中，要从相对数和绝对数两个方面分析两个因素的变化方向和变动程度构成。

2. 总体指标的两因素分析

$$\frac{\sum p_1 q_1}{\sum p_0 q_0} = \frac{\sum p_1 q_0}{\sum p_0 q_0} \times \frac{\sum p_1 q_1}{\sum p_1 q_0}$$

仍用上例说明：

$$\frac{49\ 200}{42\ 000} = \frac{44\ 000}{42\ 000} \times \frac{49\ 200}{44\ 000}$$

$$117.14\% = 104.76\% \times 111.82\%$$

$$7\ 200(元) = 2\ 000 + 5\ 200$$

（二）多因素分析

根据分析研究问题的需要，还可建立多个因素指数组成的指数体系，对总量变动进行多因素分析。

例如：分析工业总产值的变动，可按全部职工人数、工人占全部职工人数的比重，与工人劳动生产率三个因素的组合，进行三因素分析。这样，总产值就可以分解为全部职工人数、工人占全部职工人数的比重和工人劳动生产率三个指数的连乘积。

$\sum$工业总产值＝$\sum$全部职工人数×工人占全部职工人数比重×工人劳动生产率

【学中做 7-13】某企业总产值及各构成因素资料见表 7-9。试对总产值的变动作多因素指数分析。

表 7-9 　　　　　　　　　　某企业总产量及构成因素表

项　　目	符号	2012 年	2013 年
职工人数（人）	a	950	1 000
技术工人占职工人数的比重（%）	b	80	86
工人劳动生产率（万元/人）	c	1.2	1.5
总产值（万元）	abc	912	1 290

1. 计算总变动指数，测定现象总体变动的程度和绝对额。

$$总产值指数 = \bar{k}_{abc} = \frac{a_1 b_1 c_1}{a_0 b_0 c_0} = \frac{1\ 290}{912} = 141.45\ \%$$

$$总产值变动的绝对额 = a_1 b_1 c_1 - a_0 b_0 c_0 = 1\ 290 - 912 = 378（万元）$$

2. 分别计算各因素的变动影响程度及其对总产值影响的绝对额。

职工人数指数 $\bar{k}_a = \dfrac{a_1 b_0 c_0}{a_0 b_0 c_0} = \dfrac{1\ 000 \times 0.8 \times 1.2}{912} = \dfrac{960}{912} = 105.26\ \%$

职工人数变动对总产值影响的绝对额 $= a_1 b_0 c_0 - a_0 b_0 c_0 = 960 - 912 = 48（万元）$

技术工人数占职工人数的比重指数：

$$\bar{k}_b = \frac{a_1 b_1 c_0}{a_1 b_0 c_0} = \frac{100 \times 0.86 \times 1.2}{960} = \frac{1\ 032}{960} = 107.50\ \%$$

技术工人数占职工人数比重
变动对总产值影响的绝对额 $= a_1 b_1 c_0 - a_1 b_0 c_0 = 1\ 032 - 960 = 72（万元）$

工人劳动生产率指数 $\bar{k}_c = \dfrac{a_1 b_1 c_1}{a_1 b_1 c_0} = \dfrac{1\ 290}{1\ 032} = 125.00\ \%$

工人劳动生产率的变动
对总产值影响的绝对额 $= a_1 b_1 c_1 - a_1 b_1 c_0 = 1\ 290 - 1\ 032 = 258（万元）$

利用指数体系对各影响因素，从相对数和绝对数两方面进行综合分析。

相对数分析体系：$\bar{k}_{abc} = \bar{k}_a \times \bar{k}_b \times \bar{k}_c$

$141.45\% = 105.26\% \times 107.5\% \times 125.00\%$

绝对数分析体系：378 万元＝48 万元＋258 万元。分析表明，该企业 2013 年总产值比2012 年增长了 41.45%，增长总额为 378 万元，是由于三个因素共同影响的结果。其中：因

职工人数变动的影响使总产值增加了 48 万元；因生产工人数所占比重变化的影响使总产值增加了 72 万元；因工人劳动生产率的提高增加总产值 258 万元。可见总产值的增加是上述三个因素共同作用的结果。

四、平均指标变动的因素分析

统计中把经济内容相同的不同时期的平均指标数值进行对比，用来反映现象在不同时期一般水平的变动程度。这种由两个平均指标对比而形成的相对数，就称为平均指标指数。

平均指标指数可用计算公式表示：

$$平均数变动指标 = \frac{\bar{x}_1}{\bar{x}_0} = \frac{\sum x_1 f_1}{\sum f_1} / \frac{\sum x_0 f_0}{\sum f_0}$$

式中　x——各组变量值；

$$\frac{f}{\sum f_1}$$——各组的权数，表现的是总体单位数结构。

1. 固定构成指数

影响平均数的一个因素是变量值，为了测定它的变动，可以计算固定构成指数。这种把总体的结构因素固定不变来测定组平均数的变动程度的指数就叫做固定构成指数。其编制方法与质量指标指数相同，其计算公式为：

$$固定构成指数 = \frac{\sum x_1 f_1}{\sum f_1} / \frac{\sum x_0 f_1}{\sum f_0}$$

2. 结构影响指数

从上式看到，影响平均数的另一个因素是总体单位数结构。这种把各组平均水平因素固定不变来测定总体结构变动程度的指数就叫做结构影响指数。其编制方法同数量指标指数的方法相同，其计算公式为：

$$结构影响指数 = \frac{\sum x_0 f_1}{\sum f_1} / \frac{\sum x_0 f_0}{\sum f_0}$$

根据三者之间的联系，可看出三个指数的数量对比关系具有密切的联系，它们组成了平均指数的指数体系。即

平均数变动指数＝固定构成指数×结构影响指数

$$\frac{\sum x_1 f_1}{\sum f_1} / \frac{\sum x_0 f_0}{\sum f_0} = \left\{ \frac{\sum x_1 f_1}{\sum f_1} / \frac{\sum x_0 f_1}{\sum f_1} \right\} \times \left\{ = \frac{\sum x_0 f_1}{\sum f_1} / \frac{\sum x_0 f_0}{\sum f_0} \right\}$$

从绝对水平看：

$$\frac{\sum x_1 f_1}{\sum f_1} - \frac{\sum x_0 f_0}{\sum f_0} = \left\{ \frac{\sum x_1 f_1}{\sum f_1} - \frac{\sum x_0 f_1}{\sum f_1} \right\} + \left\{ \frac{\sum x_0 f_1}{\sum f_1} - \frac{\sum x_0 f_0}{\sum f_0} \right\}$$

【学中做 7-14】表 7-10 是某地区粮食作物的生产情况，试分析该地区三种农作物中的平均亩产量变动及原因。

表 7-10   某地区三种作物生产情况资料表

粮食作物	播种面积(公顷)		产量(千克/公顷)	
	2012 年(f_0)	2013 年(f_1)	2012 年(x_0)	2013 年(x_1)
A	2 000	1 000	200	200
B	2 200	2 000	300	315
C	4 000	4 600	400	440

分析过程如下：

根据公式(13)，计算该地区三种作物总平均单位面积产量指数为：

$$\frac{\sum x_1 f_1}{\sum f_1} / \frac{\sum x_0 f_0}{\sum f_0} = \frac{2\ 854\ 000}{7\ 600} / \frac{2\ 660\ 000}{8\ 200} = 115.8\%$$

根据公式(14)，计算出固定构成指数为：

$$\frac{\sum x_1 f_1}{\sum f_1} / \frac{\sum x_0 f_1}{\sum f_0} = \frac{2\ 854\ 000}{7\ 600} / \frac{2\ 640\ 000}{7\ 600}] = \frac{375.5}{347.4} = 108.09\%$$

根据上面计算的结果，固定构成指数 108.09% 即各种作物单位面积产量平均上升 8.09%。从而，总平均单位面积产量增长 8.09%。

分别观察 A、B、C 三种作物的单位面积产量，A 不增不减，B 增加 5%，C 上升 10%。三种作物单位面积产量平均增长 8.09%，未超出最低限和最高限的范围。

根据公式(15)，可得结构影响指数为：

$$\frac{\sum x_0 f_1}{\sum f_1} / \frac{\sum x_0 f_0}{\sum f_0} = \frac{2\ 640\ 000}{7\ 600} / \frac{2\ 660\ 000}{8\ 200} = \frac{347.4}{324.4} = 107.09\%$$

这个平均数指数所反映的是播种面积构成变动，以及这种变动引起的全部粮食作物总平均单位面积产量的变动。由于播种面积构成发生了变化，致使总平均单位面积产量上升了 7.09%。

三者之间的相对数关系为：

$$115.8\% = 108.09\% \times 107.09\%$$

从绝对水平看，该地区三种作物总平均单位面积产量变动额为：

$$\frac{\sum x_1 f_1}{\sum f_1} - \frac{\sum x_0 f_0}{\sum f_0} = 375.5 - 324.4 = 51.1(千克)$$

因为各种粮食作物单位面积产量和播种面积构成均有变动，致使粮食作物总平均单位面积产量报告期比基期增加了 51.1 千克。

$$\frac{\sum x_1 f_1}{\sum f_1} - \frac{\sum x_0 f_1}{\sum f_1} = 375.5 - 347.4 = 28.1(千克)$$

计算结果表明：由于各种作物单位面积产量变动，总平均单位面积产量增加了 28.1 千克。

$$\frac{\sum x_0 f_1}{\sum f_1} - \frac{\sum x_0 f_0}{\sum f_0} = 347.4 - 324.4 = 23(千克)$$

因为播种面积结构变化,全部粮食作物总平均单位面积产量增加了 23 千克。

三者之间的绝对数关系为 51.1 千克(28.1+23)。

【情境小结】

1. 统计指数的概念与作用。

(1) 指数的含义有广义和狭义两种。广义的指数指所有的相对数,即反映简单现象总体或复杂现象总体数量变动的相对数。狭义的指数仅指反映不能直接相加的复杂社会经济现象在数量上综合变动情况的相对数。统计中的指数,主要泛指这种狭义的指数。

(2) 统计指数的作用。统计指数的作用主要有以下几点:①综合反映社会经济现象总变动方向及变动程度;②分析多因素影响现象的总变动中,各因素的影响大小和影响程度;③研究事物在长时间内的变动趋势;④是企业经营管理分析的重要工具之一。

2. 统计指数的分类。由于着眼点不同,统计指数可划分成不同类型。

(1) 按所反映的对象的范围不同,可分为个体指数和总指数。

(2) 指数按其计算形式不同,可分为综合指数、平均指数。

(3) 按统计指标的特征不同,可分为数量指数、质量指数和价格指数。

(4) 按反映的时态状况不同,可分为动态指数和静态指数。

3. 总指数的编制方法。总指数有两种计算形式:综合指数和平均指数。

(1) 综合指数是总指数的一种基本形式,综合指数是通过引入同度量因素先综合后对比。计算复杂现象总体的总量,并在同度量因素固定的条件下,将不同时期的总量对比。平均指数是总指数的另一种形式,它是先计算个体指数,然后对其进行加权平均计算总指数,以测定现象的总变动程度。

(2) 在实际工作中,编制综合指数时,所遵循的一般原则是:编制数量指标综合指数时应采用基期的质量指标作为同度量因素;编制质量指标综合指数时则应采用报告期的数量指标作为同度量因素。

(3) 平均指数编制的主要问题是对个体指数进行平均时采取的形式和确定权数的问题。一般原则是:将数量指标综合指数变形为加权算术平均指数时,要以综合指数的分母为权数;将质量指标综合指数变形为加权调和平均指数时,一般以综合指数的分子为权数。

4. 指数体系与因素分析。

指数体系是指相互联系且在数值上具有一定数量对等关系的一系列指数所形成的体系。

因素分析是借助指数体系来分析社会经济现象变动中各种因素变动发生作用的影响程度。

1) 因素分析法的基本要点如下:

(1) 正确根据现象之间的客观的内在联系确定指数体系。

(2) 在测定复杂现象总变动中某一个因素的变动影响时,必须把其他因素固定下来,假定其不变。

(3) 因素的排列,一般按照数量指标在前、质量指标在后的原则顺序排列。

2) 因素分析法的基本步骤:

(1) 计算总变动指数,测定其变动的程度和变动的绝对额。

（2）分别计算各构成因素指数,测定它们各自对总变动指数的影响程度和影响绝对额。

（3）利用指数体系从相对数和绝对数两方面对各影响因素进行综合分析。

【做中学】

一、单项选择题

1. 在编制综合指数时,要求指数中分子和分母的权数必须是（　　）。

   A. 同一时期的　　　　B. 不同时期的　　　　C. 基期的　　　　D. 报告期的

2. 设 p 为商品价格,q 为销售量,则指数的实际意义是综合反映（　　）。

   A. 商品销售额的变动程度

   B. 商品价格变动对销售额的影响程度

   C. 商品销售量变动对销售额的影响程度

   D. 商品价格和销售量变动对销售额的影响程度

3. 某企业 A 产品产量今年为去年的 110.5%,这是（　　）。

   A. 数量指标个体指数　　　　　　　　B. 质量指标个体指数

   C. 数量指标总指数　　　　　　　　　D. 质量指标总指数

4. 下列指数属于拉氏数量指数公式的是（　　）。

   A. $\dfrac{\sum p_1 q_1}{\sum p_1 q_0}$　　B. $\dfrac{\sum p_1 q_0}{\sum p_0 q_0}$　　C. $\dfrac{\sum p_0 q_1}{\sum p_0 q_0}$　　D. $\dfrac{\sum p_1 q_1}{\sum p_0 q_0}$

5. 在指数体系中,总量指数与各因素指数之间的数量关系是（　　）。

   A. 总量指数等于各因素指数之和　　　B. 总量指数等于各因素指数之差

   C. 总量指数等于各因素指数之积　　　D. 总量指数等于各因素指数之商

6. 某百货公司今年与去年相比,所有商品的价格平均提高了 10%,销售量平均下降了 10%,则商品销售额（　　）。

   A. 上升　　　　　　　　　　　　　　B. 下降

   C. 保持不变　　　　　　　　　　　　D. 可能上升也可能下降

7. 某商场今年与去年相比,销售量增长了 15%,价格增长了 10%,则销售额增长了（　　）。

   A. 4.8%　　　B. 26.5%　　　C. 1.5%　　　D. 4.5%

8. 以下属于质量指标指数的是（　　）。

   A. 销售额指数　　　　　　　　　　　B. 销售量指数

   C. 销售价格指数　　　　　　　　　　D. 工人人数指数

9. 综合指数是总指数的（　　）。

   A. 唯一形式　　　B. 基本形式　　　C. 变通形式　　　D. 简单加总

10. 价格上涨后,同样多的人民币报告期所购买商品的数量比基期少 5%,因此价格上涨了（　　）。

    A. 5%　　　B. 5.26%　　　C. 95%　　　D. 105.26%

11. 按说明对象的数量特征不同,总指数分为（　　）。

    A. 综合指数和平均指数　　　　　　　B. 个体指数和总指数

    C. 质量指标指数和数量指标指数　　　D. 加权算术平均指数和调和平均指数

12. 某公司所属三个企业生产同一产品,要计算该公司该产品产量的发展速度,三个企业的产品产量(　　)。

 A. 能够直接加总

 B. 不能直接加总

 C. 必须用不变价格做同度量因素才能加总

 D. 必须用现行价格做同度量因素才能加总

13. 按照个体指数和报告期销售额计算的价格指数是(　　)。

 A. 综合指数　　　　　　　　　　B. 加权调和平均指数

 C. 总平均数指数　　　　　　　　D. 加权算术平均指数

14. 欲使数量指标的算术平均指数成为数量指标综合指数的变形，其权数必须是(　　)。

 A. p_0q_0　　　　　B. p_1q_1　　　　　C. p_0q_1　　　　　D. W

15. 本年同上年相比，商品销售量上涨12%，而各种商品的价格平均下跌了1.7%，则商品销售额(　　)。

 A. 上升13.7%　　　B. 下降13.7%　　　C. 上升10.1%　　　D. 下降10.1%

16. 统计指数按其反映的对象范围不同分为(　　)。

 A. 简单指数和加权指数　　　　　B. 综合指数和平均指数

 C. 个体指数和总指数　　　　　　D. 数量指标指数和质量指标指数

17. 总指数编制的两种形式是(　　)。

 A. 算术平均指数和调和平均指数　B. 个体指数和综合指数

 C. 综合指数和平均指数　　　　　D. 定基指数和环比指数

18. 综合指数是一种(　　)。

 A. 简单指数　　　B. 加权指数　　　C. 个体指数　　　D. 平均指数

19. 某市居民以相同的人民币在物价上涨后少购商品15%，则物价指数为(　　)。

 A. 17.6%　　　　B. 85%　　　　C. 115%　　　　D. 117.6%

20. 在掌握基期产值和各种产品产量个体指数资料的条件下，计算产量总指数要采用(　　)。

 A. 综合指数　　　　　　　　　　B. 可变构成指数

 C. 加权算术平均数指数　　　　　D. 加权调和平均数指数

21. 在由三个指数组成的指数体系中，两个因素指数的同度量因素通常(　　)。

 A. 都固定在基期　　　　　　　　B. 都固定在报告期

 C. 一个固定在基期，另一个固定在报告期　D. 采用基期和报告期的平均数

22. 某商店报告期与基期相比，商品销售额增长6.5%，商品销售量增长6.5%，则商品价格(　　)。

 A. 增长13%　　　B. 增长6.5%　　　C. 增长1%　　　D. 不增不减

23. 指数按所反映的对象范围不同，可分为(　　)。

 A. 定基指数和环比指数　　　　　B. 数量指标指数和质量指标指数

 C. 个体指数和总指数　　　　　　D. 综合指数和平均指数

24. 某公司三个企业生产同一种产品，由于各企业成本降低使公司平均成本降低15%，而各种产品产量的比重变化使公司平均成本提高10%，则该公司平均成本报告期比基期降低(　　)。

A．5.0%　　　　　B．6.5%　　　　　C．22.7%　　　　　D．33.3%

25．某商店 2008 年 1 月份微波炉的销售价格是 350 元，6 月份的价格是 342 元，指数为 97.71%，该指数是（　　）。

A．综合指数　　　B．平均指数　　　C．总指数　　　　D．个体指数

26．编制数量指标指数一般是采用（　　）作同度量因素。

A．基期质量指标　B．报告期质量指标　C．基期数量指标　　D．报告期数量指标

27．编制质量指标指数一般是采用（　　）作同度量因素。

A．基期质量指标　B．报告期质量指标　C．基期数量指标　　D．报告期数量指标

28．广义的指数是指（　　）。

A．价格变动的相对数　　　　　　　B．物量变动的相对数

C．表明社会经济现象数量变动的相对数　D．简单现象总体数量变动的相对数

29．数量指标指数和质量指标指数的划分依据是（　　）。

A．性质不同　　　　　　　　　　　B．反映的对象范围不同

C．比较的现象特征不同　　　　　　D．编制指数的方法不同

30．某市 2007 年社会商业零售额为 12 000 万元，2011 年增至 15 600 万元，这 4 年物价上涨了 4%，则商业零售量指数（　　）。

A．减少了 0.62%　B．减少了 5.15%　C．增加了 12.9%　D．增加了 1.75%

二、多项选择题

1．指数的作用包括（　　）。

A．综合反映事物的变动方向　　　　B．综合反映事物的变动程度

C．利用指数可以进行因素分析　　　D．研究事物在长时间内的变动趋势

E．反映社会经济现象的一般水平

2．拉斯贝尔综合指数的基本公式有（　　）。

A．$\dfrac{\sum p_1 q_1}{\sum p_0 q_1}$　　　B．$\dfrac{\sum q_1 p_0}{\sum q_0 p_0}$　　　C．$\dfrac{\sum p_1 q_0}{\sum p_0 q_0}$　　　D．$\dfrac{\sum q_1 p_1}{\sum q_0 p_1}$

E．$\dfrac{\sum p_1 q_1}{\sum p_0 q_0}$

3．派氏综合指数的基本公式有（　　）。

A．$\dfrac{\sum p_1 q_1}{\sum p_0 q_1}$　　　B．$\dfrac{\sum p_1 q_0}{\sum p_0 q_0}$　　　C．$\dfrac{\sum p_1 q_1}{\sum p_0 q_0}$　　　D．$\dfrac{\sum p_0 q_1}{\sum p_0 q_0}$

E．$\dfrac{\sum p_1 q_1}{\sum p_1 q_0}$

4．某企业为了分析本厂生产的两种产品产量的变动情况，已计算出产量指数为 112.5%，这一指数为（　　）。

A．综合指数　　　B．总指数　　　C．个体指数　　　D．数量指标指数

E．质量指标指数

5．平均数变动因素分析的指数体系中包括的指数有（　　）。

A. 可变组成指数　　B. 固定构成指数　　C. 结构影响指数　　D. 算术平均指数

E. 调和平均指数

6. 同度量因素的作用有( )。

A. 平衡作用　　　　B. 权数作用　　　　C. 稳定作用　　　　D. 同度量作用

E. 调和作用

7. 若 p 表示商品价格，q 表示商品销售量，则公式 $\sum p_1 q_1 - \sum p_0 q_1$ 表示的意义为( )。

A. 综合反映销售额变动的绝对额

B. 综合反映价格变动和销售量变动的绝对额

C. 综合反映多种商品价格变动而增减的销售额

D. 综合反映由于价格变动而使消费者增减的货币支出额

E. 综合反映多种商品销售量变动的绝对额

8. 指数按计算形式不同可分为( )。

A. 简单指数　　　　B. 总指数　　　　C. 数量指标指数　　　D. 质量指标指数

E. 加权指数

9. 当权数为 $p_0 q_0$ 时，以下说法中，正确的有( )。

A. 数量指标综合指数可变形为加权算术平均指数

B. 数量指标综合指数可变形为加权调和平均指数

C. 质量指标指数可变形为加权算术平均指数

D. 质量指标指数可变形为加权调和平均指数

E. 综合指数与平均指数没有变形关系

10. 指数体系中( )。

A. 一个总值指数等于两个(或两个以上)因素指数的代数和

B. 一个总值指数等于两个(或两个以上)因素指数的乘积

C. 存在相对数之间的数量对等关系

D. 存在绝对变动额之间的数量对等关系

E. 各指数都是综合指数

11. 质量指标指数有( )。

A. 单位产品成本指数　　　　　　B. 农副产品收购价格指数

C. 劳动生产率指数　　　　　　　D. 商品销售额指数

E. 产品产量指数

12. 属于数量指标指数的有( )。

A. 产品生产指数　　B. 销售量指数　　C. 物价指数　　　D. 工人人数指数

13. 平均法数量指标指数作为综合法数量指标指数的变形，按一般方法( )。

A. 其权数应是基期总额　　　　　B. 其权数应是报告期总额

C. 其权数应是假定总额　　　　　D. 平均的方法是算术平均法

E. 平均的方法是调和平均法

14. 进行平均指标变动的因素分析应编制的指数有( )。

A. 算术平均数指数　　　　　　　B. 调和平均数指数

C. 固定构成指数　　　　　　　　D. 结构变动影响指数

15. 编制综合指数的一般原则有( )。
    A. 质量指标指数以报告期的数量指标作为同度量因素
    B. 质量指标指数以基期的数量指标作为同度量因素
    C. 数量指标指数以基期的数量指标作为同度量因素
    D. 数量指标指数以基期的质量指标作为同度量因素

三、判断题

1. 统计指数有广义和狭义之分,统计工作中通常编制的指数是指狭义上的指数。 （ ）

2. 只有总指数可划分为数量指标指数和质量指标指数,个体指数不能作这种划分。 （ ）

3. 广义的指数就是指各种相对数。 （ ）

4. 反映多种商品销售量变动情况的销售量指数是个体指数。 （ ）

5. 综合指数是一种加权指数。 （ ）

6. 总指数有两种计算形式,即个体指数和综合指数。 （ ）

7. 数量指标指数和质量指标指数的划分具有相对性。 （ ）

8. 拉氏价格指数和派氏价格指数计算结果不同,是因为拉氏价格指数主要受报告期商品结构的影响,而派氏价格指数主要受基期商品结构的影响。 （ ）

9. 在平均数变动因素分析中,可变组成指数是用于专门反映总体构成变化这一因素影响的指数。 （ ）

10. 本年与上年相比,若物价上涨 10%,则本年的 1 元只值上年的 0.9 元。 （ ）

四、业务题

1. 假设某商店销售三种商品,基期和报告期的销售量和价格资料见表 7-11。

表 7-11   销售量和价格资料

商品	计量单位	基期销售量 q_0	报告期销售量 q_1	基期价格 p_0	报告期价格 p_1
甲	千克	480	600	25	25
乙	套	500	600	40	36
丙	件	200	180	50	70
合计	—	—	—	—	—

要求：(1) 编制用基期价格作为同度量因素的商品销售量总指数并分析对销售额的影响。

(2) 编制用报告期价格作为同度量因素的商品销售量总指数并分析对销售额的影响。

2. 某百货公司 2007 年商品零售额为 420 万元,2008 年比 2007 年增加 30 万元,零售物价上涨 8.5%。

要求：请推算该百货公司零售额变动中零售价格和零售量变动的影响程度和影响绝对额。

3. 某地区粮食产值、播种面积和单位面积产量的资料如表 7-12 所示。

表 7-12   播种面积、单位面积产量及粮食单价

粮食作物	q_0	q_1	k_0	k_1	p_0	p_1
甲	1 000	1 200	400	500	2	3
乙	700	600	320	400	1.5	2.2
丙	500	300	250	300	1	1.6

要求：试对产值变动的原因进行分析（q 为播种面积,k 为单位面积产量,p 为粮食单价）。

4. 某企业有 3 个生产车间,2006 年和 2007 年各车间的工人数和劳动生产率资料见表 7-13。

表 7-13　工人数和劳动生产率

车间	职工人数(人)		劳动生产率(万元/人)	
	2006	2007	2006	2007
一车间	200	240	4.4	4.5
二车间	160	180	6.2	6.4
三车间	150	120	9.0	9.2

要求:试分析该企业劳动生产率的变动及其原因。

5. 某两家上市公司的盈利情况如表 7-14 所示。

表 7-14　盈利情况

企业	盈利额(亿元)		利润率(%)	
	2007 年	2008 年	2007 年	2008 年
A	0.4	0.5	8.9	9.1
B	1.2	1.1	7.3	7.1

其中利润率 $=\dfrac{盈利额}{总资产}\times100\%$。

要求:计算利润率加权平均数。

6. 某超市对 A、B、C 三地开通了购物直通车,超市每天都会记录乘坐直通车的顾客的人次和消费额,表 7-15 中的数据为星期一和星期日的统计数据。

表 7-15　统计数据

地区	日购物人次 q		人均消费额(元) p	
	星期一	星期日	星期一	星期日
A	180	230	70	100
B	120	150	120	150
C	280	340	89	110

要求:(1)计算人均消费额和人次的加权综合指数。

(2)用指数体系分析顾客总消费量。

7. 一种商品有 3 种型号,商场销售人员记录了这 3 种型号在两个季度的销售情况,见表 7-16。

表 7-16　销售情况

商品型号	当期进货数量		销售率(%)		销售量	
	第一季度	第三季度	第一季度	第三季度	第一季度	第三季度
A	800	1 000	92	96		
B	700	950	89	93		
C	680	740	87	90		

要求:(1)将表 7-16 填完整,并计算销售量第三季度比第一季度的增长量。

（2）计算销售率的加权综合指数和加权平均指数。

（3）用指数体系分析销售量的变动量。

8. 某市 2008 年第一季度社会商品零售额为 36 200 万元，第四季度为 35 650 万元，零售物价下跌 0.5%。试计算该市社会商品零售额指数、零售价格指数和零售量指数，以及由于零售物价下跌居民少支出的金额。

9. 某厂三种产品的产量情况见表 7-17。

表 7-17 产量情况

产品	计量单位	出厂价格（元）		产量	
		基期	报告期	基期	报告期
A	件	8	8.5	13 500	15 000
B	个	10	11	11 000	10 200
C	千克	6	5	4 000	4 800

要求：试分析出厂价格和产量的变动对总产值的影响。

学习情境八　抽样调查

【情境引例】

为了进一步促进童装产品质量的提高,规范童装行业的健康发展,国家质检总局组织对童装产品质量进行了监督检查。由于城市众多,品牌众多,导致总体容量太大,无法对总体中的样本进行一一分析,那么采用什么方法才能达到目的呢? 让我们用抽样的方法来试一试。此次抽样抽查了北京、天津、河北、上海、浙江、江苏、山东、福建、广东等 9 个省、市 74 种产品,合格 46 种,产品抽样合格率为 62.2%。(来源:国家质量监督检查检疫总局,2013 年 5月 29 日发布)

那么抽样方法怎么应用? 会给我们的实际工作带来多少便捷你知道吗? 让我们通过对本章内容的学习来了解一下吧。

【职业能力目标】

通过本学习情境的学习,学习者在认识抽样推断的基础上,能理解抽样误差产生的原因,并能掌握简单随机抽样组织形式的区间估计方法。

【典型学习任务】

学习、掌握抽样调查的运用、抽样误差的计算、总体指标的推断。

学习子情境　·　抽样调查的概述

一、认识抽样调查

(一)抽样调查的概念与特点

抽样调查又称抽样推断或抽样估计,它是从总体中按随机原则抽取一部分样本进行观测,并根据这部分样本的资料推断总体数量特征的一种方法。抽样调查具有下列四大特点:

(1)它是由部分推算整体的一种方法。

(2)它是建立在随机抽样的基础上的。

(3)它是运用概率估计的方法。

(4)它的误差可以事先计算并加以控制。

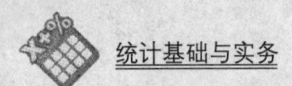

　　抽样调查的中心问题是如何根据已知的部分资料来推断未知的总体情况。例如，根据对 1‰ 的电池的使用时间进行检验的结果，对全部电池的使用时间作出推断；根据少数农民家庭生活情况的调查资料，推算全国农民生活的实际水平等。

(二) 抽样调查的作用

　　抽样调查的特点决定了它在实际工作中具有广泛的适用性。如公众对某个领导人、某重大事件的态度和看法等，都可以通过抽样调查迅速得到了解和掌握。一般来说，抽样调查主要有如下作用：

　　(1) 有些客观现象不能作全面调查，而又需要了解总体的情况，这就只能抽取一部分进行调查。例如破坏性的产品检验，导线的拉力强度，灯泡、显像管的寿命等。

　　(2) 用于不可能进行全面调查而又需要了解全面情况的现象。一些大规模的调查如市场需求情况，家庭收支状况，不同地区民众受教育程度及人口分布情况等，虽然在理论上可以进行全面调查，但实际上很困难，甚至几乎是不可能的。

　　(3) 用于不必要进行全面调查的现象。抽样调查可以节约调查的人力和费用。统计工作搜集资料也像其他工作一样有一个经济效益问题，即在满足需要的前提下，如何能节省人力物力。

　　(4) 速度快。当有些资料具有很强的时间性时，以有限的人力和物力采用全面调查会使时间拖延，只能获得陈旧的信息；而抽样调查能及时获取信息。

二、抽样调查中的几个基本术语

(一) 总体与样本

1. 全及总体 (总体、母体)

　　全及总体指调查研究现象的整体，简称总体，一般用符号 N 表示。总体既是我们所要研究的对象，又是样本所赖以抽取的母体。如从 10 000 袋奶粉中抽取 100 袋进行质量检测，来考察产品合格率，则总体 $N = 10\ 000$ (件)。

2. 样本总体 (样本、子样)

　　样本总体是指在总体中按随机原则抽取的那一部分单位所构成的集合体，简称样本，一般用符号 n 表示。如，从全市 100 万名市民中抽取 10 000 人进行健康状况调查，这 10 000 人即构成一个样本总体。样本单位数总是大于 1 而小于总体单位数 N 的，即 $1 < n < N$。样本单位数 n 相对于总体的单位数 N 要小得多。统计把 n / N 称为抽样比例。样本单位数达到或超过 30 个 ($n \geqslant 30$) 称为大样本，而在 30 个以下 ($n < 30$) 称为小样本。

(二) 全及指标和样本指标

1. 全及指标

　　全及指标是指根据总体各单位的标志值计算出来的，反映总体某种属性或特征的综合指标，亦称为总体参数。由于总体是唯一确定的，因此，根据总体计算的总体指标也是唯一确定的。

　　常用的总体指标有如下几方面。

1) 总体平均数。

$\overline{X}$代表总体单位数量标志一般水平的指标,它表明变量变动的集中趋势,通常用$\overline{X}$表示。

$$\overline{X} = \frac{X_1 + X_2 + \cdots + X_n}{N} = \frac{\sum\limits_{i=1}^{n} X_i}{N}$$

式中　X_1,X_2,$\cdots$,X_n——总体中每一个调查单位的取值;

　　　N——总体单位数;

　　　$\sum$——总和符号。

2) 总体成数。

当总体的一个现象有两种属性时,其中具有某一种属性的单位数占总体单位数目的比重,叫总体成数,用p或Q表示。其计算公式为:

$$p = \frac{N_1}{N} , Q = \frac{N_0}{N}$$

式中　N——总体单位数;

　　　N_1——具有某一种表现的总体单位数;

　　　N_0——具有另一种表现的总体单位数;

　　　p、Q——成数。

3) 总体标准差和总体方差。

表示单位之间标志值的变异程度指标,叫做总体标准差,又称总体均方差(标准差)。总体标准差的平方称为总体方差。其计算公式为:

$$\sigma = \sqrt{\frac{\sum (X - \overline{X})^2}{N}}$$

$$\sigma^2 = \frac{\sum (X - \overline{X})^2}{N}$$

因为:　　　　　　　　　　$N_1 + N_0 = N$

所以:　　　　　　$P + Q = \frac{N_1 + N_0}{N} = 1$

则:　　　　　　　　　　$Q = 1 - P$

如:某公司生产的 10 000 件产品中,有 500 件为不合格品。则产品不合格率为:

$$p = \frac{N_1}{N} = 500 \div 10\ 000 = 5\%$$

$$产品合格率 Q = 1 - P = 1 - 5\% = 95\%$$

2. 样本指标

抽样指标是指根据抽样总体各单位标志值计算的综合指标,又称样本指标。常用的抽样指标有:抽样平均数($\overline{x}$)、抽样成数(p或q)、抽样总体标准差(s)和抽样总体方差(s^2)。

1) 样本平均数。

代表样本单位数量标志一般水平的指标称抽样平均数或样本平均数。其计算公式为:

$$\overline{x} = \frac{x_1 + x_2 + \cdots + x_n}{n} = \frac{\sum\limits_{i=1}^{n} x_i}{n}$$

2）样本成数。

在抽样总体中，一个现象有两种表现时，其中具有某一种表现的单位数占抽样总体单位数的比重，叫做抽样成数，亦称样本成数，用 p 或 q 表示。其计算公式为：

$$p = \frac{n_1}{n}, \quad q = \frac{n_0}{n}$$

同总体成数：

因为：
$$n_1 + n_0 = n$$

所以：
$$p + q = \frac{n_1 + n_2}{n} = 1 ］$$

则：
$$q = 1 - p。$$

如：从某公司生产的产品中，抽样检查了 100 件产品，其中有 5 件不合格，则样本产品不合格率：

$$p = \frac{n_1}{n} = \frac{5}{100} = 5\%$$

$$q = 1 - p = 1 - 5\% = 95\%$$

3）样本总体标准差和样本总体方差。

说明抽样总体之间标志值变异程度的指标，叫做抽样总体标准差。抽样总体标准差的平方称为抽样总体方差（简称样本方差）。其计算公式为：

$$s = \sqrt{\frac{\sum (x - \bar{x})^2}{N}}$$

$$s^2 = \frac{\sum (x - \bar{x})^2}{N}$$

一个总体可以抽取许多个样本，而样本不同，抽样指标的数值也各不相同。可见，抽样指标的数值不是唯一确定的。因为抽样指标是样本变量的函数，是随机可变的变量。也就是说，由样本观测值所决定的统计量是随机变量。

（三）重复抽样和不重复抽样

1. 重复抽样（重置抽样）

重复抽样也称作有放回抽样，即在抽取下一个样本时，把上一个抽中的样本放回去，因此一个样本有被重复抽中的可能。采用这种方法抽取样本的特点是：同一单位有多次重复被抽中的机会，并且总体单位数目始终不变，每个单位抽中或抽不中的机会在各次都是相同的。

1）考虑顺序的重复抽样。

例如：从 50 个样本当中选取 5 个样本，则样本数目为：

$$B_N^n = N^n = 50^5 = 312\ 500\ 000（种）$$

2）不考虑顺序的重复抽样。

$$D_N^n = C_{N+n-1}^n$$

2. 不重复抽样（不重置抽样）

不重复抽样也称为无放回抽样，即抽中的样本不再放回去，因此一个样本只有一次抽中

的机会。在社会经济的抽样调查中一般是不重复抽样。采用这种方法抽取样本单位的特点是：同一单位只有一次被抽中的机会，并且总体单位数目随着样本单位数目抽取的次数的增多而越变越少。每个单位抽中或抽不中的机会在各次是不同的。

1）考虑顺序的重复抽样。

$$A_N^n = N(N-1) \cdots (N-n+1) = \frac{N!}{(N-n)!}$$

例如：从50个样本当中选取5个样本，则样本数目为：

$$A_{50}^5 = 50 \times 49 \times 48 \times 47 \times 46 = 254\ 251\ 200（种）$$

2）不考虑顺序的重复抽样。

$$C_N^n = \frac{N!}{(N-n)!}$$

例如：从50个样本当中选取5个样本，则样本数目为：

$$C_{50}^5 = \frac{A_{50}^5}{5!} = \frac{254251200}{5 \times 4 \times 3 \times 2 \times 1} = 2118760（种）$$

三、抽样调查的组织形式

根据随机抽样的原则，结合具体研究对象的性质以及调查工作的目的和条件，在统计工作实践中主要采用四种抽样调查组织方式，即简单随机抽样、分层抽样、等距抽样和整群抽样。

（一）简单随机抽样

简单随机抽样又称纯随机抽样，是一种最基本的抽样方式。设总体的大小为 N，从中随机抽取容量为 n 的样本，每一个样本都有同样的机会被抽中，这种抽样的方法称为简单随机抽样，所抽到的样本为简单随机样本。

简单随机样本的抽取可以有多种方法，抽签、摸球、抓阄就是最原始的方法。具体做法是每一个被抽选的总体单位都用一个签、球或阄来代表，然后把它们搅均匀，从中随机摸取，直到抽够所需的 n 个样本单位数目为止，抽中者即为样本单位。简单随机抽样又可以分为重复抽样和不重复抽样两种。

【学中做8-1】从 A、B、C、D 4 人中随机抽取 2 人，则 $N=4$，$n=2$。如果按重复抽样的方法抽选样本，可能的配合样本见表8-1。

表 8-1　　　　　　　　　　　配 合 样 本 表

所有可能的 $n=2$ 的样本（共16个）				
第一个观察值	第二个观察值			
	1	2	3	4
1	AA	BB	CC	DD
2	AB	BA	CA	DA
3	AC	BC	CB	DB
4	AD	BD	CD	DC

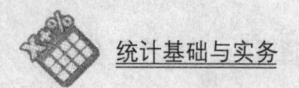

即考虑顺序的重复抽样有 16 种($N^2 = 4^2 = 16$)配合情况的可能样本;不考虑顺序的重复抽样可能组成的样本个数有 10 个($D_4^2 = C_{4+2-1}^2 = 10$)。

【学中做 8-2】如果按不重复抽样的方法抽选样本,可能的配合样本如表 8-2。

表 8-2 　　　　　　　　　　　　　配 合 样 本 表

所有可能的 $n = 2$ 的样本(共 12 个)

第一个观察值	第二个观察值			
	1	2	3	4
1	AB	BA	CA	DA
2	AC	BC	CB	DB
3	AD	BD	CD	DC

即考虑顺序的不重复抽样有 12 种($A_4^2 = 12$),不考虑顺序的不重复抽样有 6 种($C_4^2 = 6$)配合样本。

简单随机抽样最常用的是用随机数字表抽取样本,这种表是由计算机或其他随机方法制成的,即 $0,1,\cdots,9$ 这 10 个数字出现的机会是等概率的,但排列的顺序是随机的。使用时首先将总体单位编上号码($1 \sim N$),然后根据总体单位的数目决定从表上抽取数字的位数,假定 $N = 638$,是三位数,就需要在表上相应地取三位数,取数的方法可以用随机的起点,按预先规定取数的方向抽取三位数,凡抽到的数字在 638 以下,相应的单位就为抽中单位;若抽中的单位大于 638,则予以舍去;继续按规则抽取,在不重复抽样时遇到重复的号码也同样舍去,直到抽够 n 个样本单位为止。

采用简单随机抽样方式抽取样本,先要将总体各个单位进行编码,然后按随机原则抽取若干数码,所有中选数码所对应的单位即构成样本。具体做法是:

⑴抽签法。当给总体各单位编号后,把号码写在结构均匀的签上,将签混合均匀后即可以从中抽取。采用这种方法简便易行,然而对较大的总体来说,编号抽签工作量很大,且混匀有困难,因此,这种方法的应用有一定局限性,适合用于总体单位数较少的总体。

⑵随机数表法。随机数字可以借助于计算机获得,也可应用随机数表,其中随机数表方法应用较为普遍。表中数字是按照完全随机的方法产生的,$0 \sim 9$ 中任何一个(一组)数字出现的概率与其他(组)数字出现的概率完全相同。随机数表的使用要遵守随机原则。首先,给总体编号,按编号的最大位数确定将要使用随机数表的列数,然后从表中任意一列、任意一行开始,由纵向或横向划线取数,遇到属于总体单位编号范围内的数组就确定为样本单位,然后继续往下找。如果要求不重复抽样,遇到重复出现的数字(组)就弃之,直到取足要求的单位数为止。因此,适合用于大规模的社会经济调查。

【学中做 8-3】我们假定 BBS 公司有 2 000 名技术人员,且已经被依次标号(即 1,2,3,$\cdots$,1999,2000),我们要从中随机抽取 30 名技术人员,首先查看随机数表(见表 8-3),如表中第一行的每个数字 1,7,7,$\cdots$ 都是随机数,以相同的机会发生。由 BBS 技术人员总体的最大标号为 2000,是四位数,我们从表中每四位一组选择随机数,根据表 8-1 第一行,四位随机数有:1772,6286,5256,8367,8351,4732,7185,1892,2225,5201,我们把数字不超过 2 000 的随机数选入随机样本中。这一过程一直继续下去,直到取得所希望的由 30 名技术人员组成的简单随机样本。

表 8-3　　　　　　　　　　随机数表(部分列示)

17726	28652	56836	78351	47327	18518	92222	55201
36520	64465	05550	30157	82242	29520	69753	72602
81628	36100	39254	56835	37636	02421	98063	89641
84649	48968	75215	75498	49539	74240	03466	49292
70502	53225	03655	05915	37140	57051	48393	91322
06426	24771	59935	49801	11082	66762	94477	02494
10711	55069	29430	70165	45406	78484	31639	52009
41990	70538	77191	25860	55204	73417	83920	69468
72452	36618	76298	26678	89334	33938	95567	29380
37042	40318	57099	10528	09925	89773	41335	96244
53766	52875	15987	46962	67342	77592	57651	95508
90585	58955	53122	16025	84299	53310	67380	84249
32001	96293	37203	64516	51530	37069	40216	61374
62606	64324	46354	72557	67248	20135	49804	09226

使用随机数表可以从任何一个位置开始挑选随机数。一旦选择了一个任意的起点,则采用按行或按列或按斜角,选择一个一个的随机数。

现在假定已选取了一个由 30 人组成的简单随机样本,他们相应的年收入及学历的数据见表 8-4。在本科及以上学历这一栏,已经完成学业的人用"是"表示。

表 8-4　　　　　　　　由 30 人组成的简单随机样本

年收入(千元)	本科及以上学历	年收入(千元)	本科及以上学历
490	是	514	是
533	是	509	是
496	是	551	是
498	是	459	是
476	是	572	否
559	否	556	是
490	是	515	否
517	是	561	否
520	否	501	否
449	是	529	否
524	是	502	否
530	是	527	否
450	是	509	是
515	是	559	是
545	是	572	否

简单随机抽样是其他抽样方法的基础,它在理论上最容易处理,但也有缺点:首先是如果总体规模相当大,简单随机抽样实施起来就很难;其次是用简单随机抽样得到的样本单位较为分散,调查不容易实施,因此在实际中直接采用简单随机抽样的并不多。

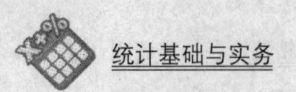

（二）分层抽样

分层抽样是把全及总体按主要标志划分为若干个层或组,然后在各组中再按随机原则抽取样本的组织形式。

1. 分层抽样的方法

分层抽样的样本单位数在各类型之间的分配有三种方法:

（1）等比例抽样:按同样的抽样比 n/N ,确定各组中应抽的样本单位数,如各组单位数为 N ,则从中抽取的样本单位为 N_1 (其 n/N 相等),各组样本单位数确定后,按随机原则从各组中抽取各类单位组成样本。

【学中做 8-4】 我们想了解某高校本科生、硕士生与博士生对职业的选择趋向,全校共有学生 1 000 人,三者所占比例为 6:3:1,如果我们按比例抽取一个 60 人的样本,则本科生抽取 36 人,硕士生抽取 18 人,博士生抽取 6 人。

（2）不等比例抽样:多指某类单位在总体中占的比重不同,对其按比例抽不到或只能抽到很少数量,为了保证样本中各类单位的代表性而采取不等比例抽样的方法。

【学中做 8-5】 承[学中做 8-4],如果我们仍按 6:3:1 的比例抽取一个 60 人的样本,博士生只能抽取 6 人,数量太少,这时我们就可以使用不等比例抽样。改为每组均抽 20 人后,就使博士生的被抽机会 3 倍于硕士生,6 倍于本科生,这是一个非等概率抽样。

（3）等数分配类型抽样法。它是在各类型组中分配同等的样本单位数的方法。这种方法只在各类型的总体单位数相等或差异不大时才使用,运用这种分配方法可使综合计算比较简单。

2. 分层抽样样本均值的计算

（1）各层的样本均值的计算公式为:

$$\bar{x_i} = \frac{\sum_{j=1}^{n_i} \bar{x_y}}{n_i}$$

（2）样本均值的计算公式为:

$$\bar{x} = \frac{\sum_{i=1}^{n_i} N_i \bar{x_i}}{N} = \frac{\sum_{i=1}^{n_i} n_i \bar{x_i}}{n}$$

【学中做 8-6】 某农场全部粮食耕地 5 000 亩,按平原和山区面积比例抽取样本容量 630 亩,计算各组平均亩产 $\bar{x_i}$ 和均方差 σ_i 见表 8-5。求抽样平均亩产 $\bar{x}$ 和均方差 $\mu_{\bar{x}}$ 。

表 8-5　　　　　　　　　某农场粮食耕地及亩产量情况表

	全部面积(亩) N_i	抽样面积(亩) n_i	抽样平均亩产(千克) $\bar{x_i}$	亩产标准差(千克) s_i
平原	4 000	504	480	100
山区	1 000	126	375	200
合计	5 000	630	—	—

解:样本均值

$$\overline{x} = \frac{\sum_{i=1}^{2} n_i \overline{x}_i}{n} = \frac{504 \times 480 + 126 \times 375}{630} = 459 \text{（千克）}$$

由于没有总体方差资料，可用样本方差代替，即：

$$\overline{s^2} = \frac{\sum_{i=1}^{2} n_i \overline{x}_{ii}}{n} = \frac{504 \times 100^2 + 126 \times 200^2}{630} = 16\,000$$

分层抽样的主要优点有：

一是当一个总体其内部分层明显时，分层抽样能够提高样本的代表性，从而提高从样本推断总体的精确性。

二是分层抽样实施起来灵活方便，而且便于组织。由于抽样是在各层独立进行的，因此它允许根据不同层的情况采用不同的抽样方法。

分层抽样的主要局限是，调查者必须对总体情况有较多的了解，否则无法进行恰当的分层。

（三）等距抽样

等距抽样又称机械抽样或系统抽样。它是先将总体各单位按有关标志或无关标志进行排列，再按照固定的顺序和间隔来抽选样本单位的一种抽样组织形式。

例如，从拥有 6 000 个元素的总体中抽取 100 个元素作为一个样本，我们可以在 1～60 之间随机选取一个元素，然后把这个元素的观察值包括在样本中，然后每隔 60 个元素选取一个元素并记录其观察值，直到我们获得一个理想的样本容量。如在 1～60 之间选择 30，再下一个元素是 90,150,…以此类推。

等距抽样根据总体单位的排列情况不同大致可以分为两类：

（1）按无关标志排队，即排列的顺序和所研究的标志是无关的。例如，调查某工厂职工的平均年龄时，是按以姓氏笔画排列的职工名单来进行抽样的。显然，年龄和姓氏笔画之间没有必然的联系。又如，研究工人的平均收入水平时，按工号排队，因此这种排列的抽样也称为无序系统抽样。

（2）按有关标志排队，即作为排队顺序的标志与单位标志值的大小有密切关系。例如在进行农产量调查时，是将总体单位按当年估产或上年的平均自产的高低顺序排列的。这种按有关标志排列的等距抽样也称为有序的等距抽样。这种抽样的方法可以使标志值高低不同的单位，均有代表性的单位选入样本，因而抽样的误差比较小。

例如：研究工人的生活水平，按工人月工资额高低排队。

等距抽样是不重复抽样，通常可以保证被抽取的单位在总体中均匀分布，缩小各单位之间的差异程度，提高样本的代表性。

等距抽样的一个主要优点是易于实施，工作量少，另一个优点是样本在总体中的分布比较均匀，故而抽样误差小于或至多等于简单随机抽样。由于上述优点，等距抽样成为实际中广泛应用的一种抽样方法。但等距抽样也有其自身弱点，它是以总体单位的无规律排列为前提的，其存在的一个潜在问题是周期性，当总体呈现周期性变化时会出现这种现象，而且周期长度与我们采用等距抽样观察到的结果一样。

（四）整群抽样

整群抽样也称集团抽样、区域抽样或分群随机抽样，它是先将总体各单位划分成若干群，再以群为单位从中随机地抽取出若干群来，对被抽中群的所有单位进行调查的一种抽样组织形式。

例如：要调查某大学 12 个系学生的思想状况，假定该大学有 8 000 人，这时，可将系作为抽样单位即抽样的子群，抽取 3 个系，然后对这 3 个系的所有学生都进行抽样，这就是整群抽样。

整群抽样时群的划分要满足两个条件：一是群与群之间没有单位重叠；二是总体中每一个单位都必须属于某一个群，即要使总体单位无遗漏。一般来说，群的划分多是自然形成的，也有人为划分的。现假设将总体的全部单位数 N 划分为 R 群，每群包含 M 个单位，并从总体中抽选 r 个样本群。则第 i 群的样本均值为：

$$\bar{x}_i = \frac{1}{M} \sum_{j=1}^{M} x_y$$

则样本均值为：

$$\bar{x}_i = \frac{\sum_{i=1}^{r} \sum_{j=1}^{M} x_y}{rM}$$

整群抽样的主要优点是：便于组织，可以节省人力、物力和财力，最大缺点是：样本分布不均匀，样本的代表性差，它与其他抽样方法相比，在样本容量相同时，其抽样误差较大。

学习子情境二　抽样误差

一、认识抽样误差

抽样误差是指样本指标与被它估计的总体相应指标之间的离差。如抽样平均数与总体平均数的绝对离差，抽样成数与总体成数的绝对离差等。

必须指出，抽样误差是抽样所特有的误差。凡进行抽样就一定会产生抽样误差，这种误差虽然是不可避免的，但可以控制，所以又称为可控制误差。

二、影响抽样误差的主要因素

抽样误差的大小受以下几个因素的影响：

（1）目标总体的变异程度。目标总体的变异程度（σ）是影响抽样误差的最主要的因素之一，总体的变异程度越大，在确定样本下的抽样误差越大。

（2）样本容量。对于一个确定的总体，减小抽样误差的主要手段就是增加样本量。从公式中可以知道，抽样误差与样本量的平方根成正比，欲使抽样误差缩小一半，必须使样本量增加到原来的 4 倍。

（3）抽样方式。通常重复抽样误差要大于不重复抽样误差。这是因为，在重复抽样条件下同一单位有可能多次被抽中,这样样本的代表性相对减少,抽样误差相对扩大。

（4）抽样的组织形式。抽样的组织形式是纯随机抽样、分层抽样、整群抽样或者多阶段抽样等方式,各种方式都有对应的误差计算公式,不同情况下的抽样误差相差也比较大。在实践中,我们可以利用不同抽样组织方式下抽样误差的大小来判断不同方式的有效性。

三、抽样平均误差

（一）抽样平均误差的概念

抽样平均误差是指一个抽样方案的所有可能样本的某统计量与总体相应指标的离差的平均值。纯随机抽样平均误差的定义关系式为:

$$抽样平均误差 = \sqrt{\frac{\sum(各种样本统计量 - 期望值)^2}{所有可能的样本个数}}$$

上式表明了抽样平均误差的含义,并不能作为计算公式。因为:

（1）在现实的抽样中,我们只能取得一个样本,不可能也没必要获得全部所有可能样本,所以抽样平均误差也不可能通过所有样本来直接计算。

（2）从统计量的分布律中我们已经知道:统计量是以总体相应指标为期望值,抽样平均误差实质上就是该统计量在其概率分布中的标准差。

（二）抽样平均误差的计算

抽样平均误差与抽样方法有关,现分别介绍重复抽样和不重复抽样的抽样平均误差的计算公式。

1. 抽样平均数的平均误差

1）重复抽样的抽样平均误差。

在重复抽样的条件下总体方差已知,样本平均数服从正态分布,其抽样平均数的平均误差计算公式为:

$$\mu_{\bar{x}} = \sqrt{\frac{\sigma^2}{n}} = \frac{\sigma}{\sqrt{n}}$$

式中　$\mu_{\bar{x}}$——抽样平均数的平均误差;

$\sigma(\sigma^2)$——总体数量标志标准差(方差);

n——样本容量。

由上式可以看出,抽样平均数的平均误差就是抽样平均数的标准差。抽样平均误差和总体标准差是成正比的,与样本单位数的平方根成反比。因此,要想减少抽样平均误差以提高抽样指标的代表性,只能增大样本单位数 n,因为总体标准差是不能改变的。

【学中做 8-7】某灯泡厂从一天所生产的产品 10 000 个中抽取 100 个检查其寿命,得平均寿命为 2 000 小时(一般为重复抽样)。根据以往资料,$\sigma = 20$(小时):

$$\mu_{\bar{x}} = \sqrt{\frac{\sigma^2}{n}} = \frac{\sigma}{\sqrt{n}} = \sqrt{\frac{20^2}{100}} = \pm 2(小时)$$

2）在不重复抽样的条件下,抽样平均数的平均误差计算公式为:

$$\mu_x = \sqrt{\frac{\sigma^2}{n} \cdot \frac{(N-n)}{N-1}}$$

当总体单位数 N 很大时,公式中的 $N-1$ 可以用 N 代替。在实际计算时,不重复抽样的抽样平均数的平均误差可用下式计算:

$$\mu_x = \sqrt{\frac{\sigma^2}{n}\left(1 - \frac{n}{N}\right)}$$

【学中做 8-8】承接[学中做 8-7],若为不重复抽样,则:

$$\mu_x = \sqrt{\frac{\sigma^2}{n}\left(1 - \frac{n}{N}\right)} = \sqrt{\left(1 - \frac{100}{1\,000}\right) \times \frac{20^2}{100}} = \pm 1.99 \,(小时)$$

【学中做 8-9】某公司生产一批灯泡,共 1 000 只,从中随机抽取 100 只,测其寿命平均为 1 000 小时,样本标准差为 610 小时,计算其抽样误差。

按重复抽样计算:

$$\mu_x = \sqrt{\frac{\sigma^2}{n}} = \frac{60}{10} = 6 \,(小时)$$

按不重复抽样计算:

$$\mu_x = \sqrt{\frac{\sigma^2}{n}\left(1 - \frac{n}{N}\right)} = \sqrt{\frac{60^2}{100} \times \left(1 - \frac{100}{1\,000}\right)} = 5.69 \,(小时)$$

取得 σ 的途径有:①用过去全面调查或抽样调查的资料,若同时有 n 个 σ 的资料,应选用数值较大的那个;②用样本标准差 s 代替全及标准差 σ;③在大规模调查前,先搞个小规模的试验性的调查来确定 s,代替 σ;④用估计的方法。

2. 抽样成数的平均误差

统计成数(比重)是一种结构相对数,习惯上以 1 表示"是",以 0 表示"非"。p 为 1 的概率,$q = 1 - p$ 为 0 的概率。成数的方差是 $p(1-p)$,其特点为最大值是 $0.25(0.5 \times 0.5)$,即当两种表现的总体单位各占一半时,它的变异程度最大。

当 N 很大时,以 N 代替 $N-1$,则可简化为:

$$\mu_p = \sqrt{\frac{p(1-p)}{n}\left(1 - \frac{n}{N}\right)}$$

式中　μ_p——抽样成数的平均误差;

$\sqrt{p(1-p)}$——总体是非标志标准差(方差);

n——样本容量。

1)在重复抽样条件下,其计算公式为:

$$\mu_p = \sqrt{\frac{p(1-p)}{n}}$$

2)在不重复抽样条件下,其计算公式为:

$$\mu_p = \sqrt{\frac{p(1-p)}{n}\left(\frac{N-n}{N-1}\right)}$$

当总体单位数 N 很大时,公式中的 $N-1$ 可以用 N 代替。在实际计算时,不重复抽样的抽样平均数的平均误差可用下式计算:

$$\sqrt{\frac{p(1-p)}{n}\left(1 - \frac{n}{N}\right)}$$

【学中做 8 - 10】某玻璃器皿厂某日生产 15 000 只印花玻璃杯,现按重复抽样方式从中抽取 150 只进行质量检验,结果有 144 只合格,其余 6 只为不合格品,试求这批印花玻璃杯合格率(成数)的抽样平均误差。

因为 $N = 15\ 000, n = 150$

$$p = \frac{147}{150} = 96\%$$

按重复抽样的方式:

$$\mu_p = \sqrt{\frac{p(1-p)}{n}} = \sqrt{\frac{0.96 \times (1-0.96)}{150}} = 1.6\%$$

若按不重复抽样的方式:

$$\mu_p = \sqrt{\frac{p(1-p)}{n}\left(\frac{N-n}{N-1}\right)} = \sqrt{\left(1 - \frac{150}{15\ 000}\right) \times \frac{0.96 \times (1-0.96)}{150}} \approx 1.59\%$$

抽样平均误差公式中重复抽样和不重复抽样的区别:

不重复抽样和重复抽样相比,多了一个修正系数 $1 - \frac{n}{N}$,而该系数总是小于 1 而大于 0,因此,不重复抽样误差总是小于重复抽样误差。但当 N 很大时,$\frac{n}{N}$ 就很小,$1 - \frac{n}{N}$ 就接近于 1,两者的误差几乎没有差别。所以,实际进行抽样调查时,尽管采用不重复抽样方法,但仍可采用重复抽样公式计算抽样误差。

(三) 抽样极限误差

1. 抽样极限误差的概念

抽样极限误差($\Delta_{\bar{x}}$,Δ_p)是指抽样指标之间的抽样误差的可能范围。由于全及指标是客观存在的唯一确定的数值,而样本指标是随不同可能出现的样本而取值并围绕全及指标变动的一个随机变量,因而样本指标与指标可能产生正或负的离差。极限误差就是指变动的样本指标与确定的全及指标之间离差的可能范围。

2. 抽样误差范围估计的可靠程度

由于抽样误差是一个随机变量,因而全及指标包括在 $\bar{x} \pm \Delta_{\bar{x}}$ 或 $p \pm \Delta_p$ 这一范围内并非必然事件,而只是在一定的概率保证下,希望全及指标能包括在给定的误差范围内。也就是说,抽样极限误差($\Delta_{\bar{x}}$)与抽样的可靠程度($1 - \alpha$)之间具有一定的关系。

抽样极限误差($\Delta_{\bar{x}}$)与抽样的可靠程度($1 - \alpha$)之间的关系可以描述为:

$$p(|\bar{x} - X| \leqslant \Delta_{\bar{x}}) = 1 - \alpha$$

把极限误差 $\Delta_{\bar{x}}$ 或 Δ_p 分别除以 $\mu_{\bar{x}}$ 或 μ_p 得到相对数 t,表示误差范围为抽样平均误差的 t 倍。t 是测量估计可靠程度的一个参数,称抽样误差的概率度。其计算公式为:

$$t = \frac{\Delta_{\bar{x}}}{\mu_{\bar{x}}} \quad \text{或} \quad t = \frac{\Delta_p}{\mu_p}$$

t 的函数用 $F(t)$ 来表示,称为置信度。

【学中做 8 - 11】某农场进行小麦产量的抽样调查,该农场小麦播种面积为 10 000 亩,采用不重复的简单随机抽样从中选 100 亩作为样本,进行实割实测,得到样本的平均亩产量为 400 千克,样本标准差为 12 千克。则:

(1) $\mu_{\bar{x}} = \sqrt{\dfrac{\sigma^2}{n}\left(1 - \dfrac{n}{N}\right)} = \sqrt{\left(1 - \dfrac{100}{1\,000}\right) \times \dfrac{12^2}{100}} = 1.19$（千克）。

(2) 若以概率 95.45%（$t=2$）保证，该农场 10 000 亩小麦的平均亩产量的可能范围 $\mu = \bar{x} \pm \Delta = 400 \pm 2'$。

上限：402.38；下限：397.62

(3) 若以概率 99.73%（$t=3$）保证，该农场 10 000 亩小麦的平均亩产量的可能范围 $\mu = \bar{x} \pm \Delta = 400 \pm 3'$。

上限：403.57；下限：396.43。

学习子情境三　总体指标的推断

社会经济统计的认识对象是现象总体的数量方面，理应搜集现象总体的全面资料，再依据统计目的研究其总体的数量特征，以获得总体本质及其规律性的认识。但在实际工作中，由于受客观条件或环境的限制，往往不可能或没必要搜集总体的全面资料，只可能或只需要利用样本资料估计总体的数量特征或推算总体的总量指标，这就是抽样估计。

总体指标的推断有点估计和区间估计两种方法。

一、点估计

点估计也叫定值估计，它是以抽样得到的样本指标作为总体指标的估计值，同时给出极限误差和相应的可靠程度的一种估计方法。在实践中，对总体的特征值（如平均数、成数等）估计，主要借助于点估计，具体表示点估计是用样本数据计算出估计值，同时给出估计精度和相应的可靠程度。比如，直接用样本比例 p 作为总体比例 P 的估计值，用样本方差 s^2 作为总体方差 σ^2 的估计值等。假设我们估计一个网吧每天平均每人的上网时间，根据一个随机样本计算的平均上网时间 70 分钟，我们就认为所有来到这个网吧上网的人的人均每天上网时间是 70 分钟。又如，估计一条生产流水线的产品合格率，根据随机样本计算出样本的合格率为 98%，那么，我们就将 98% 作为整条流水线生产产品的合格率的一个估计值，认为整条生产流水线的合格率是 98%。

二、区间估计

区间估计是在一定概率保证下，根据样本指标和极限抽样误差去推断总体相应指标的可能范围的估计方法。由于点估计量与总体的未知参数并不完全相等，故它们之间必然存在着一定的误差，并且不能确知误差的大小、估计精度的高低以及估计的可信程度等信息。为此区间估计将考虑这些因素，即根据样本统计量及估计的可能误差，找出在一定保证程度下的估计区间，即置信区间。

从 2 000 名技术人员中随机抽出 30 名，抽样比率只有 12%。依据其样本结果 517.57 和 0.67 来估计总体参数，必然会与总体参数存在抽样误差（Δ）。则有：

$$\Delta = |\bar{x} - \mu| = |\mu - \bar{x}|$$

在概率为 $1 - \alpha$ 时，则有：

$$p(\mid \mu - \overline{x} \mid \leqslant \Delta) = P(\mid \overline{x} - \mu \mid \leqslant \Delta) = 1 - \alpha$$

总体均值 μ 落入样本均值 $\overline{x}$ 附近,误差为 Δ 的简化表达式为:

$$\mu = \overline{x} \pm \Delta$$

【学中做 8-12】承[学中做 8-3],已知从 BBS 公司 2 000 名技术人员中抽出 30 名样本时,得知样本的年收入平均值为 51 757 元。概率为 95% 的年收入抽样误差为 1 432,以此估计出全部技术人员的年收入平均值将落入以下范围:

$$\mu = \overline{x} \pm \Delta = 51\ 757 \pm 1\ 431$$

即 BBS 公司 2 000 名技术人员的平均年奖金将以 95% 的概率保证落入 50 326 元与 53 188 元之间。

需要强调的是,样本平均值是一个随机变量,如果第二个样本的平均值为 52 669 元和以概率为 0.95 的抽样误差为 1 431 元时,总体参数将落入 51 238 元与 54 100 元之间。

这两个样本中哪个最准确? 回答是:两者准确程度相同。它们估计出错的概率均为:

$$\alpha = 1 - 95\% = 5\%$$

它们估计的误差范围均为 1 431 元。

在样本容量为一定时,要提高抽样估计的概率保证程度就要扩大抽样的误差范围;要提高抽样的精确度,就要降低抽样的概率保证程度。因为抽样误差 Δ 属于极限误差,它等于抽样平均误差的 t 倍。用 σ_2 表示抽样平均误差,则有:

$$\Delta = t\sigma_2$$

统计学家们研究了抽样极限误差 Δ 与抽样平均误差 σ_2 的比值或倍数 t 与概率之间的关系,得出 t 等于 1,1.96,2,3 时,概率分别为 68.26%,95%,95.45%,99.73%。可见,提高概率保证程度就等于放大 t。在抽样平均误差 σ_2 不变的条件下,极限误差 Δ 会随着 t 的放大而增加。这就是抽样误差与概率保证一同增减的原因。如果要求提高概率保证程度的同时,又要求提高抽样的精确度,就必须扩大样本容量。因为抽样平均误差 σ_2 的变化是由样本容量决定的,两者的关系为:

$$\sigma_2 = \sigma / \sqrt{n}$$

式中　σ——总体标准差,它是个不变的常数;

　　　　n——样本容量。

当扩大样本容量 n 时,抽样平均误差 σ_x 会变小,从而极限误差 Δ 也随之变小,它们的关系可表达为:

$$\Delta = t\sigma_2 = t\sigma / \sqrt{n}$$

【学中做 8-13】承接[学中做 8-3],从 BBS 公司 2 000 名技术人员中抽出 30 名样本,则有 $N = 2\ 000$,$n = 30$;$\overline{x} = 51\ 757$;概率保证为 95% 时的年收入抽样极限误差为 1 431 元,则有 $t = 1.96$,$\Delta = 1\ 431$,可知抽样平均误差和总体标准差分别为:

$$\sigma_x = \Delta / t = 1\ 431 \div 1.96 = 730.1$$

$$\sigma = \sigma_x \times \sqrt{n} = 730.1 \times \sqrt{30} = 3\ 998.92$$

反之,$t = 3$,$\sigma = 3\ 998.92$,$\Delta = 1\ 000$,则有:

$$n = (t\sigma / \Delta)^2 = (3 \times 3\ 998.92 \div 1\ 000)^2 = 1\ 443.9,取\ 144\ 人$$

可见,抽取的样本容量要由 30 人扩大到 144 人,才能满足以上抽样要求。

学习子情境四　必要抽样数目的确定

在抽样调查中,把抽样数目大于 30 的样本称为大样本,而把抽样数目小于 30 的样本称为小样本。抽样一般采用大样本,但抽样数目的多少,不仅与抽样误差有关系,还与调查费用有直接关系。如果抽样数目过大,虽然抽样误差很小,但调查工作量增大,耗用的时间和经费太多,体现不出抽样调查的优越性;反之,如果抽样数目太小,抽样误差增大,抽样推断可能导致失误。所以,在抽样设计中科学确定必要的抽样数目非常重要。必要的抽样数目就是指使抽样误差不超过给定的允许范围至少应抽取的样本单位数目。

一、影响抽样数目的主要因素

(1) 总体方差(或总体标准差 σ):其他条件不变的情况下,总体单位的差异程度大,则应多抽;反之,可少抽一些。在抽样之前,如果不知道总体方差的实际值,也无样本资料来代替,就用以前同类调查的资料代替。如果有多个方差数值可供选择,应选其中最大的方差。

(2) 允许误差范围(Δ):允许误差增大,意味着推断的精度要求降低,在其他条件不变的情况下,必要的抽样数目可减少;反之,缩小允许误差,就增加必要的抽样数目。

(3) 置信度($1-\alpha$):因 P 与 Z 是同方向变化的,所以在其他条件不变的情况下,要提高推断的置信程度,就必须增加抽样数目。

(4) 抽样组织方式:由于不同抽样组织方式有不同的抽样误差,所以,在误差要求相同的情况下,不同抽样组织方式所必需的抽样数目也不同。一般说来,其他条件不变时,分层抽样、等距抽样和整群抽样都比简单抽样的精确度高,在相同精确度条件下所需要的样本必要数目少。

二、确定抽样数目的方法

在进行抽样调查之前应先确定总体范围,并对总体的每个单位进行编号,形成明确的抽样框。所谓抽样框就是指可用选择作为样本的许多单位或个体所组成的总体,然后用抽签的方式或根据随机数表来抽选必要的单位数。

(一) 重复抽样的必要样本容量

(1) 平均数的必要抽样数目公式:

$$样本容量:n = \left(\frac{Z\sigma}{\Delta}\right)^2$$

(2) 成数的必要抽样数目公式:

$$n = \frac{Z^2 P(1-P)}{\Delta^2}$$

(二) 不重复抽样的必要样本容量

$$样本容量:n = \frac{Z^2 \sigma^2}{\Delta^2 + \dfrac{Z^2 \sigma^2}{N}}$$

【**学中做 8-14**】浩龙食品公司要检验本月生产的 10 000 袋调料产品的重量,根据上月资料,这种产品每袋重量的标准差为 25 克。要求在 95.45% 的概率保证程度下,平均每袋重量的误差范围不超过 5 克,应抽查多少袋产品?

即已知 $N = 10\,000$,$\sigma = 25$,由 $1 - \alpha = 95.45\%$ 查得 $Z = 2$,$\Delta \leqslant 5$,求 n 的值。

采用不重复抽样法下:

$$n = \frac{Z^2 \sigma^2}{\Delta^2 + \dfrac{Z^2 \sigma^2}{N}} = 2^2 \times 25^2 \div (5^2 + 25^2 \div 10\,000) = 99.75$$

取 100 袋。

采用重复抽样法下:

$$n = \left(\frac{Z\sigma}{\Delta}\right)^2 = 2^2 \times 25^2 \div 5^2 = 100(袋)$$

为什么这两个公式计算的结果非常接近呢? 因为总体单位总数很多的缘故。当 N 很大时,使 $Z^2 \sigma^2 / N$ 趋近于 0,两个公式趋于相等。因此,在实际抽样工作中,往往用重复抽样公式来计算应抽取的样本容量数目,既经济又有保证程度。

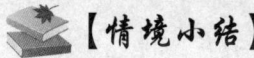 **【情境小结】**

1. 抽样调查又称抽样推断或抽样估计,它是从总体中按随机原则抽取一部分样本进行观测,并根据这部分样本的资料推断总体数量特征的一种方法。抽样调查具有下列四大特点:

(1) 它是由部分推算整体的一种方法。

(2) 它是建立在随机抽样的基础上的。

(3) 它是运用概率估计的方法。

(4) 它的误差可以事先计算并加以控制。

2. 抽样调查包括:简单随机抽样、分层抽样、等距抽样、整群抽样。各种抽样方式有各自的优缺点,我们可以根据所选样本的特点,选择合适的抽样方法。

3. 抽样误差是指样本指标与被它估计的总体相应指标之间的离差。影响抽样误差的主要因素有:①目标总体的变异程度;②样本容量;③抽样方式;④抽样的组织形式。

4. 总体指标的推断有点估计和区间估计两种方法。

点估计也叫定值估计,它是以抽样得到的样本指标作为总体指标的估计值,同时给出极限误差和相应的可靠程度的一种估计方法。在实践中,对总体的特征值(如平均数、成数等)估计,主要借助于点估计。

区间估计是在一定概率保证下,根据样本指标和极限抽样误差去推断总体相应指标的可能范围的估计方法。区间估计是样本数值依据一定概率给出总体参数的一个可能位于的区间。

【做中学】

一、单项选择题

1. 下列方法中,只在各类型的总体单位数相等或差异不大时才使用的是( )。

　　A. 等数分配类型抽样　　　　　　　B. 整群抽样

  C. 不等比例抽样   D. 等比例抽样

2. 某地区有 1 000 户居民,欲抽取 5％进行调查,了解居民户对消费者权益的认知状况。先将居民户按顺序排队并分成 50 个组,每组 20 户,第一组随机抽出编号为 6 号居民户,其他各组抽中的居民户编号依次为 26 号、46 号、…,986 号,这种抽样方式是(　　)。

  A. 简单随机抽样   B. 类型抽样

  C. 等距抽样   D. 整群抽样

3. 抽样平均误差公式不重置抽样和重置抽样相比,多了一个修正系数(　　)。

  A. $1-\dfrac{n}{N}$ B. $\dfrac{1}{N-2}$ C. $\dfrac{1}{N-1}$ D. $\dfrac{n}{N}$

4. 抽样平均误差,确切地说是所有样本指标(样本平均数和样本成数)的(　　)。

  A. 平均差   B. 全距   C. 标准差   D. 离差系数

5. 抽样调查的目的是为了(　　)。

  A. 掌握总体单位的情况   B. 抽样估计

  C. 计算样本平均指标   D. 计算成数

6. 抽样平均误差的实质是(　　)。

  A. 总体标准差   B. 抽样总体的标准差

  C. 抽样误差的标准差   D. 样本平均数的标准差

7. 从含有 N 个元素的总体中抽取 n 个元素作为样本,使得总体中的每一个元素都有相同的机会(概率)被抽中,这样的抽样方式称为(　　)。

  A. 简单随机抽样   B. 分层抽样   C. 系统抽样   D. 整群抽样

8. 为了了解某地区职工的劳动强度和收入状况,并对该地区各行业职工的劳动强度和收入情况进行对比分析,有关部门需要进行一次抽样调查,应该采用(　　)。

  A. 分层抽样   B. 简单随机抽样   C. 等距抽样   D. 整群抽样

9. 一般来说,使样本单位在总体中分布最不均匀的抽样组织方式是(　　)。

  A. 简单随机抽样   B. 分层抽样   C. 等距抽样   D. 整群抽样

10. 某品牌袋装糖果重量的标准是 500±5 克。为了检验该产品的重量是否符合标准,现从某日生产的这种糖果中随机抽查 10 袋,测得平均每袋重量为 498 克。下列说法中,错误的是(　　)。

  A. 样本容量为 10   B. 抽样误差为 2

  C. 样本平均每袋重量是估计量   D. 498 是估计值

11. 从总体中选取样本进行调查时,必须遵循的基本原则是(　　)。

  A. 可靠性   B. 随机性   C. 代表性   D. 及时性

12. 在重复的简单随机抽样中,当概率保证程度(置信度)从 68.27％提高到 95.45％时(其他条件不变),必要的样本容量将会(　　)。

  A. 增加 1 倍   B. 增加 2 倍   C. 增加 3 倍   D. 减少一半

13. 在其他条件不变的情况下,抽样单位数增加一半,则抽样平均误差(　　)。

  A. 缩小为原来的 81.6％   B. 缩小为原来的 50％

  C. 缩小为原来的 25％   D. 扩大为原来的 4 倍

14. 抽样推断的主要目的是(　　)。

A. 广泛运用数学方法　　　　　　　　B. 计算和控制抽样误差

C. 修正普查的资料　　　　　　　　　D. 用样本指标来推断总体指标

15. 成数是(　　　)。

　　A. 比例相对数　　　B. 比较相对数　　　C. 结构相对数　　　D. 强度相对数

二、多项选择题

1. 影响抽样平均误差的因素有(　　　)。

　　A. 总体标志变异程度　　　　　　　B. 样本容量

　　C. 抽样方式　　　　　　　　　　　D. 抽样的组织形式

　　E. 样本指标值的大小

2. 提高抽样推断的可靠程度可采用的方法有(　　　　)。

　　A. 扩大估计值的误差范围　　　　　B. 缩小估计值的误差范围

　　C. 增大概率度　　　　　　　　　　D. 缩小概率度

3. 抽样推断中,常用的总体参数有(　　　)。

　　A. 统计量　　　B. 总体均值　　　C. 总体成数　　　D. 总体方差

4. 对于总体样本及其指标的认识(　　　)。

　　A. 总体是唯一确定的,样本是随机的　　B. 总体指标是确定不变的

　　C. 抽样指标是样本变量的函数　　　　　D. 抽样指标也是随机变量

5. 在抽样推断中,样本为(　　　)。

　　A. 抽样框　　　　B. 推断对象的总体　　C. 子样　　　　　D. 样本个数

　　E. 代表总体的那部分单位的集合体

6. 在抽样调查中(　　　)。

　　A. 全及总体是唯一确定的　　　　　B. 全及指标是唯一确定的

　　C. 抽样总体是不确定的　　　　　　D. 抽样指标是随机变量

7. 抽样估计的抽样平均误差(　　　)。

　　A. 是不可避免要产生的　　　　　　B. 是可以通过改进调查方法消除的

　　C. 是可以事先计算的　　　　　　　D. 只有调查结束之后才能计算

8. 在全及总体中抽取样本单位的方法有(　　　)。

　　A. 简单随机抽样　　　B. 重复抽样　　　C. 不重复抽样　　　D. 整群抽样

9. 在抽样推断中,样本单位数的多少取决于(　　　)。

　　A. 总体标准差的大小　　　　　　　B. 允许误差的大小

　　C. 抽样估计的把握程度　　　　　　D. 抽样方法和组织形式

10. 影响抽样误差大小的因素有(　　　)。

　　A. 总体各单位标志值的差异程度　　B. 调查人员的素质

　　C. 样本各单位标志值的差异程度　　D. 抽样组织方式

　　E. 样本容量

三、判断题

1. 样本各单位标志值的差异程度影响抽样平均误差大小。　　　　　　　　(　　　)

2. 抽样调查可以设计得不存在抽样误差。　　　　　　　　　　　　　　　(　　　)

3. 在误差要求相同的情况下,不同抽样组织方式所必需的抽样数目也不同。　(　　　)

4. 重复抽样与不重复抽样除了每一个总体单位的中选概率有差别之外,可能组成的样本数目也是不同的。 （　）

5. 随机数表法适合用于总体单位数较少的总体。 （　）

四、业务题

1. 润华厂对一批产品进行质量检验,这批产品总数为 5 000 瓶,过去几次同类调查所得的产品合格率为 93%,95% 和 96%,为了使合格率的允许误差不超过 3%,在 99.73% 的概率下采用重复抽样法应抽查多少瓶产品?

2. 某市居民人均月消费支出的标准差为 2 000 元。假定估计人均月消费支出 9% 的置信区间,希望允许误差为 100 元,应抽取多大的样本容量?

3. 一批商品(10 000 件)运抵仓库,随机抽取 100 件检验其质量,发现有 10 件不合格。试按重复与不重复抽样分别计算合格率抽样平均误差。

4. 对某型号电子元件 10 000 只进行耐用性能调查。根据以往抽样测定,求得耐用时数的标准为 600 小时。试在重复抽样条件下:

   (1) 概率保证程度为 68.27%,元件平均耐用时数的误差范围不超过 150 小时,要抽取多少元件做检查?

   (2) 根据以往抽样检查知道,元件合格率为 95%,合格率的标准差为 21.8%,要求在 99.73% 的概率保证下,允许误差不超过 4%,试确定重复抽样所需抽取的元件数目是多少?

5. 从全校近万名学生中,随机抽取 100 名学生的平均身高为 160 公分,根据计算,学生身高的标准差为 3 公分。已知可信度要达到 95.45%,试对全体学生的平均身高进行估计。

6. 某公司设计一种新式产品,为了预测销路,随机抽取了 900 人进行了调查,结果有 720 人表示可以购买。如果要求极限误差不超过 3.5%。

   要求:

   (1) 试估计该产品可以销售的比率。

   (2) 根据样本资料,计算样本成数及平均误差。

   (3) 根据给定的极限误差 3.5%,计算上限和下限。

   (4) 计算可靠程度。

   (5) 计算点估计和区间估计。

学习情境九　相关与回归分析

【情境引例】

有 15 家工厂,序号分别为 $1,2,\cdots,15$,各厂的投入成本记为 x,所有产出记为 y。各厂家的投入和产出关系如表 9-1 所示,同学们根据这些数据,可以认为投入和产出之间存在相关性吗?

表 9-1

厂家	1	2	3	4	5	6	7	8	9	10	11	12	14	15
投入	20	40	20	30	10	10	20	20	20	30	20	35	10	30
产出	30	60	40	60	30	40	40	50	30	50	35	55	25	70

为什么我们要研究投入与产出的关系?如果有关系,两者又是什么关系?这种研究有什么意义?这样的关系我们可以通过什么来表述?你们知道吗?

研究人员可以通过上述数据探索投入与产生之间是否存在某种关系,若存在,那么这种关系如何帮助我们在未来生产中为提高产量作出决策?这两者之间的关系我们可以通过建立相应模型,用回归分析来描述。

那么,什么是回归分析?怎样建立回归模型呢?让我们通过本章内容的学习来了解一下。

【职业能力目标】

通过本学习情境的学习,学习者在认识相关分析的基础上,能够利用相关系数对相关关系进行测定;明确相关分析与回归分析各自的特点,掌握回归分析的基本理论和方法。

【典型学习任务】

利用相关系数进行相关关系测定;能利用基本理论和方法进行回归分析。

学习子情境一　认识相关分析

一、变量之间的关系

在客观世界中,任何事物或现象都不是孤立存在的,而是普遍联系、相互制约的。表现在数量关系上,就是一种现象发生数量上的变化,就会影响到与它有关的现象,也会发生某种程度的数量上的变化。如:家庭收入与支出之间;温度、湿度变化对农作物的影响等,都存在一定的数量上的依存关系。

客观现象之间的数量依存关系,可以分为两种不同的类型:函数关系与相关关系。

1. 函数关系(确定性关系)

函数关系是指现象间在数量上存在着确定的、严格对应的依存关系。这种关系的特点是对于某一变量的每一个数值,都有另一个变量的确定的值与之相对应,并且这种关系可以用精确的数学函数式表示出来。

设有两个变量 x 和 y,变量 y 随变量 x 一起变化,并完全依赖于 x,当变量 x 取某个数值时,y 依确定的关系取相应的值,则称 y 是 x 的函数,记为 $y = f(x)$,其中 x 称为自变量,y 称为因变量。若两个现象 x、y 有严格的直线依存关系,则其函数关系见图 9-1。

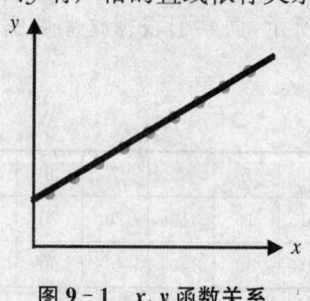

图 9-1　x、y 函数关系

如圆的面积(S)与半径之间的关系可表示为:

$$S = \pi R^2$$

2. 相关关系(非确定性关系)

相关关系是指现象之间客观存在的,在数量关系上数值不确定的相互依存关系。如收入(y)与教育程度(x)之间的关系;产量(y)与施肥量(x_1)、降雨量(x_2)、温度(x_3)之间的关系等。它们之间显然存在明显的相关关系。若现象间的这种不严格的依存关系近似于一种直线关系,则其相关关系见图 9-2。

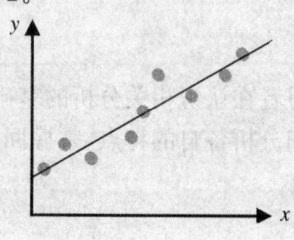

图 9-2　x、y 的相关关系

3. 函数关系与相关关系

(1)区别:函数关系反映完全确定性的数量关系,而相关关系表明的不是完全确定性的数量关系。

(2)联系:在研究相关关系时,常常用函数关系的形式来表现,以便找到相关关系的一般数量表现形式。

二、相关关系的种类

相关关系主要有以下几种分类。

1. 按相关程度划分：完全相关、不完全相关和不相关

当一种现象的数量变化完全由另一种现象的数量变化所确定时，称这两种现象间的关系为完全相关；当两种现象彼此互不影响，其数量变化各自独立时，称为不相关现象。两种现象之间的关系介于完全相关和不相关之间称为不完全相关。一般的相关现象都是指这种不完全相关。

2. 按相关反向划分：正相关与负相关（见图 9-3）

当一种现象的数量由小变大，另一种现象的数量也相应由小变大，这种相关称为正相关，例如收入与消费的关系。当一种现象的数量由小变大，另一种现象的数量也相应由大变小，这种相关称为负相关。例如物价与消费的关系。

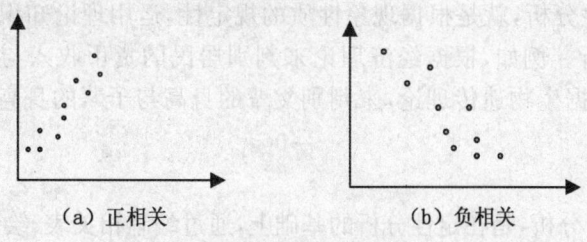

（a）正相关　　　　　　　　（b）负相关

图 9-3　相关示意图

3. 按相关形式划分：线性相关与非线性相关（见图 9-4）

当两种现象之间的关系大致呈现线性关系时，称为线性相关；如果两种相关现象之间并不表现为直线的关系，而是近似于某种曲线方程的关系，则这种相关关系称为非线性相关。

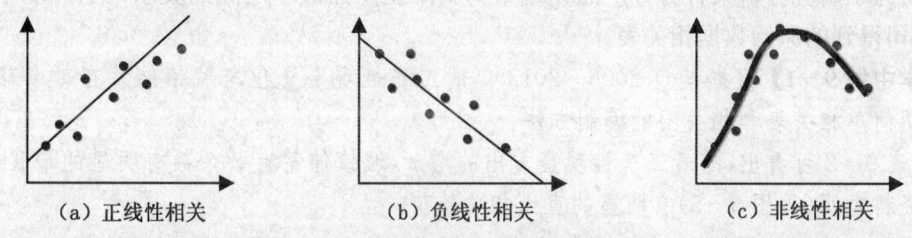

（a）正线性相关　　　　　（b）负线性相关　　　　　（c）非线性相关

图 9-4　线性相关与非线性相关示意图

4. 按变量多少划分：单相关、复相关与偏相关

两个现象的相关即一个变量对另一个变量的相关关系，称为单相关；当所研究的是一个变量对两个或两个以上其他变量的相关关系时，称为复相关。例如，某种商品的需求与其价格水平以及收入水平之间的相关关系便是一种复相关。在某一现象与多种现象相关的场合，当假定其他变量不变时，其中两个变量的相关关系称为偏相关。例如，在假定人们的收入水平不变的条件下，某种商品的需求与其价格水平的关系就是一种偏相关。

三、相关分析

相关分析是研究两个或多个变量之间相关关系程度大小以及用一定函数式来表达现象相互关系形式的一种分析方法。

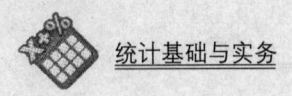

学习子情境二　简单线性相关分析

一、相关关系的一般判断

进行相关关系分析,首先要判断现象之间是否存在相关关系。判断现象间是否存在相关关系,一般是对现象进行定性分析、定量分析、编制相关表和绘制相关图。

1. 定性分析

对现象进行定性分析,就是根据现象性质的规定性,运用理论知识、专业知识、实际经验来进行判断和分析。例如,根据经济理论来判别居民的货币收入与社会商品购买力是否存在相关关系;根据生物遗传理论,来判别父辈的身高与子辈的身高是否存在相关关系等。

2. 定量分析

对现象进行定量分析,是在定性分析的基础上,通过编制相关表、绘制相关图、计算相关系数等方法,来判断现象之间相关的方向、形态及密切程度。

3. 相关表

将自变量 x 的数值按照从小到大的顺序,并配合因变量 y 的数值一一对应而平行排列的表。相关表分为简单相关表和分组相关表,分组相关表又包含单变量分组相关表与双变量分组相关表。

如:为了研究分析某种劳务产品完成量与其单位产品成本之间的关系,调查 30 个同类服务公司得到的原始数据相关表。

【学中做 9-1】根据某市 2006—2013 年的工资性现金支出与城镇储蓄存款余额的资料,说明简单相关表和相关图的编制方法。

从表 9-2 可看出,随着工资性现金支出的增加,城镇储蓄存款余额有明显的增长趋势。所以,资料表明(见图 9-5)有明显的直线相关趋势。

表 9-2　　　简单相关表和相关图

序号	年份	工资性现金支出(万元) x	城镇储蓄存款余额(万元) y
1	2006	500	120
2	2007	540	140
3	2008	620	150
4	2009	730	200
5	2010	900	280
6	2011	970	350
7	2012	1050	450
8	2013	1170	510

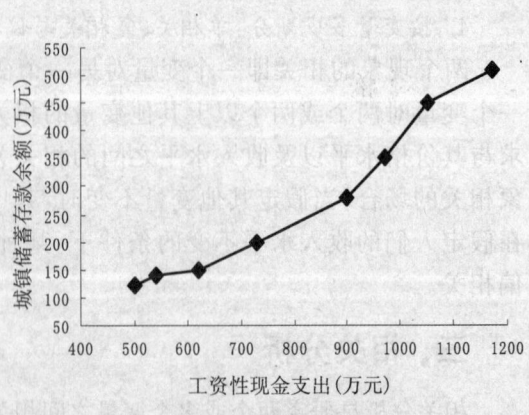

图 9-5　简单相关图

4. 相关图

相关图又称散点图,是将 x 置于横轴上,y 置于纵轴上,将(x,y)绘于坐标图上,用来反映两变量之间相关关系的图形。

在相关图中,若相关点呈现出一定的规律性,如大致为一条直线或一条曲线,这表明现象间存在相关关系,且为直线相关或曲线相关。相关点越密集,表明相关关系越密切。若相关点分布毫无规律,则表明现象间无相关关系或存在低度的相关关系。

二、相关系数

如何在数量上描述相关呢?下面引进几种对相关程度的度量。

相关系数是对变量之间关系密切程度的度量,对两个变量之间线性相关程度的度量称为简单相关系数。若相关系数是根据总体的全部数据计量的,称为总体相关系数,记为 ρ;若是根据样本数据计算的,则称为样本相关系数(又叫 Pearson 相关系数),记为 r。

r 是由两个变量的样本取值得到,这是一个描述线性相关强度的量,取值于 -1 和 $+1$ 之间。当两个变量有很强的线性相关时,相关系数接近于 1(正相关)或 -1(负相关),而当两个变量不那么线性相关时,相关系数就接近 0。其计算公式为:

$$r = \frac{\sigma_{xy}^2}{\sigma_x \sigma_y}$$

式中　σ_{xy}^2——协方差;

　　σ_x——变量 X 的标准差;

　　σ_y——变量 Y 的标准差。

则:

$$\sigma_{xy}^2 = \frac{\sum(x-\bar{x})(y-\bar{y})}{n}$$

$$\sigma_x = \sqrt{\frac{\sum(x-\bar{x})^2}{n}}$$

$$\sigma_y = \sqrt{\frac{\sum(y-\bar{y})^2}{n}}$$

由此可推导:

$$r = \frac{\sigma_{xy}^2}{\sigma_x \sigma_y}$$

样本相关系数的计算公式为:

$$r = \frac{\sum(x-\bar{x})(y-\bar{y})}{\sqrt{\sum(x-\bar{x})^2 \sum(y-\bar{y})^2}}$$

$$= \frac{\sum n \sum xy - \sum x \sum y}{\sqrt{n\sum x^2 - \left(\sum x\right)^2} \sqrt{n\sum y^2 - \left(\sum y\right)^2}}$$

其中:$L_{xx} = \sum(x-\bar{x})^2 = \sum x - \frac{\left(\sum x\right)^2}{n}$

$$L_{xy} = \sum(y-\bar{y}) = \sum y^2 - \frac{\left(\sum y\right)^2}{n}$$

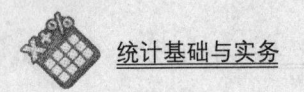

$$L_{xy} = \sum (x-\bar{x})(y-\bar{y}) = \sum xy - \frac{\sum x \sum y}{n}$$

式中 r——取值范围是$[-1,1]$。$|r|=1$时,为完全相关;$r=1$时,为完全正相关;$r=-1$时,为完全负相关;$r=0$,不存在线性相关关系;$-1\leqslant r<0$时,两变量为负相关;$0<r\leqslant 1$时,两变量为正相关;$|r|$越趋于1表示关系越密切;$|r|$越趋于0表示关系越不密切。

注意:相关系数有一个明显缺点:它接近于1的程度与样本容量n有关。这容易造成一种假象。因为当n较小时,相关系数的波动(或差异)比较大,有些样本相关系数容易接近1;当n较大时,相关系数绝对值容易偏小。例如$n=2$时,相关系数绝对值总为1(两点连线总为一条直线)。因为当样本容量n较小时,仅凭相关系数较大还不足以说明变量x与y有密切关系。

【学中做9-2】用[学中做9-1]的数据计算见表9-3。

表9-3 计算资料

序号	年份	x(万元)	y(万元)	x^2	y^2	xy
1	2006	500	120	250 000	14 400	60 000
2	2007	540	140	291 600	19 600	75 000
3	2008	620	150	384 400	22 500	93 000
4	2009	730	200	532 900	40 000	146 000
5	2010	900	280	810 000	78 400	252 000
6	2011	970	350	940 900	122 500	339 500
7	2012	1 050	450	1 102 500	202 500	472 500
8	2013	1 170	510	1 368 900	260 100	596 700
合计		6 480	2 200	5 681 200	760 000	2 035 300

$$r = \frac{n\sum xy - (\sum x)(\sum y)}{\sqrt{n\sum x^2 - (\sum x)^2}\sqrt{n\sum y^2 - (\sum y)^2}}$$
$$= \frac{8\times 2\ 035\ 300 - 6\ 480\times 2\ 200}{\sqrt{8\times 5\ 681\ 200 - 6\ 480^2}\sqrt{8\times 760\ 000 - 2\ 200^2}} = \frac{2\ 026\ 400}{1\ 859\times 1\ 114} = 0.98$$

三、简单线性相关分析的特点

(1) 两个变量是对等关系。直线相关分析所研究的两个变量不分彼此,不反映任何自变量和因变量的关系,而是完全对等的。

(2) 只能算出一个相关系数。相关系数是一个绝对值在0与1之间的系数,其值大小反映两变量间相关的密切程度。由于两变量的关系是对等的,改变两者的地位不影响相关系数的数值,所以只有一个相关系数。

(3) 相关系数有正负号,表示正相关或负相关。

(4) 相关系数的计算对资料有一定要求,相关的两个变量必须都是随机的,这也反映对等关系。

(5) 计算相关系数时,所需要的两个变量的资料都可以是随机的。

学习子情境三 回归分析

一、认识回归分析

(一) 回归分析的概念

"回归"一词是英国生物学家高尔顿首先提出的。高尔顿在研究父母亲身高和子女身高的关系时发现:身材特别高的父母所生的孩子其身材并非特别高,而身材特别矮的父母所生的孩子的身材也并非特别矮,子辈身高有向父辈平均身高逼近的趋向,他把这种现象叫做"身高数值从一极端至另一极端的回归"。以后,高尔顿的学生皮尔逊把回归的概念同数学的方法联系起来,把代表现象之间一般数量关系的统计模型叫做回归直线或回归曲线,从此诞生了统计上著名的回归理论。后来,回归这个词被用来泛指变量之间的一般数量关系。

回归分析,就是对具有相关关系的两个或两个以上变量之间数量变化的一般关系进行测定,确定一个相应的数学表达式,以便从一个已知量来推测另一个未知量,为估计预测提供一种重要的方法。

(二) 相关分析和回归分析的区别与联系

1. 相关分析与回归分析的联系

相关分析和回归分析有着密切的联系,两者具有共同的研究对象,而且在具体应用时,常常必须互相补充。相关分析需要依靠回归分析来表明现象数量相关的具体形式,而回归分析则需要依靠相关分析来表明现象数量变化的相关程度。只有当变量之间存在着高度相关时,进行回归分析寻求其相关的具体形式才有意义。

2. 相关分析与回归分析的区别

(1) 相关分析研究变量之间相关的方向和程度,但不能指出变量间相互关系的具体形式,也无法从一个变量的变化来推测另一个变量的变化情况。回归分析则研究变量之间相互关系的具体形式,它对具有相关关系的变量之间的数量联系进行测定,确定一个相关的数学方程式,根据这个数学方程式可以从已知量来推测未知量,从而为估算和预测提供一个重要的方法。

(2) 相关分析可以不必确定变量中哪个是自变量,哪个是因变量,其所涉及的变量可以都是随机变量。而回归分析则必须事先研究确定具有相关关系的变量中哪个为自变量,哪个为因变量。

二、回归模型的建立

在回归分析中,两个变量之间的回归称为简单回归,两个以上变量之间的回归称为复回归。无论是简单回归还是复回归,数学模型均有线性(直线)回归和非线性(曲线)回归之分。

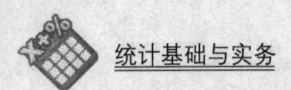

（一）一元线性回归模型

一元线性回归模型是用来进行两个变量间回归分析的。回归分析的重要内容之一，就是根据变量观测值构建回归直线方程，对现象间存在的一般数量关系进行描述。

1. 构建回归模型应具备的条件

构建一元线性回归模型应具备以下几个条件：

（1）现象间确实存在数量上的相互依存关系。只有当两个变量存在高度密切的相关关系时，所构建的回归模型才有意义，用于进行分析和预测才有价值。

（2）现象间存在直线相关关系。一元线性回归方程在图形上表现为一条直线，因此，只有当两个变量的相关关系表现为直线相关时，所配合的直线方程才是对客观现象的真实描述，才可用来进行统计分析。如果现象间的相关关系表现为曲线，却配合为一条直线，这必然会得出错误的分析结论。实际中，一般是借助散点图来判定现象是否呈直线相关。

（3）具备一定数量的变量观测值。回归直线方程是根据自变量和因变量的样本观测值求得的，因此，变量 x 和变量 y 两者应有一定数量的对应观测值，这是构建直线方程的依据。如果观测太少，受随机因素的影响较大，就不易观察出现象间的变动规律性，所求出的直线回归方程也就没有多大意义了。

2. 一元直线回归的数学模型

在经济问题研究中，经常需要研究某一经济现象与影响它的某一最主要因素。例如，影响粮食产量的因素非常多，但在众多因素中，施肥量是一个最重要的因素，我们往往需要研究施肥量这一因素与粮食产量之间的关系；保险公司在研究火灾损失的规律时，把火灾发生地与最近的消防站的距离作为一个最重要因素。上述几个例子都是研究两个变量之间的关系，而且它们的一个共同点是：两个变量之间有着密切的关系，但密切程度并不能由一个变量唯一确定另一个变量。那么它们之间到底有什么样的关系呢？这是我们下面要研究的问题。

1）模型的建立。

通常我们对研究的问题首先要搜集与它有关的 n 组样本数据 (x_i,y_i)，$i=1,2,\cdots,n$。为了直观地发现样本数据的分布规律，我们把 (x_i,y_i) 看成是平面直角坐标系中的点。如：我们知道月产量 y 与 x 之间的统计规律性，我们用下面的数学模型来描述它：

$$y=\beta_0+\beta_1 x+\varepsilon$$

式中　β_0、β_1——参数；

　　　ε——随机误差项。

对于误差项，在回归分析中有如下假设：①误差项是随机变量，它的期望值为 0；②对于所有的 x 值，误差项的方差 σ^2 为常数；③误差项之间相互独立，即与一个值相联系的误差对与另一个值相联系的误差没有影响；④随机误差项服从正态分布。

模型反映了除 x 和 y 之间的线性关系之外的随机因素对 y 的影响是不能由 x 和 y 之间的线性关系所解释的变异性。

由于 $E(\beta_0)=\beta_0$，$E(\beta_1)=\beta_1$，$E(\varepsilon)=0$，所以 $E(y)=\beta_0+\beta_1 x$。

不难看出，简单线性回归方程的图形是一条直线。这条直线被称为总体回归直线。

β_0 是回归直线的截距，β_1 是回归直线的斜率，$E(y)$ 是给定某个 x 的值 y 的均值或期望

值。由于 ε 是随机因素,通常就用 $E(y)$ 作为 y 的估计,所以:

$$\hat{y} = \hat{\beta}_0 + \hat{\beta}_1 x$$

为了书写的简便,我们通常用 a,b 代替 $\hat{\beta}_0$,$\hat{\beta}_1$,则:

$$\hat{y} = a + bx$$

2)最小二乘法确定模型参数。

最小二乘法的基本原理就是寻一条总的看来离各散点最近的一条直线,使实际值 y 与相应的理论值之间的误差达到最小。即:

$$Q = \sum (y - \hat{y})^2 = \sum (y - a - bx)^2 \ 最小$$

根据微积分的极值定理,Q 最小的必要条件为:

$$\begin{cases} \dfrac{\partial Q}{\partial a} = -2 \sum (y - a - bx) = 0 \\ \dfrac{\partial Q}{\partial b} = 2 \sum (y - a - bx)(-x) = 0 \end{cases}$$

整理后得如下方程,称为最小二乘法的标准方程:

$$\begin{cases} \sum xy = a \sum x + b \sum x^2 \\ \sum y = na + b \sum x \end{cases}$$

解方程得:

$$\begin{cases} b = \dfrac{n \sum xy - \sum x \sum y}{n \sum x^2 - \left(\sum x \right)^2} \\ a = \dfrac{\sum y}{n} - b \dfrac{\sum x}{n} \end{cases}$$

【学中做 9-3】以表 9-4 的数据拟合生产费用对产量的回归直线方程。

表 9-4 某些企业产量与生产费用资料表

企业编号	产量(件) x	生产费用(元) y	x^2	y^2	xy
1	40	130	1 600	16 900	5 200
2	42	150	1 764	22 500	6 300
3	50	155	2 500	24 025	7 750
4	55	140	3 025	19 600	7 700
5	65	150	4 225	22 500	9 750
6	78	154	6 084	23 716	12 012
7	84	156	7 056	27 225	13 860
8	100	170	10 000	28 900	17 000
9	116	167	13 456	27 889	19 372
10	125	180	15 625	32 400	22 500
11	130	175	16 900	30 625	22 750
12	140	185	19 600	34 225	25 900
合计	1 025	1 921	101 835	310 505	170 094

将表中有关数据代入公式中:

$$a = \frac{\sum y}{n} - b \frac{\sum x}{n} = \frac{1\ 921}{12} - 0.4207 \times \frac{1\ 025}{12} = 124.15$$

$$b = \frac{n \sum xy - \sum x \sum y}{n \sum x^2 - \left(\sum x\right)^2} = \frac{12 \times 170\ 094 - 1\ 025 \times 1\ 921}{12 \times 101\ 835 - (1\ 025)^2} = 0.4207$$

生产费用对产量的直线回归方程为：

$$\hat{y} = 124.15 + 0.4207x$$

其中 $a = 124.15$(千克)的含义为生产费用的起点值 $b = 0.4027$，表示产品产量每增加 1 千件，生产费用平均增加 0.4027 千元。

从图 9-6 可看出相关图与回归直线的关系：

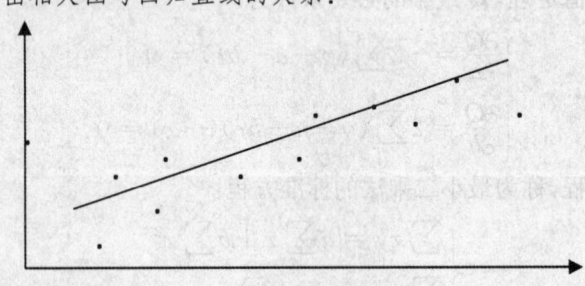

图 9-6　相关图与直线成本

(二) 估计标准误差(S_y)

回归方程是在直线相关条件下,反映两个变量之间一般数量关系的数学模型。根据回归直线方程,可以由自变量的给定值推算因变量的值。但是,推算出的因变量数值并不是一个精确数值,而是一个估计值和理论值。我们不仅用回归方程推算已有实际值的估计值,还要推算未知的值。这样就有了推算的值与实际值相差多大的问题。这直接关系着推算的准确性。从另一方面讲,这种差别大小也反映着回归直线的代表性大小。

估计标准误差就是用来说明回归方差推算结果的准确程度的统计分析指标,或者说是反映回归直线代表性大小的统计分析指标。

1. 估计标准误差的计算方法

根据因变量实际值和估计值的离差计算。其计算公式为：

$$S_y = \sqrt{\frac{\sum_{i=1}^{n}(y_i - \hat{y}_i)^2}{n-2}}$$

式中　S_y——估计标准误差;

　　y——因变量数列的实际值;

　　$\hat{y}$——根据回归方程推算出来的估计值。

所以 $y - \hat{y}$ 是因变量实际值和估计值的估计误差,如果将估计误差总和相加,结果是 $\sum_{i=1}^{n}(y_i - \hat{y}_i)^2$,式中 n 是因变量的项数。

从计算公式可以看出,计算的结果实际上也是个平均误差,但不是简单平均的,而是经过乘方、平均、再开方的过程,这和标准差的计算过程一样。它的作用是说明估计的准确程

度,所以叫做估计标准误差,也有叫做估计标准差或回归标准差的。

【学中做 9-4】根据表 9-5 计算估计标准误差。

表 9-5

编号	x	y	$\hat{y} = 22.5905 + 0.5301x$	$(y - \hat{y})^2$
1	274	162	167.8379	33.9272
2	180	120	118.0085	3.8122
3	375	223	221.3780	2.4849
4	205	131	131.2610	0.0681
5	86	67	68.1791	1.2364
6	265	169	163.0670	35.0466
7	98	81	74.5403	41.4969
8	330	192	197.5235	30.3551
9	195	116	125.9600	98.9707
10	53	55	50.6858	18.4584
11	430	252	250.5335	1.9967
12	372	234	219.7877	201.8362
13	236	144	147.6947	13.4925
14	157	103	105.8162	7.7771
15	370	212	218.7275	45.1054
合计	3 626	2 261	—	536.0644

$$S_y = \sqrt{\frac{\sum (y - \hat{y})^2}{n - 2}} = \sqrt{\frac{536.0644}{15 - 2}} = 6.4215$$

这个数值越大,就表明估计值代表性小,也就是相关点的离散程度大;这个数值越小,则说明估计值的代表性大,也就是相关点的离散程度小。如果 $S_y = 0$,说明估计完全准确。

2. 根据 a, b 两个参数值计算估计标准误差

上述计算估计标准误差的方法是用平均误差来计算的,但是计算比较麻烦,需计算出所有的估计值。如果已经知道直线回归方程的参数值,有一个比较简单的计算方法。计算公式为:

$$S_y = \sqrt{\frac{\sum y^2 - a\left(\sum y\right) - b\left(\sum xy\right)}{n - 2}}$$

承上式:

$$S_y = \sqrt{\frac{395039 - 22.5905 \times 2261 - 0.5301 \times 647851}{15 - 2}} = 6.4215$$

(三)相关系数和估计标准误差的关系

两个指标在数量上具有如下关系:

$$r = \sqrt{\frac{\sigma_y^2 - S_y^2}{\sigma_y^2}} = \sqrt{1 - \frac{S_y^2}{\sigma_y^2}}$$

这也是相关系数的一种计算方法,但这种方法一般不使用,因为它要求先配合回归直

线,解得回归直线方程,计算出估计标准误差,然后才能进行这种推算。而从认识的一般程序来讲,首先要知道现象间关系是否密切,如果关系不密切,回归直线价值不大,就不去进行下一步计算了。只有证明了相关关系比较密切,回归直线有实用价值,才去配合回归直线,用它来进行估计或预测。所以实际工作中常采用另一种推算方法,根据相关系数 r 去推算估计标准误差 S_y,公式可从上述关系公式中推演出来。

$$r = \sqrt{\frac{\sigma_y^2 - S_y^2}{\sigma_y^2}} = \sqrt{1 - \frac{S_y^2}{\sigma_y^2}}$$

则:

$$r^2 = 1 - \frac{S_y^2}{\sigma_y^2}$$

则:

$$S_y = \sigma_y \sqrt{1 - r^2}$$

相关系数和估计标准误差可以从不同角度说明相关关系密切与否。由于相关系数表明关系程度比较明确,而且能够直接辨别出是正相关或是负相关,所以一般情况下,相关系数用得多。

(四) 应用相关分析与回归分析应注意的问题

相关分析与回归分析都是重要的统计分析方法,在统计学知识体系中占有重要的地位。它们对于人们加深现象间相互依存关系的认识,促使这种认识由定性阶段进入定量阶段都具有重要意义。但是,应该看到,相关分析和回归分析与其他统计方法一样,也有自己的局限性,因此,在实践中应注意如下几方面的问题。

1. 注意定性分析与定量分析的结合

相关分析是分析社会经济现象之间相关关系的,相关系数的计算、回归方程的建立都是基于现象间所固有的客观联系之上的。而现象之间是否一定存在相关关系,主要是靠定性分析,即依据社会经济理论、专业知识、实际经验对事物进行分析来判定的。不通过定性分析,直接根据样本观测数据进行量化分析,构建模型,有时就可能得出错误的结论。

因为,任何两列数据,即使是毫不相关的两个现象,都可以计算出相关系数,构建出回归模型。因此,相关分析中的一切量化分析都应建立在定性分析基础之上。

2. 注意客观现象质的规定性

现象间所存在的相互依存关系都是有一定数量界限的。如施肥量与粮食产量的关系,一般来说,施肥量越多,粮食产量越高,但是超过一定的限度,施肥量增加,粮食产量可能反而下降。同样地,固定资产投资与国民经济发展速度的关系也是有一个数量界限的。

也就是说,某些现象之间的相关关系在一定的限度内是正相关,而超过某一界限,则可能是负相关,在一定的限度内是直线相关,而在另一界限内可能是曲线相关。如果进行统计分析时不加区别,不注意现象间质的数量界限,就可能影响统计分析结论的可信度。

3. 注意社会经济现象的复杂性

客观社会经济现象间彼此有着千丝万缕的联系,某一现象发生的原因,有可能是另一现象出现的结果。而且,有时某一事件的出现可能导致诸多事件的发生,产生一系列的连锁反应。因此,进行统计分析时,要充分考虑现象间的复杂性,注意偶然和个别因素的影响,这样

才能保证统计分析的质量。

4. 注意对相关系数和回归直线方程的有效性进行检验

应该注意到,相关分析中所得出的回归系数、回归直线方程、估计标准误差等都是根据样本数据求得的,但所得的结论却是对总体的。例如,由 30 个人的身高与体重值计算出相关系数为 0.95,所得出的结论并不是说 30 个人的身高与体重存在着相关关系,而是说人的身高与体重具有相关关系。显然,这里存在一个由样本代表总体的问题。因此,使用相关系数、回归模型进行统计分析时,要对其有效性进行检验。

【情境小结】

1. 相关分析。相关分析是研究两个或多个变量之间相关关系程度大小以及用一定函数式来表达现象相互关系形式的一种分析方法。

相关关系是指现象之间客观存在的,在数量关系上数值不确定的相互依存关系。

相关关系具有如下两个特点:①现象之间确实存在着数量上的依存关系。两种现象,如果一种现象发生数量上的变化,另一种与它有关的现象也会发生某种程度的数量上的变化。②现象间的数量依存关系值是不确定的。两种现象,如果一种现象发生数量上的变化,另一种现象会有几种可能值与之相对应,而不是唯一确定的值的对应。相关关系与函数关系既有区别又有联系。相关关系是相关分析的研究对象,而函数关系则是相关分析的工具。

相关关系的种类如下:①按变量之间的相关程度不同,可分为完全相关、不完全相关和不相关;②按相关的方向不同,可分为正相关和负相关;③按相关的表现形式不同,可分为线性相关和非线性相关;④按变量多少划分单相关、复相关与偏相关。

2. 简单线性相关分析的特点:

(1) 两个变量是对等关系。直线相关分析所研究的两个变量不分彼此不反映任何自变量和因变量的关系,而是完全对等的。

(2) 只能算出一个相关系数。相关系数是一个绝对值在 0 与 1 之间的系数,其值大小反映两变量间相关的密切程度。由于两变量的关系是对等的,改变两者的地位不影响相关系数的数值,所以只有一个相关系数。

(3) 相关系数有正负号,表示正相关或负相关。

(4) 相关系数的计算对资料有一定要求,相关的两个变量必须都是随机的,这也反映对等关系。

(5) 计算相关系数时,所需要的两个变量的资料都可以是随机的。

3. 回归分析。回归分析就是对具有相关关系的两个或两个以上变量之间数量变化的一般关系进行测定,确定一个相应的数学表达式,以便从一个已知量来推测另一个未知量,为估计预测提供一种重要的方法。

4. 相关分析和回归分析的区别与联系。

(1) 相关分析与回归分析的联系。相关分析和回归分析有着密切的联系,两者具有共同的研究对象,而且在具体应用时,常常必须互相补充。相关分析需要依靠回归分析来表明现象数量相关的具体形式,而回归分析则需要依靠相关分析来表明现象数量变化的相关程度。只有当变量之间存在着高度相关时,进行回归分析寻求其相关的具体形式才有意义。

(2) 相关分析与回归分析的区别。①相关分析研究变量之间相关的方向和程度,但不能指出变量间相互关系的具体形式,也无法从一个变量的变化来推测另一个变量的变化情况。回归分析则研究变量之间相互关系的具体形式,它对具有相关关系的变量之间的数量联系进行测定,确定一个相关的数学方程式,根据这个数学方程式可以从已知量来推测未知量,从而为估算和预测提供一个重要的方法。②相关分析可以不必确定变量中哪个是自变量,哪个是因变量,其所涉及的变量可以都是随机变量。而回归分析则必须事先研究确定具有相关关系的变量中哪个为自变量,哪个为因变量。

5. 应用相关分析与回归分析应注意的问题:

① 注意定性分析与定量分析的结合;② 注意客观现象质的规定性;③ 注意社会经济现象的复杂性;④ 注意对相关系数和回归直线方程的有效性进行检验。

【做中学】

一、单项选择题

1. 下面的关系中,不是相关关系的是(　　)。

    A. 身高与体重之间的关系

    B. 工资水平与工龄之间的关系

    C. 农作物的单位面积产量与降雨量之间的关系

    D. 圆的面积与半径之间的关系

2. 具有相关关系的两个变量的特点是(　　)。

    A. 一个变量的取值不能由另一个变量唯一确定

    B. 一个变量的取值由另一个变量唯一确定

    C. 一个变量的取值增大时另一个变量的取值也一定增大

    D. 一个变量的取值增大时另一个变量的取值肯定变小

3. 下面的假定中,属于相关分析中的假定的是(　　)。

    A. 两个变量之间是非线性关系

    B. 两个变量都是随机变量

    C. 自变量是随机变量,因变量不是随机变量

    D. 一个变量的数值增大,另一个变量的数值也应增大

4. 如果一个变量的取值完全依赖于另一个变量,各观测点落在一条直线上,则称这两个变量之间为(　　)。

    A. 完全相关关系　　　　　　　　　B. 正线性相关关系

    C. 非线性相关关系　　　　　　　　D. 负线性相关关系

5. 根据你的判断,下面的相关系数取值错误的是(　　)。

    A. −0.86　　　　　B. 0.78　　　　　C. 1.25　　　　　D. 0

6. 设产品产量与产品单位成本之间的线性相关关系为−0.87,这说明两者之间存在着(　　)。

    A. 高度相关　　　　B. 中度相关　　　　C. 低相关　　　　D. 极弱相关

7. 在相互依存的两个变量中,根据研究的目的,将其中一个变量定为自变量,另一个变量定为(　　)。

A. 固定变量　　　　B. 因变量　　　　C. 任意变量　　　　D. 自变量

8. 如果一个变量的数量变化,由另一个变量的数量变化所唯一确定,这时两个变量间的关系称为(　　)。

A. 单相关　　　　B. 复相关　　　　C. 不完全相关　　　　D. 完全相关

9. 如果两个变量之间存在负相关关系,下列回归方程中,肯定有误的是(　　)。

A. $\hat{y}=25-0.75x$ 　　　　　　　　B. $\hat{y}=-120+0.86x$

C. $\hat{y}=200-2.5x$ 　　　　　　　　D. $\hat{y}=-34-0.74x$

10. 说明回归方程拟合优度的统计量是(　　)。

A. 相关系数　　　　B. 回归系数　　　　C. 判定系数　　　　D. 估计标准误差

11. 在计算相关系数时,要求相关的两个变量(　　)。

A. 都是随机变量

B. 都是非随机变量

C. 一个是随机变量,另一个是非随机变量

D. 区分出因变量和自变量

12. 对具有因果关系的现象进行回归分析时,(　　)。

A. 只能将原因作为自变量　　　　B. 只能将结果作为自变量

C. 两者均可作为自变量　　　　　D. 没有必要区分自变量

13. 一个由100名年龄在30～60岁的男子组成的样本,测得其身高与体重的相关系数 $r=0.45$,则下列陈述中,不正确的是(　　)。

A. 较高的男子趋于较重　　　　B. 身高与体重存在低度正相关

C. 体重较重的男子趋于较高　　　D. 45%的较高的男子趋于较重

14. 下列回归方程中,肯定有误的是(　　)。

A. $y=15-0.48x$, $r=0.65$ 　　　　B. $y=-15-1.35x$, $r=-0.81$

C. $y=-25+0.85x$, $r=0.42$ 　　　　D. $y=120-3.56x$, $r=-0.96$

15. 若变量 x 与 y 之间的相关系数 $r=0.8$,则回归方程的判定系数 R^2 为(　　)。

A. 0.8　　　　B. 0.89　　　　C. 0.64　　　　D. 0.40

16. 相关关系与函数关系之间的联系体现在(　　)。

A. 相关关系普遍存在,函数关系是相关关系的特例

B. 函数关系普遍存在,相关关系是函数关系的特例

C. 相关关系与函数关系是两种完全独立的现象

D. 相关关系与函数关系没有区别

17. 当一个现象的数量由小变大,而另一个现象的数量相反地由大变小时,这种相关关系称为(　　)。

A. 线性相关　　　　B. 非线性相关　　　　C. 正相关　　　　D. 负相关

18. 在回归直线方程 $y=a+bx$ 中, b 表示(　　)。

A. 当 x 增加一个单位时, y 增加 a 的数量

B. 当 y 增加一个单位时, x 增加 b 的数量

C. 当 x 增加一个单位时, y 的平均增加量

D. 当 y 增加一个单位时, x 的平均增加量

19. 若估计标准误 S_y 等于因变量的标准差 σ_y，则说明回归方程（　　）。

    A. 很有意义　　　　B. 毫无价值　　　　C. 计算有误　　　　D. 问题不成立

20. 相关系数的取值范围是（　　）。

    A. $-1 < r < 1$　　　B. $0 \leqslant r \leqslant 1$　　　C. $-1 \leqslant r \leqslant 1$　　　D. $|r| > 1$

二、多项选择题

1. 下列现象不具有相关关系的有（　　）。

    A. 人口自然增长率与农业贷款　　　　　　B. 存款期限与存款利率

    C. 降雨量与农作物产量　　　　　　　　　D. 存款利率与利息收入

    E. 单位产品成本与劳动生产率

2. 一个由 500 人组成的成人样本资料，表明其收入水平与受教育程度之间的相关系数 r 为 0.6314，这说明（　　）。

    A. 两者之间具有高度的正线性相关关系

    B. 两者之间只有 63.14% 的正线性相关关系

    C. 63.14% 的高收入者具有较高的受教育程度

    D. 63.14% 的较高受教育程度者有较高的收入

    E. 通常来说受教育程度较高者有较高的收入

3. 相关关系的关系程度不同有（　　）。

    A. 单相关　　　　　B. 复相关　　　　　C. 不相关　　　　　D. 完全相关

    E. 不完全相关

4. 相关关系的判断，一般用（　　）来判断。

    A. 定性分析　　　　　　　　　　　　　　B. 相关表

    C. 相关图　　　　　　　　　　　　　　　D. 建立回归直线方程

    E. 估计标准误差

5. 相关关系与函数关系各有不同的特点，主要体现在（　　）。

    A. 函数关系是一种不严格的相互依存关系

    B. 函数关系可以用一个数学表达式精确表达

    C. 函数关系中各变量均为确定性的

    D. 现象为相关关系时，是有随机因素影响的依存关系

    E. 相关关系中现象之间仍然可以通过大量观察法来寻求其变化规律

6. 估计标准误差是反映（　　）。

    A. 回归方程代表性的指标　　　　　　　　B. 自变量离散程度的指标

    C. 因变量数列离散程度的指标　　　　　　D. 因变量估计值可靠程度的指标

7. 变量之间的不完全相关可以表现为（　　）。

    A. 零相关　　　　　B. 正相关　　　　　C. 负相关　　　　　D. 曲线相关

8. 下列现象中，属于相关关系的有（　　）。

    A. 家庭收入与支出的关系　　　　　　　　B. 圆的半径与圆的面积的关系

    C. 产品产量与单位成本的关系　　　　　　D. 施肥量与粮食单位面积产量的关系

9. 商品销售额与流通费用率，在一定条件下存在相关关系。这种相关关系属于（　　）。

    A. 单相关　　　　　B. 复相关　　　　　C. 直线相关　　　　D. 负相关

10. 下述关系中,属于正相关的有(　　　)。

　　A. 工业产品产量与单位成本之间的关系

　　B. 商业企业的劳动效率与流通费用率之间的关系

　　C. 单位产品成本与原材料消耗之间的关系

　　D. 工业企业的劳动效率与生产单位产品的消耗时间之间的关系

三、判断分析题

1. 一项研究显示,医院的大小(用病床数 x 反映)和病人住院天数的中位数 y 之间是正相关,这说明两者之间有一种必然的联系。（　　　）

2. 正相关是指两个变量之间的变化方向都是上升的趋势。（　　　）

3. 建立直线回归方程的两个变量都是随机变量。（　　　）

4. 估计标准误差指的就是实际值 y 与估计值的平均误差程度。（　　　）

5. 负相关是指两个变量之间的变化方向都是下降的趋势。（　　　）

6. 在有限的范围内施肥量与收获率是正相关关系。（　　　）

7. 负相关是指两个量之间的变化方向相反,即一个呈下降(上升)而另一个呈上升(下降)趋势。（　　　）

8. 函数关系是一种完全相关关系。（　　　）

9. 在其他条件不变的情况下,相关系数越大,估计标准误差就越大;反之,估计标准误差就越小。可见估计标准误差的大小与相关系数的大小是一致的。（　　　）

10. 相关系数为 0 表明两个变量之间不存在任何关系。（　　　）

11. 产品的单位成本随着产量增加而下降,这种现象属于函数关系。（　　　）

12. 若两变量完全相关,则估计标准误差为 1。（　　　）

13. 当所有观察值 y 都落在回归直线上,则 x 与 y 之间的相关系数为 1。（　　　）

14. 不具有因果关系的两个变量的相关关系为 0。（　　　）

四、业务题

1. 在研究我国人均消费水平的问题中,把全国人均消费额记为 y,把人均国民收入记为 x。我们收集到 2000—2012 年的样本数据 $(x_i, y_i), i=1,2,\cdots,13$。根据表 9-6,计算相关系数。

表 9-6　　　　　　　　我国人均国民收入与人均消费金额　　　　　　　单位:元

年份	人均 国民收入	人均 消费金额	年份	人均 国民收入	人均 消费金额
2000	393.80	249	2007	1 068.8	643
2001	419.14	267	2008	1 169.2	690
2002	460.86	289	2009	1 250.7	713
2003	544.11	329	2010	1 429.5	803
2004	668.29	406	2011	1 725.9	947
2005	737.73	451	2012	2 099.5	1 148
2006	859.97	513			

2. 根据表 9-7 的资料,计算 12 个企业产量与生产费用之间的简单相关系数。

表9-7   企业产量与生产费用资料

企业编号	产量 x	生产费用 y	x^2	y^2	xy
1	40	130	1 600	16 900	5 200
2	42	150	1 764	22 500	6 300
3	50	155	2 500	24 025	7 750
4	55	140	3 025	19 600	7 700
5	65	150	4 225	22 500	9 750
6	78	154	6 084	23 716	12 012
7	84	156	7 056	27 225	13 860
8	100	170	10 000	28 900	17 000
9	116	167	13 456	27 889	19 372
10	125	180	15 625	32 400	22 500
11	130	175	16 900	30 625	22 750
12	140	185	19 600	34 225	25 900
合计	1 025	1 921	101 835	310 505	170 094

3. 根据表9-8资料计算直线回归方程。

表9-8   资   料

序号	年份	x（万元）	y（万元）	x^2	y^2	xy
1	2006	500	120	250 000	14 400	60 000
2	2007	540	140	291 600	19 600	75 000
3	2008	620	150	384 400	22 500	93 000
4	2009	730	200	532 900	40 000	146 000
5	2010	900	280	810 000	78 400	252 000
6	2011	970	350	940 900	122 500	339 500
7	2012	1 050	450	110 250	202 500	472 500
8	2013	1 170	510	136 890	260 100	596 700
合计	—	6 480	2 200	568 120	760 000	2 035 300

4. 某种产品的产量与单位成本资料见表9-9。

表9-9   产量与单位成本资料

产量（千件）	单位成本（元／件）
2	73
3	72
4	71
3	73
4	69
5	68

要求：（1）计算相关系数 r,判断其相关方向和程度。

（2）建立直线回归方程。

5. 有几个地区的统计资料见表 9-10。

国内生产总值	财政收入	银行年末存款余额
2.2	0.8	0.2
2.4	0.9	0.4
2.5	1.0	0.5
2.7	1.2	0.7
2.9	1.4	0.6
3.0	1.5	0.8
15.7	6.8	3.2

表 9-10　　　　　　　　**统计资料**　　　　　　　　单位:亿元

要求：（1）计算国内生产总值与财政收入的相关系数。

（2）计算财政收入与银行年末存款余额的相关系数。

（3）建立国内生产总值与财政收入的直线回归方程。

学习情境十　国民经济核算

【情境引例】

经初步核算,2012 年全年国内生产总值519 322 亿元,比上年增长7.8%。其中,第一产业增加值 52 377 亿元,增长 4.5%;第二产业增加值 235 319 亿元,增长 8.1%;第三产业增加值 231 626 亿元,增长 8.1%。第一产业增加值占国内生产总值的比重为 10.1%,第二产业增加值占国内生产总值的比重为 45.3%,第三产业增加值占国内生产总值的比重为 44.6%。

(资料来源:中华人民共和国 2013 年 2 月 22 日统计公报)

国内生产总值和增加值分别指的是什么? 这两个指标是如何计算出来的? 国民经济是由哪些产业部门组成的? 第一产业、第二产业、第三产业各包含哪些部门? 国民经济的发展速度通常用什么指标来衡量? 通过本学习情境的学习,相信大家能很好地理解包括上述问题在内的有关国民经济的问题。

【职业能力目标】

通过本学习情境学习,学习者能准确把握国民经济核算的整体框架、国民经济核算的方法及基本指标。

【典型学习任务】

理解国民经济核算的方法,掌握一些涵盖经济生活的基本方面的核算指标。

学习子情境一　国民经济核算体系发展历程

国民经济核算是以整个国民经济为对象的宏观核算。它采用统一的货币计量单位,运用一套相互有机联系在一起的数表,系统描述了一个时期国民经济发展的整体状况,所提供资料构成了经济信息系统的中心内容。

由于各国管理体制的差别以及所遵循的宏观经济理论的差别,自 20 世纪 30 年代起,国际上形成了两大国民经济核算体系类型。一是在市场经济国家应用的国民经济核算体系(英文简称 SNA),二是在计划经济国家应用的物质产品平衡体系(英文简称 MPS)。

一、两大国民经济核算体系的形成与发展

国民经济核算体系是当今世界上绝大多数国家实行的核算制度,它的形成和发展包括

四个阶段。

第一阶段：1928—1952年，是SNA的孕育期。

1928年，国际联盟举行了一次有关经济统计的国际会议，会议决议第一次在世界上把国际可比性作为其工作目标，标志着国际核算体系孕育的开始。直接促使国民经济核算发展的重大事件，有20世纪30年代经济大萧条，"第二次世界大战"战时动员和战后摊派国际组织费用等，但其内在原因，还是宏观经济管理强化，对经济统计数据的客观要求日益增多，且对数据的国际可比性提出了更高的要求。另外，宏观经济理论的发展也对国民收入统计工作起到了很大的推动作用。"第二次世界大战"后是国民经济核算体系孕育的加速期，英国经济学家斯通所领导的专家小组为国际联盟起草的报告——《国民收入的计量和社会账户的建立》，可以看作是SNA的胚胎形式。

第二阶段：1953—1967年，是SNA的初创期。

1953年，以联合国统计委员会的名义公布了《国民核算体系及其辅助表》，这标志着SNA的正式诞生，国际的国民经济核算工作开始脱离了无组织状态。但SNA 1953文本的重心在于国民收入与生产核算，它对核算内容的体系化还只是初步的。在此期间，SNA又进行了几次小的修订。

第三阶段：1968—1992年，是SNA的成长期。

1968年是经济统计历史上值得特别重视的1年，其原因之一便是SNA经过重大修订后公布于世。经过国民经济核算专家们的精心设计和开发，SNA吸纳了在开创之初还难以包容的部分：投入产出核算、资金流量核算、国际收支核算等，另外，对资产负债核算纳入体系也作了前期准备。由此，SNA集宏观经济统计之大成，基本完成了核算框架的构建。但SNA 1968文本偏重于体系的精美，对其应用的可行性重视不够。

第四阶段：1993年以后，SNA进入成熟期。

1993年，五个国际组织联合组织修订的SNA得以公布，这次修订标志着SNA的成熟。SNA 1993文本的特点是更新、澄清、简化和协调。这里的更新并不是对核算体系内容结构的重建，而是适应国际经济发展变化而补充或强调一些新内容，所以1993年的改造主要是使SNA更加容易被接受。

在SNA之外，还曾存在过一个国际核算体系，即物质产品平衡体系，简称MPS。MPS由苏联始创，主要为原经互会国家使用。MPS 1965年开始得到系统阐述，1971年以联合国名义公布，1984年又进行了重大修订。从核算内容上看，MPS核算范围过窄，侧重于反映物质生产、实物流量以及生产环节的核算，对第三产业的状况、资金运动状况、分配和使用状况、国际收支状况反映不力，难以适应现代社会中宏观经济管理对核算的要求。从核算方法上看，MPS主要是采用单式平衡表，不像SNA的账户表可以系统地、科学地反映国民经济运行全过程。进入20世纪80年代，原实行计划经济的各国先后进行了经济体制改革，引入了市场经济机制。与此相适应，原应用MPS的各国先后开始运用SNA的核算原理和方法，联系本国经济运行实际，进行国民经济核算体系的改革，MPS作为现实应用的体系已不复存在。

历史发展到今天，国民经济核算体系在联合国的推动下，已从当初的国民收入统计，发展到具有现代分析和核算意义的现代国民经济核算阶段。在此期间，国民经济核算体系由草创形成，趋于逐渐完善，其中心体系也由国民经济的运行，扩展到社会核算等诸多前沿领

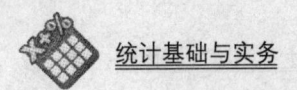

域。这些变革,使得现代国民经济核算体系所涵盖的范畴更为充实。

二、我国国民经济核算体系

我国的国民经济核算体系的建立和发展,大体可分为三个阶段。

第一阶段:1952—1984 年。

这一阶段采用的是物质产品平衡体系,即 MPS 体系,是当时高度集中的计划经济管理体制下的历史产物。它适应了当时社会的经济基础和生产力发展水平的需要,为我国开展大规模的社会主义经济建设,为科学的计划经济管理发挥了重要作用。

第二阶段:1985—1992 年。

这一阶段是 MPS 与 SNA 两种核算体系共存阶段。当时采用两种体系并存、两者并用的方式,主要是立足于当时我国国民经济的管理是实行有计划的商品经济这一主导思想。国民经济核算工作既要考虑计划指令为主导方面所需要的指标体系,又要兼顾市场调节为辅所需要的数据资料,以适应我国经济体制的发展变化过程,满足国民经济发展和党政决策部门的需要。另外,国际上还存在着东欧和苏联等采用 MPS 体系的国家。可以说,这一阶段两体系共存的现象,有着当时社会经济发展和受经济理论制约的特殊历史背景。在这一阶段,我国统计工作者与经济理论工作者、教育工作者密切合作,研制出了能够把两种国民经济核算体系相互转化的《中国国民经济核算体系(试行方案)》(1992 年),并付诸实施,较好地解决了从计划经济向社会主义市场经济转换时期的核算问题。在这一阶段,国家统计局不仅发布以 MPS 体系"国民收入"为挂帅指标的系列核算数据,同时核算以 SNA 体系"国内生产总值"为挂帅指标的系列核算数据。

第三阶段:1993 年至今。

这一阶段是取消 MPS 体系,采用 SNA 体系基本核算框架、核算原则与方法,并结合中国的实际建立我国新国民经济核算体系的时期,也可称之为与国际接轨时期。党的十四大确定了建立社会主义市场经济体制的改革目标,实现了社会主义经济理论的重大突破,在国民经济核算方面扫清了理论上的障碍。从国际环境看,以前实行 MPS 的苏联、东欧国家也陆续放弃了这个体系,而采取了 SNA。MPS 的国际作用日趋消失。我国的国民核算工作实践也表明,由于经济体制的变革,MPS 体系在反映国民经济发展变化方面的缺陷越来越明显,而中国宏观经济分析和管理工作者已经改变了应用 MPS 指标的习惯,逐步适应了应用 SNA 有关指标分析和处理经济问题。在这一阶段,为了适应我国改革开放新形势发展及宏观经济管理的需要,中国新国民经济核算体系以联合国 1968 年 SNA 和 1993 年 SNA 草案为基础,并结合中国的具体情况,开始向 SNA 的全面过渡和转化,设计并编制了国内生产总值及其使用表、投入产出表、资金流量表、资产负债表、国际收支平衡表和一套国民经济循环账户,同时取消了 MPS 的国民收入等有关指标。

从以上三个阶段的进程可以看出,我国的国民经济核算体系的改革和发展是随着我国的经济体制的变化而循序渐进地变化的。特别是第二阶段过渡的成功,为第三阶段工作打下了良好的基础。

三、国民经济核算的作用和影响

1. 国民经济核算是反映国民经济运行状况的有效工具

国民经济是一个极其复杂的运行系统,不同部门、不同环节之间存在着复杂的经济联

系,准确地了解和把握这个系统是不容易的,需要借助一种行之有效的工具,国民经济核算就是这样一种工具。它通过一系列科学的核算原则和方法把描述国民经济各个方面的基本指标有机地组织起来,为复杂的国民经济运行过程勾画出一幅简明的图像,大大提高了人们了解和把握经济运行的能力。

2. 国民经济核算是宏观经济管理的重要依据

社会主义市场经济条件下的宏观经济管理主要是通过规划、计划和一系列宏观经济政策来引导和协调国民经济持续、健康、稳定和快速发展。国民经济核算提供的关于整个国民经济运行状况的系统而详细的数据是制定这些规划、计划和政策的重要依据。如果没有国民经济核算提供的有关生产、收入分配、消费、投资、对外经济往来等方面的基础数据,中长期规划和年度计划、财政政策、金融政策、产业政策、收入分配政策、对外经济政策等一系列经济政策的制定是不可想象的。

3. 国民经济核算是制定和检验国民经济计划的科学方法

国民经济计划和规划涉及一系列宏观经济指标,这些指标所代表的经济现象之间不是孤立的,而是具有内在的经济联系。为了符合经济发展的客观规律,计划和规划指标数量的确定也必须满足这种内在联系。国民经济核算系统反映了相关指标之间的内在联系,因而是制定和检验国民经济计划的科学方法。

4. 国民经济核算是微观决策的重要依据

在社会主义市场经济条件下,企业和居民住户需要进行生产、消费和投资决策,国民经济核算也是它们的重要决策依据之一。国民经济核算部门能否提供准确和丰富的国民经济核算信息直接影响到他们的决策和决策的科学性。

5. 国民经济核算影响到我国的经济利益和政治利益

国民经济核算数据在一定程度上决定了中国承担的国际义务和享受的优惠待遇,决定了中国在国际社会所能发挥的作用。例如,联合国根据连续6年的国民生产总值和人均国民生产总值来决定一个国家的会费;世界银行根据人均国民生产总值来决定一个国家所能享受的硬贷款、软贷款等优惠待遇;国际货币基金组织根据国民生产总值、黄金与外汇储备、进出口额、出口额占国民生产总值的比例等因素来决定一个国家在基金的份额,进而决定其在基金的投票权、分配特别提款权的份额及向基金借款的份额。

6. 国民经济核算影响到党和政府的声誉

国民经济核算提供的关于国民经济运行状况的数据既是制定新的宏观经济政策的重要依据,也是检验过去的宏观经济政策科学性的手段。

7. 国民经济核算是经济统计的基本框架

不同类型的经济统计必须建立在一个统一的基本框架下,彼此之间才能表现出一致性,才能发挥出整体功能作用。国民经济核算就是这样的基本框架,它对各种不同类型经济统计的基本概念、基本分类和指标设置提出了统一的要求,从而使得这些经济统计在满足国民经济核算要求的同时,实现彼此的相互衔接,使整个经济统计形成一个统一的整体,增强其应用功能。

8. 国民经济核算是协调经济统计数据的重要手段

如果孤立地看每种类型经济统计数据,很难发现它本身所存在的问题以及它与有关其他类型经济统计数据是否一致。当把各种不同类型经济统计数据放在国民经济核算这个统

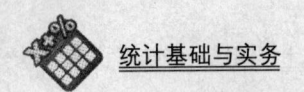

一的基本框架下时,就很容易发现和解决问题,并实现不同类型经济统计数据之间的相互衔接。

学习子情境二　认识国民经济核算的基本框架

一、国民经济核算体系概念

国民经济核算体系由一套逻辑严密、协调一致而完整的宏观经济账户、资产负债表和表式组成,它们的基础是一套符合国际惯例的概念、定义、分类的核算规则。在此框架里,经济数据可以按照经济分析、决策和政策制定的要求,以一定的程式编制和表述。

国民经济核算体系是依据国民经济客观运行过程建立的。在国民经济核算中,首先要解决的一个问题是对国民经济运行系统进行描述,这些描述可归纳为以下几个基本问题的回答:

——经济主体(谁?)

——活动目的(为什么?)

——活动项目(干什么?)

——流量(活动规模?)

——存量(资产和负债?)

——核算规则(如何记账?)

对国民经济运行过程的系统描述和计算,就形成了国民经济核算独特的体系。这个体系主要包括的要素有:交易者分类;交易分类;对流量和存量的测度因子,通常采用一系列的核算指标;描述工具,通常包括账户、平衡表、数学模型。

二、国民经济核算的对象

国民经济核算的对象是一国国民经济整体,这时,国民经济作为宏观层次上使用的概念,既是各种经济主体的集合,又是各种经济活动的集合。

从活动主体上说,一国国民经济由千千万万个微观经济单位组成。国民经济核算对这些单位在两个层次上归纳或两种部门分类,一是以机构单位为基础所确定的机构部门分类,一是以基层单位为基础确定的产业部门分类。进行分类的目的在于系统描述国民经济各部门之间的经济关系和经济结构。

(一) 机构单位和机构部门

机构单位是指能以自己的名义拥有资产、发生负债、从事经济活动并与其他实体进行交易的经济实体。就是说,机构单位是一个具有独立财务决策权的经济单位,原则上,它应该能够编制完整的资产负债表。在现实中,机构单位可以是一个独立核算的企业或事业单位,也可以是一个居民住户。

按照机构单位的经济行为性质,一般将其归纳为以下机构部门。

(1)非金融企业部门,由所有主要进行非金融活动的常驻企业单位组成,包括国有企业

单位、各种外资和合资合营企业单位、私营企业单位,所从事的一般是以盈利为目的的市场性经济活动,提供各种货物和非金融性服务。

（2）金融机构部门,由所有主要从事金融活动的常驻企业组成,包括中央银行、商业银行、保险公司以及投资公司等各种非银行性金融机构,其职能主要是为整个国民经济的资金活动提供金融中介服务。

（3）政府部门,由所有行使政府职能的各单位以及由政府资助的其他单位组成,其职能之一是为居民和公共消费生产非市场性服务,同时对收入和财富进行再分配。在我国的国民经济核算制度中,一般将政府部门进一步分为财政和行政事业单位两部分。其中,财政是一个专门用于表现财政收入与支出职能的部门,行政事业单位则包括从事教育、卫生保健、广播电视、文艺体育、科学研究、军队警察、公安司法以及各种行政管理的所有单位。

（4）住户部门或称居民部门,由所有常住住户组成,还包括为住户拥有的个体经营单位。该部门的职能主要是消费,同时也通过个体经营直接从事生产活动,通过提供资产、劳动等生产要素间接参与企业的生产活动,并接受各种收入。

此外,与上述国内机构部门相对应,还有一个国外部门,它概括了所有与该国常驻单位发生经济往来的国外单位。

机构部门分类在国民经济核算中具有广泛的应用。在收入分配核算中,应用机构部门分类核算可以反映政府、企业和个人对收入的占有关系;在资金流量核算中,应用机构部门分类核算可以反映资金在各部门间的流动,尤其可以反映金融机构在资金运动过程中所起的中介作用;同样,在资产负债核算中,机构部门分类也是观察财产占有结构的前提,此外在消费和积累核算中也要运用机构部门分类。

（二）基层单位和产业部门

基层单位是从生产角度定义的具有生产经营决策权的基本单位,是指在一个地点从事一种或主要从事一种经济活动的单位。一个机构单位可能同时也是一个基层单位,但在一个企业特别是大型企业从事多种不同生产活动时,该机构单位就要按照其活动性质被区分为若干个基层单位。因此,基层单位实际上是按活动性质确定的。

按照基层单位生产产品的同质性进行划分,可得到关于产业部门的分类。在我国,产业部门分类习惯上称为国民经济行业部门分类,目前所采用的分类包括 16 个部门,即:①农林牧渔业;②采掘业;③制造业;④电力煤气及水的生产和供应业;⑤建筑业;⑥地质勘察和水利管理业;⑦交通运输仓储及邮电通讯业;⑧批发零售贸易及餐饮业;⑨金融保险业;⑩房地产业;⑪社会服务业;⑫卫生体育和社会福利业;⑬教育文化艺术及广播电影电视业;⑭科学研究和综合技术服务业;⑮国家机关、政党机关和社会团体;⑯其他行业。在上述分类基础上,还可进一步归纳出三次产业分类。其中:第一产业主要是指农业,包括种植业和林牧渔业;第二产业主要是工业和建筑业,包括采掘业、制造业、电力煤气及水的生产和供应业、建筑业;第三产业主要是流通和服务业,包括除上述行业以外的所有行业。通常,第一和第二产业属于物质生产部门,第三产业则属于非物质生产部门。

国民经济核算对产业部门分类的应用主要在于货物与服务的核算,尤其是货物与服务的生产核算方面。具体说来,是要从当期产出以及投入角度,以产业部门分类为基础,描述生产过程中的产业结构,进而描述生产过程中部门之间的生产技术联系,这在投入产出表中

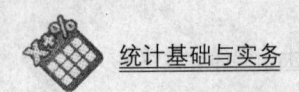

得到了集中的体现。与生产活动相联系,在积累核算和资产负债核算中也有必要应用产业部门分类,因为资产总量的产业部门占有结构是决定当期生产结构的主要方面,当期积累在各产业部门间的分布则是改变下一时期产业结构的重要前提条件。

以上是从构成国民经济的主体单位上来定义国民经济对象的。如果从内容上看,国民经济则是由各经济主体单位所从事的经济活动构成的。在市场经济条件下,这些活动以经济交易的方式来表现,不同活动之间和不同单位之间相互联系、相互作用,使整个国民经济形成一个周而复始的运行过程。

根据经济学原理的归纳,国民经济运行过程包括生产、分配、消费、积累几个环节。其中生产是国民经济运行过程的首要环节,通过各种生产要素的组合利用,生产过程将各种投入转化为具有新的使用价值的产出,提供了各种供人们消费使用的货物与服务,同时也创造了新的价值。分配过程是要将生产过程所创造的价值以各种收入形式对有关方面加以分配,分配可能是交换性的,以生产要素的投入为前提,也可能是出于社会公平等目的而进行的非交换性分配。消费与积累既是货物与服务的不同使用形式,又是各单位收入的最终支出形式,其中消费是用于满足人们生活需要的使用,积累则是用于增加资产的使用。通过积累,各单位所持有的资产得以增加,于是下一轮生产活动将在一个扩大了的规模上进行,新一轮经济运行重新开始。

可以看出,上述经济运行过程既包括货物与服务从生产到使用的实物运动过程,又包括收入从生产到分配以及使用的价值运动过程,它们都属于非金融经济活动或称非金融交易。与非金融活动相对应,还存在着各种金融活动或称金融交易,它们通过不同金融工具,表现了各单位之间借入和贷出的资金运动。基于这样的认识,国民经济核算把所有国民经济活动概括为以下交易类别。①货物与服务交易,表现货物与服务的来源与使用的对应关系,其中来源主要是国内生产和进口,使用则主要是指国内消费、积累和出口。②分配交易,表现由生产新创价值到各单位收入形成的整个分配过程,包括对劳动、资本、政府的收入初次分配和收入的再分配。③金融交易,表现发生在各种金融资产和负债上的资金流动。一部门可以通过金融资产的获得而贷出资金,同时可以通过负债的发生而借入资金。④其他交易,包括各单位的内部交易,如各种自产自用活动,也包括各种本身不是经济交易但会对经济过程产生影响的活动,如自然资源的发现或耗减、战争及自然灾害所引起的资产毁坏、价格变化的影响等。

国民经济核算的目的就是要对一时期的国民经济运行状况进行系统描述和说明,说明生产如何创造或转换货物与服务;说明新增价值如何通过分配形成可支配收入;说明收入如何用于消费和积累;说明经济中如何通过各种金融工具进行融资活动;说明一国与国外之间所发生的各种经济往来关系;说明国民财产的状况和变化。

三、国民经济核算的内容框架

国民经济核算体系包括中心框架和附属核算两部分。

中心框架是国民经济核算体系的基本部分。在内容上,中心框架用于直接反映国民经济运行过程及其结果,国民经济分析中所应用的各主要经济总量和分量几乎都是由中心框架来提供的;在方法上,以不同经济活动间的内在联系为基础,通过复式记账这种特定的方法,使整个中心框架具有严密的逻辑一致性,不同核算部分保持了严格的数量联系。

中心框架的内容有两种归纳方法：一种归纳方法是将中心框架的内容归纳为国民收入与生产核算、投入产出核算、资金流量核算、国际收支核算和资产负债核算五个子体系，其中以国民收入与生产核算为中心。每一个核算子体系都有其特定的核算对象，不同核算子体系之间保持着概念上和数量上的联系。按照这样的区分，便于将国民经济划分为相互独立的若干个领域来组织核算。另一种归纳方法是用国民经济账户体系来表现国民经济核算的内容。具体来说，是在国民经济整体和部门两个层次上，按照国民经济运行过程的不同阶段，分别设置账户，形成账户体系，所设置的账户包括由生产账户、收入分配账户、收入使用账户组成的经常账户，由资本账户、金融账户和其他积累账户组成的积累账户，以及期初期末两个时点上的资产负债账户。由于应用了复式记账方法，整个账户体系在核算内容、方法等方面具有完整性和一致性。

附属核算表体现中心框架内容的扩展，通过对国民经济某一方面的进一步核算，或深化或补充中心框架的内容。在方法上，附属核算一方面要以中心框架的原理为基础和起点，另一方面又在核算方法上具有灵活性，它与中心框架之间的联系有时可能仅是逻辑上的，不一定具有确定的数量关系。

下面按照我国国民经济核算体系方案，简要介绍国民经济核算五个子体系及其附属补充表的内容组成。

（一）国内生产总值及其使用表

表 10-1 是对某一时期国民经济最终产品生产、分配和使用总量的核算，以国内生产总值为核心，表的左方反映生产和收入初次分配状况，右方反映使用状况。

表 10-1　　　　　　　　　　　　国内生产总值及其使用表

	序号	生产方		序号	使用方
一、总产出	1		一、总支出	8	
二、中间投入	2		二、中间使用	9	
三、国内生产总值(3=1-2)	3		三、国内生产总值(10=11+14+17-18)	10	
1. 固定资产折旧			1. 总消费	11	
2. 劳动者报酬	4		(1) 居民消费	12	
3. 生产税净额	5		(2) 社会消费	13	
4. 营业盈余	6		2. 总投资	14	
	7		(1) 固定资本形成	15	
			(2) 存货增加	16	
			3. 出口	17	
			4. 进口	18	
			5. 统计误差	19	

（二）投入产出表

表 10-2 以国内生产总值及其使用表为起点，重点核算了产业部门间相互提供和利用的中间产品流量，其横行表示各部门当期生产产品的分配去向，纵列表示各部门生产的投入来源，由此详细表现了社会产品的生产和使用结构，表现了国民经济各产业部门之间的技术经济联系。

表 10 - 2　　　　　　　　　　投 入 产 出 表

投入 \ 产出			中间使用					中间使用合计	最终使用				最终使用合计	出口	进口	总产出
			物质生产部门				非物质生产部门		总消费		总投资					
			第一产业	第二产业	第三产业		产业									
			粮食种植业…… 第一产业合计	煤炭开采业…… 第二产业合计	铁路货运业…… 物质生产部门合计		铁路客运业…… 第三产业合计	非物质生产部门合计	居民消费	社会消费	固定资本形成	库存增加				
中间投入	物质生产部门	第一产业	粮食种植业…… 第一产业合计													
		第二产业	煤炭开采业…… 第二产业合计													
		第三产业	铁路货运业…… 物质生产部门合计													
	非物质生产部门		铁路客运业…… 第三产业合计													
			非物质生产部门合计													
	中间投入合计															
增加值	固定资产折旧 劳动者报酬 生产税净额 营业盈余															
	合计															
总投入																

（三）资金流量表

资金流量表包括两张表:资金流量表(一)是收入与分配表(见表 10 - 3),是对国民经济范围内收入分配过程的核算,来源方记录收入,使用方记录支出,由此表现各机构部门如何以增加值为起点而发生各种收入分配流量,形成可支配收入,以及在扣除消费与非金融投资之后最终形成的资金余缺(即各部门或正或负的金融投资);资金流量表(二)是金融交易表(见表 10 - 4),它围绕资金余缺,主要反映各部门参与金融交易的状况,使用方记录因增加金融资产而贷出的资金,来源方记录通过增加负债而借入的资金,从而解释了各部门所余资金的去向和所缺资金的来源,同时表现了一时期的资金运动状况。

表 10 - 3

资 金 流 量 表 (一)
(收入与分配部分)

部 门 / 项 目	序号	居民 使用	居民 来源	企业 使用	企业 来源	行政事业 使用	行政事业 来源	财政 使用	财政 来源	金融 使用	金融 来源	国外 使用	国外 来源	合计 使用	合计 来源
		1	2	3	4	5	6	7	8	9	10	11	12	13	14
一、部门增加值	1														
二、国外初始收入	2														
三、劳动者报酬	3														
四、上缴财政	4														
五、财政支出	5														
六、财产收入	6														
七、转 移	7														
小 计	8														
八、可支配总收入	9														
九、总消费	10														
十、总储蓄	11														
十一、总投资	12														
1. 固定资本形成	13														
2. 存货增加	14														
十二、净金融投资	15														

表 10 - 4

资 金 流 量 表 (二)
(金融交易部分)

部 门 / 项 目	序号	居民 使用	居民 来源	企业 使用	企业 来源	行政事业 使用	行政事业 来源	财政 使用	财政 来源	金融 使用	金融 来源	国外 使用	国外 来源	合计 使用	合计 来源
		1	2	3	4	5	6	7	8	9	10	11	12	13	14
净金融投资	1														
资金来源合计	2														
资金运用合计	3														
国内金融交易	4														
(1) 流通中货币	5														
(2) 活期存款	6														
(3) 定期存款	7														
(4) 居民储蓄存款	8														
(5) 外币存款	9														
(6) 流动资金贷款	10														
(7) 固定资产投资贷款	11														
(8) 外币贷款	12														
(9) 财政借款(净)	13														
财政存款	14														
财政借款	15														

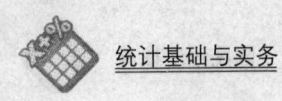
（续表）

部门／项目	序号	居民		企业		行政事业		财政		金融		国外		合计	
		使用	来源	使用	来源	使用	来源	使用	来源	使用	来源	使用	来源	使用	来源
		1	2	3	4	5	6	7	8	9	10	11	12	13	14
（10）有价证券及集资	16														
政府债券	17														
金融机构债券	18														
企业债券	19														
股票	20														
其他	21														
（11）保险准备金	22														
（12）结算资金	23														
（13）其他（净）	24														
国际资本往来	25														
长期资本	26														
短期资本	27														
国际储备资产	28														
统计误差	29														

（四）国际收支平衡表

表 10 - 5 集中反映一国的对外经济往来关系，根据所运用的借贷记账法原理，贷方记录对外经济活动收入和资金流入，借方记录对外经济活动支出和资金流出，由此分类表现了一国对外经济活动的规模和收支平衡状况。

表 10 - 5　　　　　　　国际收支平衡表

项目	差额	借方	贷方	项目	差额	借方	贷方
甲	1	2	3	甲	1	2	3
国际收支总计				2. 证券投资			
一、经常项目				（1）外国和港澳台地区在华证券投资			
对外贸易							
1. 出口				（2）中国在外国和港澳台地区证券投资			
2. 进口							
非贸易往来				3. 国际组织贷款			
1. 货运				4. 外国政府贷款			
2. 港口供应与服务				5. 银行借款			
3. 旅游收支				6. 地方、部门借款			
4. 投资收支				7. 延期付款			
（1）利润				8. 延期收款			
（2）利息				9. 加工装配、补偿贸易应付客商作价设备款			
（3）银行收支							
5. 其他非贸易往来				10. 租赁			

（续表）

项　目	差额	借方	贷方	项　目	差额	借方	贷方
甲	1	2	3	甲	1	2	3
其中:政府交往收支				11. 对外贷款			
劳务承包收支				12. 其他			
无偿转让				短期资本(资金)往来			
1. 与国际组织往来				1. 银行借款			
2. 无偿援助和捐赠				2. 地方、部门借款			
3. 侨汇				3. 延期付款			
4. 居民其他收支				4. 延期收款			
二、资本(资金)往来项目				5. 其他			
长期资本(资金)往来				三、误差与遗漏			
1. 直接投资				四、储备资产增减额			
(1) 外国和港澳台地区在华直接投资				1. 黄金储备			
				2. 外汇储备			
(2) 中国在外国和港澳台地区直接投资				3. 特别提款权			
				4. 在基金组织的储备头寸			
				5. 对基金信贷的使用			

（五）资产负债表

表 10-6 反映一国和各部门的经济存量,其中使用方记录非金融资产和金融资产,来源方记录负债和资产负债差额,资产负债差额表现了一部门的净资产和一国的国民财产。

上述内容中,前四个子体系是关于经济流量的核算,反映核算期当期实际发生的经济活动总量;后一个子体系是关于存量的核算,反映在特定核算时点上一国或一部门所拥有的经济资产总量。

表 10-6　　　　　　资 产 负 债 表
（期末）

部　门 项　目	序号	居民		企业		政府		金融		国外		合计	
		使用	来源	使用	来源	使用	来源	使用	来源	使用	来源	使用	来源
		1	2	3	4	5	6	7	8	9	10	11	12
一、非金融资产	1												
1. 固定资产	2												
(1) 固定资产原值	3												
(2) 固定资产折旧(一)	4												
2. 存货	5												
3. 其他资产	6												
二、国内金融资产与负债	7												
1. 通货	8												
2. 存款	9												
3. 贷款	10												

（续表）

部门 项目	序号	居民		企业		政府		金融		国外		合计	
		使用	来源	使用	来源	使用	来源	使用	来源	使用	来源	使用	来源
		1	2	3	4	5	6	7	8	9	10	11	12
4. 股票及其他产权	11												
5. 证券（不含股票）	12												
6. 保险准备金	13												
7. 其他	14												
三、国外金融资产与负债	15												
1. 长期资本往来	16												
2. 短期资产往来	17												
四、储备资产	18												
五、资产负债差额	18												

（六）附属补充核算表

附属补充核算表的内容比较庞杂，有的属于非价值量核算，以实物单位表现，有的是为上述中心框架核算服务的过渡表。具体包括：①人口平衡表，反映人口规模、变动和人口构成情况；②劳动力平衡表，反映劳动力资源及其分配与利用的情况；③自然资源表，反映各种自然资源的数量、构成分布及其开发利用情况；④主要商品资源和使用平衡表，是从实物形态出发观察有关国计民生的主要商品的供需平衡状况；⑤企业部门投入表和企业部门产出表，主要反映企业部门的产出结构和投入结构，是投入产出表的基础和补充；⑥综合价格指数表，为国民经济核算的动态分析提供一系列价格指数资料。

这样组成的国民经济核算，是一个具备统一性和一致性的体系，核算结果是一个统一的和分层次的数据体系，可以广泛应用于经济活动监测、宏观经济分析、经济政策和决策制定，以及国家间比较。具体来说，核算的统一性与一致性体现在以下方面：第一，以货币作为统一的计量单位，从而使核算具有了一致的计量标准。第二，在核算范围、概念定义、分类设置上具有一致性，保证了核算内容的一致和衔接。第三，运用了统一的记账方法——复式记账法，即同一经济活动在不同的核算中作两次记录，这不仅使经济活动获得了更加丰富的表现，更重要的是使不同核算部分之间保持严密的数量联系成为可能。第四，具体核算中贯彻了统一的权责发生制和市场计价原则，即统一按照经济活动发生的时间而不是收支结算时间作为核算记录时间，并统一按照核算期当期的实际市场价格来估算各有关总量的价值，它们对核算数据的衔接一致提供了保证。

学习子情境三　国民经济核算体系的主要综合指标

一、国内生产总值

（一）国内生产总值的概念

国内生产总值（英文简称 GDP）是对一国经济在核算期内所有常驻单位生产的最终产

品总量的度量。在价值构成上,国内生产总值体现为当期生产过程中的新增价值,包括劳动者新创造的价值(V+M)和固定资产磨损价值(C_1),但不包括生产过程中作为中间投入的价值;在实物构成上,它是当期生产的最终产品,包括用于消费、积累以及净出口的产品,但不包括各种被其他生产部门消耗的中间产品。

(二) 国内生产总值的核算方法

国民经济是一个周而复始永不停顿的过程,一时期的生产成果必然要被分配和使用,由此形成各部门的收入和支出。因此,作为衡量一国在特定时期生产总量的国内生产总值,不仅可以在生产环节上加以计算,而且可以在分配和使用环节上通过相应的收入和支出加以计算,由此形成三种计算方法:第一是在生产部门,按照其产出量和投入量直接计算国内生产总值,通常称为生产法;第二是通过由初次分配过程产生的收入流量计算国内生产总值,通常称此为收入法或分配法;第三是通过对使用产品形成的支出流量计算国内生产总值,通常称此为支出法或最终使用法。一时期的生产成果在价值上必然通过分配形成各方面的收入,在使用价值上必然以一定方式投入使用,因此,从生产、分配、使用三方面计算的结果在总量上应该相等,这就是国内生产总值核算中的生产、收入、支出三方等价原则。通过上述三种方法的计算,不仅可以在相互印证基础上计算出国内生产总值是多少,更重要的,是可以通过国内生产总值在不同角度上的构成,反映出国民经济循环过程不同阶段上的基本状况和相互联系。下面简述各方法。

1. 生产法计算国内生产总值

运用生产法,国内生产总值是所有常驻单位当期生产的新增价值总和。从价值形成角度入手,自当期生产的产品总价值中剔除生产过程所投入的中间产品转移价值,即可求得当期生产活动的增加值。其计算公式为:

$$增加值＝总产出－中间投入$$

1) 总产出。

总产出是反映核算期内各生产单位生产总成果的总量指标,体现为全部货物与服务产出的总价值。

总产出的计算主要按照产业部门进行,如工业总产出、农业总产出等。尽管不同部门具有不同的生产特点,由此计算总产出的具体方法有所区别,但从基本原则上,一单位或部门的总产出总是体现为该单位或部门在核算期内的生产量与其市场价格的乘积后求和。限于篇幅,这里不可能分部门具体叙述各产业部门总产出的计算方法,下面只就有关问题作一归纳。

第一,对货物的生产,其总产出是当期货物产量与货物价格的乘积;对服务产出,总产出是当期服务产量与服务价格的乘积。对那些附着在货物之上的服务生产尤其应该注意,计入服务总产出的仅是所追加的服务价值,不能包括所附着的货物本身的价值,例如货物运输业的总产出是运输量与其运价的乘积,不能包括所运输货物本身的价值,批零贸易业的总产出不能用其贸易额衡量,而是指贸易活动在货物原购买价上的追加额。

第二,无论是货物还是服务,只要是市场化的生产,其产品价格都是由市场所决定的,其总产出就是当期生产量的市场价值。对非市场化的生产,有些可以在市场上找到对应的价格,这时应按此就当期产量进行估算求得其总产出,如农民留作自用的农产品产量,自有住房提供的服务;对那些没有市场对应物的非市场性生产,如政府所提供的公共服务,无法找到相应的价格,计算总产出所采用的方法是以投入代替产出,用其生产中所花费的各种经常性费用和固定资产磨损额之和作为总产出。

2) 中间投入。

中间投入又称中间消耗,是指各生产单位为获得总产出而消耗或使用的非耐用性物品和服务的价值。计算中间投入必须注意:第一,计入中间投入的应仅限于生产过程中消耗的非耐用性物质产品和服务,对固定资产的消耗一般不包括在内;第二,中间投入的核算必须与总产出的计算方法及内容保持一致,所计入的应是当期消耗量,而且应是当期总产出中所包含的中间投入。确定这些原则的目的,是为了实现总产出与中间投入的正确比较,计算出准确的增加值。

3) 增加值。

增加值是总产出价值扣除中间投入价值后的余额。由于从总产出中扣除了中间投入,因而增加值是不包含重复计算的产出,它较准确地反映了各生产单位在核算期内的生产成果和对整个国民经济的贡献值。

在生产单位和产业部门层次上,增加值是一个余值,它本身没有量纲,不能体现为任何一组实际的货物与服务,其数额大小既取决于核算期内的生产规模(用总产出表示),又取决于生产过程中的消耗水平(表现为单位产品总价值中中间投入价值所占比例)。这样,企业无论是增加产量还是降低消耗,其努力都可以在增加值上得到体现。所以增加值是衡量企业和部门生产成果、考察经济效益的较理想的指标。在国民经济层次上,将所有生产单位的增加值加总在一起,所得到的国内生产总值不再仅仅是一个余值,而是与体现为最终产品的货物与服务实体相对应的价值量。

增加值有总值与净值两种表示,以上所述是关于总值的计算。如果从总值中扣除固定资本消耗,就可得到净增加值。从理论上来说,净增加值更加符合增加值的定义,因为固定资本消耗是原有价值的转移而不是本期生产活动新创造价值。由于客观上难以准确测定固定资本消耗的数值,会计核算所提供的固定资产折旧也仅是一个以固定资产原值为基础的估算值,并不一定能准确反映当期固定资产的实际消耗量,如果将其从增加值中硬性扣除,所得结果同样是一个不能确定的数值。因此,实践中更常用的是未作扣除的总增加值。

2. 收入法计算国内生产总值

收入法又称分配法,是从初次分配环节各单位增加值所形成的收入流量计算国内生产总值的方法。按照这种方法,国内生产总值是固定资本消耗、劳动者报酬、生产税净额和营业盈余的总和。

固定资本消耗,是各生产单位当期生产过程对固定资产的耗费价值。由于固定资产的耐用性,固定资本消耗只能按照一定的预计使用年限对固定资产价值进行分摊,提取各年份的固定资本消耗额。在各种经营性企业单位,会计核算按期实际提取固定资产折旧,这时应按实际提取数值计入增加值中;在另外一些单位,包括那些非经营性的行政事业单位、农村集体单位和居民户,并不实际提取固定资产折旧,这时应按照它们所拥有的固定资产价值和相应的折旧率虚拟估算出固定资本消耗,计入增加值。

劳动者报酬,是劳动者在生产过程中所创造价值为自己所得部分,体现为生产单位以各种形式支付给劳动者的报酬。具体形式有:①货币性收入,包括生产单位对其职工支付的工

资、薪金、奖金、各种津贴和补贴,还包括个体经营者和其他劳动者得到的货币纯收入;②实物收入,包括各生产单位免费提供给职工的各种物品和服务、农户从集体经营中分得的实物收入、居民户自产自用的实物收入;③各生产单位为其职工向政府和保险部门支付的社会保险金。

生产税净额,是各生产单位向政府财政缴纳的生产税与政府财政向生产单位支付的补贴相抵后的净额。其中,生产税是指政府财政针对各生产单位生产、销售、购买及使用货物与服务所征收的税金、专项收入和其他规费,如产品税、营业税、增值税、农牧业税、车船税,等等。生产补贴相当于负税收,是指在政府出于某种目的迫使生产单位以低于生产成本的价格出售产品情况下,由财政给予生产单位的补贴。

营业盈余,是各生产单位增加值扣除上述三项后的余额,其主要构成部分是生产单位的盈利,体现各单位进行生产活动的收益。在那些非营利性服务部门,没有或很少有营业盈余。

3. 支出法计算国内生产总值

支出法又称最终使用法,是从产品最终使用角度核算国内生产总值的方法。一时期的最终产品要么被国内常驻单位用于消费或积累,要么被出口到国外。考虑到国内常驻单位的消费与积累中会包括一部分进口产品,将其从本国出口中扣除后,国内生产总值应是下述各项目的总和,即:

$$国内生产总值＝总消费＋总投资＋(出口－进口)$$

如果去掉净出口项目,只就总消费和总投资相加,其结果是一国当期最终使用的货物与服务总量,通常称此为国内支出总值。

总消费是指国内常驻单位在核算期内对货物与服务的最终消费支出,消费的内容主要是非耐用性货物和服务,此外包括除住房外的耐用消费品。总消费的计算要区分居民消费和社会集体消费两部分进行。居民消费是由居民住户直接完成的消费,指核算期内为满足个人和家庭消费需求而花费的全部支出,其内容有以下三部分:①居民实际用于购买生活消费品的货币支出。②居民实际用于生活消费的各种服务支出,如交通费、房租、洗理费、日用修理费、医疗保健费、教育费用、文化娱乐费用等。③以自产自用或实物分配方式获得的消费,如自有住房服务、农民自产自用的农产品,以及计入劳动报酬的其他货物与服务。社会集体消费支出包括政府消费支出与集体消费支出两部分。集体消费支出是指各单位为满足其成员集体消费目的而购买货物与服务所花费的支出,受益者仅限于本单位成员,如集体福利设施费、集体福利事业补贴、文娱体育宣传费、农村村民委员会经费开支等。政府消费支出是指政府无偿提供给居民和社会公众的货物与服务所花费的支出,其中一部分是政府从市场上购买货物与服务直接提供给居民所形成的支出,如发放的救灾物资,另一部分则是政府为完成公共服务生产而花费的支出。

总投资是指国内常驻单位用于非金融资产积累所花费的支出,具体包括固定资本形成与库存增加两部分。固定资本形成是各常驻单位在核算期内用于购置和建造固定资产的全部投资支出,体现为固定资产存量的增加。所涉及的固定资产包括各类房屋、建筑物、机器设备、役畜种畜、多年生经济林木和在建工程等。库存增加是指各单位库存物资增加的价值总和。具体包括各生产单位原材料、燃料、动力等储备物资的库存增加,各生产单位在产品和制成品库存的增加,各商业单位商品库存的增加,以及国家物资储备的增加。核算方法一般采用差额法,即用期末库存价值与期初库存价值相减求本期增加额。

净出口是出口减进口的净额。这里,进口和出口是指一国常驻单位与国外之间所有的关于货物与服务的交换和无偿转让活动。对外提供货物与服务即为出口,自国外获得货物与服务即为进口。

上述核算方法及其结果最终由国内生产总值及其使用表(表式见表 10-1)来表现。应该说,不同方法的核算结果在理论上应该是一致的,但在实际工作中,由于要从不同方面搜集资料,而且有时需要对数据进行估算,因而不可避免地会出现统计误差。通常的处理方法是将统计误差控制在一定限度内,并列入表的相应位置上。

二、国民生产总值

国民生产总值(简称 GNP),用于反映一国常驻单位以国内生产总值为基础参与国家间收入初次分配活动的结果,是测度该国常驻单位在核算期内所得到的生产性收入总量的指标。由于国家间劳动和资本等生产要素的流动,产生了劳动和资本报酬等生产性收入在国家间的流动,即一部分价值以劳动报酬或财产收入的形式由国内分配给国外,同时又接受国外分配给该国的劳动报酬和财产收入,通常称前一流量为付给国外的要素收入,称后一流量为来自国外的要素收入。因此,国民生产总值实际上是在国内生产总值基础上形成的,两者的关系可用下式表示:

国民生产总值＝国内生产总值＋来自国外的要素收入－付给国外的要素收入

三、国民生产净值

国民生产净值(英文简称 NNP)。它是指一个国家在一定时期内所生产的产品和劳务的净值。它等于国民生产总值扣除当年固定资产消耗(即折旧后的数值)。它表示能够用于消费,追加固定资产和储备(即净投资)的产品和劳务的总量。从分配要素看,它是由工资、利润、利息、租金和间接税(如货物税、销售税、娱乐税等)相加的总量。

国民生产净值＝国民生产总值－固定资产折旧

或 ＝工资＋利息＋利润＋租金＋间接税

四、国民收入

国民收入(英文简称 NI)是指一个国家的生产要素(劳动、资本和土地)所有者在一定时期内从生产的产品和劳务中所得的全部收入。简言之,就是要素收入(包括工资、利润、利息、租金等)的总和。在有政府津贴的情况下,还要加上津贴,因为资本主义国家,津贴是政府由于采取必要的政策而支付给企业的补助金,属于生产要素的收入。但是国民收入中不包括间接税,因为它不属于生产要素的收入。

国民收入与国民生产净值所包含的产品和劳务的内容是相同的,只是分析角度和采用的价格不同。国民生产净值从生产角度考察,按市场价格计算;国民收入是从要素收入角度考察,按要素成本计算。所以通常说,国民收入是按要素成本计算的国民生产净值,而国民生产净值则是按市场价格计算的国民收入。

国民收入＝国民生产总值－固定资产折旧－企业间接税＋津贴

或 ＝国民生产净值－企业间接税＋津贴

或 ＝工资＋利润＋利息＋租金＋津贴

五、个人收入

个人收入(英文简称 PI)是指全社会成员在一定时期内从各种来源所得的收入的总和,包括劳动收入、业主收入、租金收入、股息及利息收入,来自政府和非营利组织对个人的转移支付,如救济金,补助金等。

国民收入是个人收入的主要来源,但国民收入中有些并未分配给个人,如公司或企业未分配的利润,雇主对雇员的社会保险支付等。相反,有些要素收入通过再分配又成为个人收入,如政府对个人的转移支付如抚恤金,救济金等。所以,个人收入有可能会大于国民收入。

个人收入＝国民收入－(公司未分配利润＋公司利润税金
　　　　　　＋公司和个人缴纳的社会保险费)＋(政府对个人支付的利息
　　　　　　＋政府对个人的转移支付＋企业对个人的转移支付)

或　　　　　＝工资和薪金＋业主收入＋个人租金收入＋股息
　　　　　　＋个人利息收入＋政府和企业对个人的转移支付
　　　　　　－个人缴纳的社会保险费

六、个人可支配收入

个人可支配收入(英文简称 PDI)。个人收入还不是居民实际拿到手可任意使用的款项。一个国家的所有个人,在一定时期内实际得到的,可用于消费支出和储蓄的收入,称为个人可支配收入。它等于个人收入扣除个人税和非税支付以后的金额。个人税包括个人的所得税、财产税、地产税和赠与税等。非税支付包括罚款、教育费和医疗费等。

个人可支配收入＝个人收入－(个人税＋非税支付)
　　　　　　＝个人消费支出＋个人储蓄

【情境小结】

1. 国民经济核算是以整个国民经济为对象的宏观核算。它采用统一的货币计量单位,运用一套相互有机联系在一起的数表,系统描述了一个时期国民经济发展的整体状况,所提供资料构成了经济信息系统的中心内容。

2. 国民经济核算作用和影响主要有以下方面:①国民经济核算是反映国民经济运行状况的有效工具;②国民经济核算是宏观经济管理的重要依据;③国民经济核算是制定和检验国民经济计划的科学方法;④国民经济核算是微观决策的重要依据;⑤国民经济核算影响到我国的经济利益和政治利益;⑥国民经济核算影响到党和政府的声誉;⑦国民经济核算是经济统计的基本框架;⑧国民经济核算是协调经济统计数据的重要手段。

3. 国内生产总值(简称 GDP)是对一国经济在核算期内所有常驻单位生产的最终产品总量的度量。在价值构成上,国内生产总值体现为当期生产过程中的新增价值,包括劳动者新创造的价值(V＋M)和固定资产磨损价值(C_1),但不包括生产过程中作为中间投入的价值;在实物构成上,它是当期生产的最终产品,包括用于消费、积累以及净出口的产品,但不包括各种被其他生产部门消耗的中间产品。

4. 国民生产总值(简称 GNP)用于反映一国常驻单位以国内生产总值为基础参与国家间收入初次分配活动的结果,是测度该国常驻单位在核算期内所得到的生产性收入总量的指标。由于国家间劳动和资本等生产要素的流动,由此产生了劳动和资本报酬等生产性收入在国家间的流动,即一部分价值以劳动报酬或财产收入的形式由国内分配给国外,同时又接受国外分配给该国的劳动报酬和财产收入,通常称前一流量为付给国外的要素收入,称后一流量为来自国外的要素收入。因此,国民生产总值实际上是在国内生产总值基础上形成的,两者的关系可用下式表示:

$$国民生产总值 = 国内生产总值 + 来自国外的要素收入 - 付给国外的要素收入$$

5. 国民生产净值(英文简称 NNP)是指一个国家在一定时期内所生产的产品和劳务的净值。它等于国民生产总值扣除当年固定资产消耗(即折旧后的数值)。它表示能够用于消费,追加固定资产和储备(即净投资)的产品和劳务的总量。从分配要素看,它是由工资、利润、利息、租金和间接税(如货物税、销售税、娱乐税等)相加的总量。

$$国民生产净值 = 国民生产总值 - 固定资产折旧$$

或 $$= 工资 + 利息 + 利润 + 租金 + 间接税$$

6. 国民收入(英文简称 NI)是指一个国家的生产要素(劳动、资本和土地)所有者在一定时期内从生产的产品和劳务中所得的全部收入。简言之,就是要素收入(包括工资、利润、利息、租金等)的总和。在有政府津贴的情况下,还要加上津贴,因为资本主义国家,津贴是政府由于采取必要的政策而支付给企业的补助金,属于生产要素的收入。但是国民收入中不包括间接税,因为它不属于生产要素的收入。

国民收入与国民生产净值所包含的产品和劳务的内容是相同的,只是分析角度和采用的价格不同。国民生产净值从生产角度考察,按市场价格计算;国民收入是从要素收入角度考察,按要素成本计算。所以通常说,国民收入是按要素成本计算的国民生产净值,而国民生产净值则是按市场价格计算的国民收入。

$$国民收入 = 国民生产总值 - 固定资产折旧 - 企业间接税 + 津贴$$

或 $$= 国民生产净值 - 企业间接税 + 津贴$$

或 $$= 工资 + 利润 + 利息 + 租金 + 津贴$$

7. 个人收入(英文简称 PI)是指全社会成员在一定时期内从各种来源所得的收入的总和,包括劳动收入、业主收入、租金收入、股息及利息收入,来自政府和非营利组织对个人的转移支付如救济金、补助金等。

国民收入是个人收入的主要来源,但国民收入中有些并未分配给个人,如公司或企业未分配的利润,雇主对雇员的社会保险支付等;相反,有些要素收入通过再分配又成为个人收入,如政府对个人的转移支付如抚恤金,救济金等。所以,个人收入有可能会大于国民收入。

$$个人收入 = 国民收入 - (公司未分配利润 + 公司利润税金$$
$$+ 公司和个人缴纳的社会保险费) + (政府对个人支付的利息$$
$$+ 政府对个人的转移支付 + 企业对个人的转移支付)$$

或 $$= 工资和薪金 + 业主收入 + 个人租金收入 + 股息$$
$$+ 个人利息收入 + 政府和企业对个人的转移支付$$
$$- 个人缴纳的社会保险费$$

8. 个人可支配收入(英文简称 PDI)。个人收入还不是居民实际拿到手可任意使用的款项。一个国家的所有个人,在一定时期内实际得到的,可用于消费支出和储蓄的收入,称为个人可支配收入。它等于个人收入扣除个人税和非税支付以后的金额。个人税包括个人的

所得税、财产税、地产税和赠与税等。非税支付包括罚款、教育费和医疗费等。

$$个人可支配收入＝个人收入－（个人税＋非税支付）$$
$$＝个人消费支出＋个人储蓄$$

【做中学】

一、单项选择题

1. MPS 的全称和应用范围是（　　）。

　A. 物质产品平衡体系,计划经济国家

　B. 物质产品平衡体系,市场经济国家

　C. 国民账户体系,市场经济国家

　D. 国民账户体系,计划经济国家

2. 国民账户体系的英文简称和应用范围是（　　）。

　A. MPS,计划经济国家　　　　　　B. MPS,市场经济国家

　C. SNA,市场经济国家　　　　　　D. SNA,计划经济国家

3. 国民账户体系 SNA 在核算方法上采用（　　）。

　A. SNA 横向平衡表　B. 纵向平衡表　　C. 复式记账法　　D. 抽样推断法

4. SNA 的核心指标是（　　）。

　A. 国民生产总值　　B. 国内生产总值　　C. 国民生产净值　　D. 国民收入

5. 国民生产总值＝国内生产总值＋（　　）。

　A. 国民最终收入　　　　　　　　B. 国民可支配收入

　C. 国民收入　　　　　　　　　　D. 国外净要素收入

二、多项选择题

1. 国民经济核算体系的内容包括（　　）。

　A. 国内生产总值核算　　　　　　B. 投入产出核算

　C. 资金流量核算　　　　　　　　D. 资产负债核算

　E. 国际收支核算

2. 下列核算表中,属于补充表的有（　　）。

　A. 国际收支平衡表　　　　　　　B. 人口平衡表

　C. 劳动力平衡表　　　　　　　　D. 自然资源平衡表

　E. 综合价格指数表

3. 国内生产总值的计算有三种计算方法,即（　　）。

　A. 生产法　　　　B. 收入法　　　　C. 平衡法　　　　D. 支出法

　E. 累计法

4. 从收入法的角度计算国内生产总值,它是由（　　）四种要素构成的。

　A. 固定资产折旧　　　　　　　　B. 财产收入

　C. 劳动者报酬　　　　　　　　　D. 生产税净额

　E. 营业盈余

三、简答题

1. 什么是国民经济核算体系?

2. 国民经济核算体系的内容有哪些?

3. 国民经济核算指标体系主要由哪些指标构成?

4. 简述国民生产总值和国内生产总值的区别。

四、计算题

设某地区某年的有关资料如表 10-7 所示。

表 10-7　　　　　　　　　　某地区某年国民经济资料表　　　　　　　　单位:万元

生　　产		使　　用	
总产出	28 229.3	居民消费	6537.3
中间消耗	15 662.9	社会消费	1463.0
固定资产折旧	1 322.2	固定资产投资	4183.3
劳动者报酬	6 476.8	库存增加	627.0
生产税	1 570.8	出口	1728.1
补贴	689.7	进口	1972.3
营业盈余	3 886.3		

试根据上述资料,用三种方法计算国内生产总值。

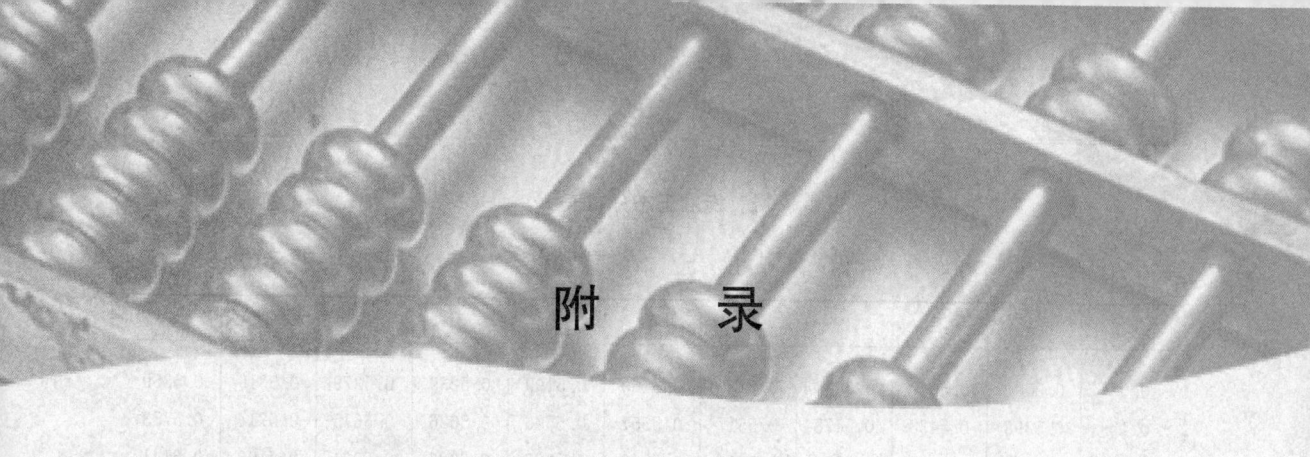

附　录

1　相关系数显著性检验表

$n-2$	α	0.10	0.05	0.02	0.01	0.001
1		0.98769	0.99625	0.99507	0.999877	0.9999988
2		0.90000	0.95000	0.98000	0.99000	0.999900
3		0.8054	0.8783	0.93433	0.95873	0.99116
4		0.7293	0.8114	0.8822	0.91720	0.97405
5		0.6694	0.7545	0.8329	0.8745	0.95074
6		0.6215	0.7067	0.7887	0.8343	0.92493
7		0.5822	0.6664	0.7498	0.7977	0.8982
8		0.5494	0.6319	0.7155	0.7646	0.8721
9		0.5214	0.6021	0.6851	0.7348	0.8471
10		0.4973	0.5760	0.6581	0.7079	0.8233
11		0.4762	0.5529	0.6339	0.6835	0.8010
12		0.4575	0.5324	0.6120	0.6614	0.7800
13		0.4409	0.5139	0.5923	0.6411	0.7603
14		04259	0.4973	0.5742	0.6226	0.7429
15		0.4123	0.4821	0.5577	0.6055	0.725
16		0.4000	0.4683	0.5425	0.5897	0.7084
17		0.3887	0.4555	0.5285	0.5751	0.6932
18		0.3783	0.4438	0.5155	0.5614	0.6787
19		0.3687	0.4329	0.5134	0.5487	0.6652
20		0.3593	0.4227	0.4921	0.5368	0.6524
25		0.3233	0.3809	0.4451	0.4869	0.5974
30		0.2960	0.3494	0.4093	0.4487	0.5541
35		0.2746	0.3426	0.3810	0.4182	0.5189
40		0.2573	0.3044	0.3578	0.3932	0.4896
45		0.2428	0.2875	0.3384	0.3721	0.4648
50		0.2306	0.2732	0.3213	0.3541	0.4433
60		0.2108	0.2500	0.2044	0.3243	0.4078
70		0.1954	0.2319	0.2737	0.3017	0.2799
80		0.1829	0.2172	0.2565	0.2880	0.3558
90		0.1726	0.2050	0.2422	0.2673	0.3375
100		0.1368	0.1946	0.2301	0.2540	0.3211

注:表中数字为临界值 $r(\alpha, n-2)$。

2 标准正态分布表

$$\Phi(x) = \int_{-\infty}^{x} \frac{1}{\sqrt{2\pi}} e^{-\frac{t^2}{2}} \mathrm{d}t = P(X \leqslant x)$$

x	0	1	2	3	4	5	6	7	8	9
0.0	0.5000	0.5040	0.5080	0.5120	0.5160	0.5199	0.5239	0.5279	0.5319	0.5359
0.1	0.5398	0.5438	0.5478	0.5517	0.5557	0.5596	0.5636	0.5675	0.5714	0.5753
0.2	0.5793	0.5832	0.5871	0.5910	0.5848	0.5987	0.6026	0.6064	0.6103	0.6141
0.3	0.6179	0.6217	0.6255	0.6293	0.6331	0.6368	0.6406	0.6443	0.6480	0.6517
0.4	0.6554	0.6591	0.6628	0.6664	0.6700	0.6736	0.6772	0.6808	0.6844	0.6879
0.5	0.6915	0.6950	0.6985	0.7019	0.7054	0.7088	0.7123	0.7157	0.7190	0.7224
0.6	0.7257	0.7219	0.7324	0.7357	0.7389	0.7422	0.7454	0.7486	0.7571	0.7549
0.7	0.7580	0.7611	0.7642	0.7673	0.7703	0.7734	0.7764	0.7794	0.7823	0.7852
0.8	0.7881	0.7910	0.7939	0.7967	0.7995	0.8023	0.8051	0.8087	0.8106	0.8133
0.9	0.8159	0.8186	0.8212	0.8283	0.8264	0.8289	0.8315	0.8340	0.8365	0.8389
1.0	0.8413	0.8438	0.8461	0.8485	0.8508	0.8531	0.8554	0.8577	0.8599	0.8621
1.1	0.8643	0.8665	0.8686	0.8708	0.8729	0.8749	0.8770	0.8790	0.8810	0.8830
1.2	0.8849	0.8869	0.8888	0.8907	0.8925	0.8944	0.8962	0.8980	0.8997	0.9015
1.3	0.9023	0.9049	0.9066	0.9082	0.9099	0.9115	0.9131	0.9147	0.9162	0.9177
1.4	0.9192	0.9207	0.9222	0.9236	0.9251	0.9265	0.9278	0.9292	0.9306	0.9319
1.5	0.9332	0.9345	0.9357	0.9370	0.9382	0.9394	0.9406	0.9418	0.9430	0.9441
1.6	0.9452	0.9463	0.9474	0.9484	0.9495	0.9505	0.9515	0.9525	0.9535	0.9545
1.7	0.9554	0.9564	0.9573	0.9582	0.9591	0.9599	0.9608	0.9616	0.9625	0.9633
1.8	0.9641	0.9648	0.9656	0.9664	0.9671	0.9678	0.9686	0.9693	0.9700	0.9706
1.9	0.9713	0.9719	0.9726	0.9732	0.9738	0.9744	0.9750	0.9756	0.9762	0.9767
2.0	0.9772	0.9778	0.9783	0.9788	0.9793	0.9798	0.9803	0.9808	0.9812	0.9817
2.1	0.9821	0.9826	0.9830	0.9834	0.9838	0.9842	0.9846	0.9850	0.9854	0.9857
2.2	0.9861	0.9864	0.9868	0.9871	0.9874	0.9878	0.9881	0.9884	0.9887	0.9890
2.3	0.9893	0.9896	0.9898	0.9901	0.9904	0.9906	0.9909	0.9911	0.9913	0.9916
2.4	0.9918	0.9920	0.9922	0.9925	0.9927	0.9929	0.9931	0.9932	0.9934	0.9936
2.5	0.9938	0.9940	0.9941	0.9943	0.9945	0.9946	0.9948	0.9949	0.9951	0.9952
2.6	0.9953	0.9955	0.9956	0.9957	0.9959	0.9960	0.9961	0.9962	0.9963	0.9964
2.7	0.9965	0.9966	0.9967	0.9968	0.9969	0.9970	0.9971	0.9972	0.9973	0.9974
2.8	0.9974	0.9975	0.9976	0.9977	0.9977	0.9978	0.9979	0.9979	0.9980	0.9981
2.9	0.9981	0.9982	0.9982	0.9983	0.9984	0.9984	0.9985	0.9985	0.9986	0.9986
3.0	0.9987	0.9990	0.9993	0.9995	0.9997	0.9998	0.9998	0.9999	0.9999	1.0000

3 t 分 布 表

$$P\{t(n) > t_\alpha(n)\} = \alpha$$

n	α=0.25	0.10	0.05	0.025	0.01	0.005
1	1.0000	3.0777	6.3138	12.7062	31.8207	63.6574
2	0.8165	1.8856	2.9200	4.3037	6.9646	9.9248
3	0.7649	1.6377	2.3534	3.1824	2.5407	5.8409
4	0.7407	1.5332	2.1318	2.7764	3.7469	4.6014
5	0.7267	1.4759	2.0150	2.5706	3.3649	4.0322
6	0.7176	1.4398	1.9432	2.4469	3.1427	3.7074
7	0.7111	1.4149	1.8946	2.3634	2.9980	3.4995
8	0.7064	1.3968	1.8595	2.3060	2.8965	3.3554
9	0.7027	1.3830	1.8331	2.2622	2.8214	3.2498
10	0.6998	1.3722	1.8125	2.2281	2.7638	3.1693
11	0.6974	1.3634	1.7959	2.2010	2.7181	3.1058
12	0.6955	1.3562	1.7823	2.1788	2.6810	3.0545
13	0.6938	1.3502	1.7709	2.1604	2.6503	3.0123
14	0.6924	1.3450	1.7613	2.1448	2.6245	2.9768
15	0.6912	1.3406	1.7531	2.1315	2.6205	2.9467
16	0.6901	1.3368	1.7459	2.1199	2..5835	2.9208
17	0.6892	1.3334	1.7396	2.1098	2.5669	2.8982
18	0.6884	1.3304	1.7341	2.1009	2.5524	2.8784
19	0.6876	1.3277	1.7291	2.0930	2.5395	2.8609
20	0.9870	1.3253	1.7247	2.0860	2.5280	2.8453
21	0.6864	1.3232	1.7207	2.0796	2.5177	2.8314
22	0.6858	1.3212	1.7171	2.0739	2.5083	2.8188
23	0.6853	1.3195	1.7139	2.0687	2.4999	2.8073
24	0.6848	1.3178	1.7109	2.0639	2.4922	2.7969
25	0.6844	1.3163	1.7108	2.0595	2.4851	2.7874
26	0.6840	1.3150	1.7056	2.0555	2.4786	2.7787
27	0.6837	1.3137	1.7033	2.0518	2.4727	2.7707
28	0.6834	1.3125	1.7011	2.0484	2.4671	2.7664
29	0.6830	1.3114	1.6991	2.0452	2.4620	2.7564
30	0.6828	1.304	1.6973	2.0423	2.4573	2.7500
31	0.6825	1.3095	1.6599	2.0395	2.4528	2.7440
32	0.6822	1.3086	1.6939	2.0369	2.4487	2.7385
33	0.6820	1.3077	1.6924	2.0345	2.4448	2.7333
34	0.6818	1.3070	1.6909	2.0322	2.4411	2.7384
35	0.6816	1.3062	1.6896	2.0301	2.4377	2.7238
36	0.6814	1.3055	1.6883	2.0281	2.4345	2.7195
37	0.6812	1.3049	1.6871	2.0262	2.4314	2.7154
38	0.6810	1.3042	1.6860	2.0244	2.4286	2.7116
39	0.6808	1.3036	1.6849	2.0227	2.4258	2.7079
40	0.6807	1.3031	1.6839	2.0211	2.4223	2.7045
41	0.6805	1.3025	1.6829	2.0195	2.4208	2.7012
42	1.6804	1.3020	1.6820	2.0181	2.4185	2.6981
43	1.6802	1.3016	1.6811	2.0167	2.4163	2.6951
44	1.6801	1.3011	1.6802	2.0154	2.4141	2.6923
45	0.6800	1.3006	1.6794	2.0141	2.4121	2.6896

$P\{F(n_1,n_2)>$

$\alpha = 0.10$

n_1 / n_2	1	2	3	4	5	6	7	8	9
1	39.86	49.50	53.59	55.33	57.24	58.20	58.91	59.44	59.86
2	8.53	9.00	9.16	9.24	6.29	9.33	9.35	9.37	9.38
3	5.54	5.46	5.39	5.34	5.31	5.28	5.27	5.25	5.24
4	4.54	4.32	4.19	4.11	4.05	4.01	3.98	3.95	3.94
5	4.06	3.78	3.62	3.52	3.45	3.40	3.37	3.34	3.32
6	3.78	3.46	3.29	3.18	3.11	3.05	3.01	2.98	2.96
7	3.59	3.26	3.07	2.96	2.88	2.83	2.78	2.75	2.72
8	3.46	3.11	2.92	2.81	2.73	2.67	2.62	2.59	2.56
9	3.36	3.01	2.81	2.69	2.61	2.55	2.51	2.47	2.44
10	3.20	2.92	2.73	2.61	2.52	2.46	2.41	2.38	2.35
11	3.22	2.86	2.66	2.54	2.45	2.39	2.34	2.30	2.27
12	3.18	2.81	2.61	2.48	2.39	2.33	2.28	2.24	2.21
13	3.14	2.76	2.56	2.43	2.35	2.28	2.23	2.20	2.16
14	3.10	2.73	2.52	2.39	2.31	2.24	2.19	2.15	2.12
15	3.07	2.70	2.49	2.36	2.27	2.21	2.16	2.12	2.09
16	3.05	2.67	2.46	2.33	2.24	2.18	2.13	2.09	2.06
17	3.03	2.64	2.44	2.31	2.22	2.15	2.10	2.06	2.03
18	3.01	2.62	2.42	2.29	2.20	2.13	2.08	2.04	2.00
19	2.99	2.61	2.40	2.27	2.18	2.11	2.06	2.02	1.98
20	2.97	2.50	2.38	2.25	2.16	2.09	2.04	2.00	1.96
21	2.96	2.57	2.36	2.23	2.14	2.08	2.02	1.98	1.95
22	2.95	2.56	2.35	2.22	2.13	2.06	2.01	1.97	1.93
23	2.94	2.55	2.34	2.21	2.11	2.05	1.99	1.95	1.92
24	2.93	2.54	2.33	2.19	2.10	2.04	1.98	1.94	1.91
25	2.92	2.53	2.32	2.18	2.09	2.02	1.97	1.93	1.89
26	2.91	2.52	2.31	2.17	2.08	2.01	1.96	1.92	1.88
27	2.90	2.51	2.30	2.17	2.07	2.00	1.95	1.91	1.87
28	2.89	2.50	2.98	2.16	2.06	2.00	1.93	1.90	1.87
29	2.89	2.50	2.88	2.15	2.06	1.99	1.93	1.89	1.86
30	2.88	2.49	2.22	2.14	2.05	1.98	1.93	1.88	1.85
40	2.84	2.41	2.23	2.00	2.00	1.93	1.87	1.83	1.79
60	2.79	2.39	2.18	2.04	1.95	1.87	1.82	1.77	1.74
120	2.75	2.35	2.13	1.99	1.90	1.82	1.77	1.72	1.68
∞	2.71	2.30	2.08	1.94	1.85	1.77	1.72	1.67	1.63

布　表

$$F_\alpha(n_1, n_2)\} = \alpha$$

10	12	15	20	24	30	40	60	120	∞
60.19	60.71	61.22	61.74	62.06	62.26	62.53	62.79	63.06	63.33
9.39	9.41	9.42	9.44	9.45	9.46	9.47	9.47	9.48	9.49
5.23	5.22	5.20	5.18	5.18	5.17	5.16	5.15	5.14	5.13
3.92	3.90	3.87	3.84	3.83	3.82	3.80	3.79	3.78	3.76
3.30	3.27	3.24	3.21	3.19	3.17	3.16	3.14	3.12	3.10
2.94	2.90	2.87	2.84	2.82	2.80	2.78	2.76	2.74	2.72
2.70	2.67	2.63	2.59	2.58	2.56	2.54	2.51	2.49	2.47
2.54	2.50	2.46	2.42	2.40	2.38	2.36	2.34	2.32	2.29
2.42	2.38	2.34	2.30	2.28	2.25	2.23	2.21	2.18	2.16
2.32	2.28	2.24	2.20	2.18	2.16	2.13	2.11	2.08	2.06
2.25	2.21	2.17	2.12	2.10	2.08	2.05	2.03	2.00	1.97
2.19	2.15	2.10	2.06	2.04	2.01	1.99	1.96	1.93	1.90
2.14	2.10	2.05	2.01	1.98	1.96	1.93	1.90	1.88	1.85
2.10	2.05	2.01	1.96	1.94	1.91	1.89	1.82	1.83	1.80
2.06	2.02	1.97	1.92	1.90	1.87	1.85	1.82	1.79	1.76
2.03	1.99	1.94	1.89	1.87	1.84	1.81	1.78	1.75	1.72
2.00	1.96	1.91	1.86	1.84	1.81	1.78	1.75	1.72	1.69
1.98	1.93	1.89	1.84	1.81	1.78	1.75	1.72	1.69	1.66
1.96	1.91	1.86	1.81	1.79	1.76	1.73	1.70	1.67	1.63
1.94	1.89	1.84	1.79	1.77	1.74	1.71	1.68	1.64	1.61
1.92	1.87	1.83	1.78	1.75	1.72	1.69	1.66	1.62	1.59
1.90	1.86	1.81	1.76	1.73	1.70	1.69	1.64	1.60	1.57
1.89	1.84	1.80	1.74	1.72	1.69	1.66	1.62	1.59	1.55
1.88	1.83	1.78	1.73	1.70	1.67	1.64	1.60	1.57	1.53
1.87	1.82	1.77	1.72	1.69	1.66	1.63	1.59	1.56	1.52
1.86	1.81	1.76	1.71	1.68	1.65	1.61	1.58	1.54	1.50
1.85	1.80	1.75	1.70	1.67	1.64	1.60	1.57	1.53	1.49
1.84	1.79	1.74	1.69	1.66	1.63	1.59	1.56	1.52	1.48
1.83	1.78	1.73	1.68	1.65	1.62	1.58	1.55	1.51	1.47
1.82	1.77	1.72	1.67	1.64	1.61	1.57	1.54	1.50	1.46
1.76	1.71	1.71	1.61	1.57	1.54	1.51	1.47	1.42	1.38
1.71	1.66	1.66	1.54	1.51	1.48	1.44	1.40	1.35	1.29
1.65	1.60	1.60	1.48	1.45	1.41	1.37	1.32	1.36	1.19
1.60	1.55	1.55	1.42	1.38	1.34	1.30	1.24	1.17	1.00

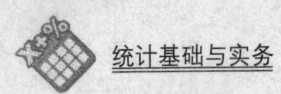

$\alpha=0.05$

n_2 \ n_1	1	2	3	4	5	6	7	8	9
1	161.4	199.5	215.7	224.6	230.2	234.0	236.8	238.9	240.5
2	18.51	19.00	19.25	19.25	19.30	19.33	19.35	19.37	19.38
3	10.13	9.55	9.12	9.12	9.90	8.94	8.89	8.85	8.81
4	7.71	6.94	6.39	6.39	6.26	6.16	6.09	6.04	6.00
5	6.61	5.79	5.41	5.19	5.05	4.95	4.88	4.82	4.77
6	5.99	5.14	4.76	4.53	4.39	4.28	4.21	1.15	4.10
7	5.59	4.74	4.35	4.12	3.97	3.87	3.79	3.73	3.68
8	5.32	4.46	4.07	3.84	3.69	3.58	3.50	3.44	3.69
9	5.12	4.26	3.86	3.63	3.48	3.37	3.29	3.23	3.18
10	4.96	4.10	3.71	3.48	3.33	3.22	3.14	3.07	3.02
11	4.84	3.98	3.59	3.36	3.20	3.09	3.01	2.95	2.90
12	4.75	3.89	3.49	3.26	3.11	3.00	2.91	2.85	2.80
13	4.67	3.81	3.41	3.18	3.03	2.92	2.83	2.77	2.71
14	4.60	3.74	3.34	3.11	2.96	2.85	2.76	2.70	2.65
15	4.54	3.68	3.29	3.06	2.90	2.79	2.71	2.64	2.59
16	4.49	3.63	3.24	3.01	2.85	2.74	2.66	2.59	2.54
17	4.45	3.59	3.20	2.96	2.81	2.70	2.61	2.55	2.49
18	4.41	3.55	3.16	2.93	2.77	2.66	2.58	2.51	2.46
19	4.38	3.52	3.13	2.90	2.74	2.63	2.54	2.48	2.42
20	4.35	3.49	3.10	2.87	2.71	2.60	2.51	2.45	2.39
21	4.32	3.47	3.07	2.84	2.68	2.57	2.49	2.42	2.37
22	4.30	3.44	3.05	2.82	2.66	2.55	2.46	2.40	2.34
23	4.28	3.42	3.03	2.80	2.64	2.53	2.44	2.37	2.32
24	4.26	3.40	3.01	2.78	2.62	2.51	2.42	2.36	2.30
25	4.24	3.39	2.99	2.76	2.60	2.49	2.40	2.34	2.28
26	4.23	3.37	2.98	2.74	2.59	2.47	2.39	2.32	2.27
27	4.21	3.35	2.96	2.73	2.57	2.46	2.37	2.31	2.25
28	4.20	3.34	2.95	2.71	2.56	2.45	2.36	2.29	2.24
29	4.18	3.33	2.93	2.70	2.55	2.43	2.35	2.28	2.22
30	4.17	3.32	2.92	2.69	2.53	2.42	2.33	2.27	2.21
40	4.08	3.23	2.84	2.61	2.45	2.34	2.25	2.18	2.12
60	4.00	3.15	2.76	2.53	2.37	2.25	2.17	2.10	2.04
120	3.92	3.07	2.68	2.45	2.29	2.17	2.09	2.02	2.96
∞	3.84	3.00	2.60	2.37	2.21	2.10	2.01	1.94	1.88

（续表）

10	12	15	20	24	30	40	60	120	∞
241.9	243.9	245.9	248.0	249.1	250.1	251.1	252.2	253.3	254.3
19.40	19.41	19.43	19.45	19.45	19.46	19.47	19.48	19.49	19.50
8.79	8.74	8.70	8.66	8.64	8.62	8.59	8.57	8.55	8.53
5.96	5.91	5.86	5.80	5.77	5.75	5.72	5.69	5.66	5.63
4.74	4.68	4.62	4.56	4.53	4.50	4.46	4.43	4.40	4.36
4.06	4.00	3.94	3.87	3.84	3.81	3.77	3.74	3.70	3.67
3.64	3.57	3.51	3.44	3.41	3.38	3.34	3.30	3.27	3.23
3.35	3.28	3.22	3.15	3.12	3.08	3.04	3.01	2.97	2.93
3.14	3.07	3.01	2.94	2.90	2.86	2.83	2.79	2.95	2.71
2.98	2.91	2.85	2.77	2.74	2.70	2.66	2.62	2.58	2.54
2.85	2.79	2.72	2.65	2.61	2.57	2.53	2.49	2.45	2.40
2.75	2.69	2.62	2.54	2.51	2.47	2.43	2.38	2.34	2.30
2.67	2.60	2.53	2.46	2.42	2.38	2.34	2.30	2.25	2.21
2.60	2.53	2.46	2.39	2.35	2.31	2.27	2.22	2.18	2.13
2.54	2.48	2.40	2.33	2.29	2.25	2.20	2.16	2.11	2.07
2.49	2.42	2.35	2.28	2.24	2.19	2.15	2.11	2.06	2.01
2.45	2.38	2.31	2.23	2.19	2.15	2.10	2.06	2.01	1.96
2.41	2.34	2.27	2.19	2.15	2.11	2.06	2.02	1.97	1.92
2.38	2.31	2.23	2.16	2.11	2.07	2.03	1.98	1.93	1.88
2.35	2.28	2.20	2.12	2.08	2.04	1.99	1.95	1.90	1.84
2.32	2.25	2.18	2.10	2.05	2.01	1.96	1.92	1.87	1.81
2.30	2.23	2.15	2.07	2.03	1.98	1.94	1.89	1.84	1.78
2.27	2.20	2.13	2.05	2.01	1.96	1.91	1.86	1.81	1.76
2.25	2.18	2.11	2.03	1.98	1.94	1.89	1.84	1.79	1.73
2.24	2.16	2.09	2.01	1.96	1.92	1.87	1.82	1.77	1.71
2.22	2.15	1.07	1.99	1.95	1.90	1.85	1.80	1.75	1.69
2.20	2.13	1.06	1.97	1.93	1.88	1.84	1.79	1.73	1.67
2.19	2.12	1.04	1.96	1.91	1.87	1.82	1.77	1.71	1.65
2.18	2.10	1.03	1.94	1.90	1.85	1.81	1.75	1.70	1.64
2.16	2.09	2.01	1.93	1.89	1.84	1.79	1.74	1.68	1.62
2.08	2.00	1.92	1.84	1.79	1.74	1.69	1.64	1.58	1.51
1.99	1.92	1.84	1.75	1.70	1.65	1.59	1.53	1.47	1.39
1.91	1.83	1.75	1.66	1.61	1.55	1.50	1.43	1.35	1.25
1.83	1.75	1.67	1.57	1.52	1.46	1.39	1.32	1.22	1.00

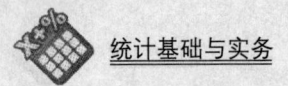
α=0.05

n_2 \ n_1	1	2	3	4	5	6	7	8	9
1	4052	4999.5	5403	5626	5764	5859	5928	5982	6062
2	98.50	99.00	99.17	99.25	99.30	99.33	99.36	99.37	99.39
3	34.12	30.82	29.46	28.71	28.24	27.91	27.67	27.49	27.35
4	21.20	18.00	16.69	15.98	15.52	15.21	14.98	14.80	14.66
5	16.26	13.27	12.06	11.39	10.97	10.67	10.46	10.29	10.16
6	13.75	10.92	9.78	9.15	8.75	8.47	8.46	8.10	7.98
7	12.25	9.55	8.45	7.85	7.46	7.19	6.99	6.84	6.72
8	11.26	8.65	7.59	7.01	6.63	6.37	6.18	6.03	5.91
9	10.56	8.02	6.99	6.42	6.06	5.80	5.61	5.47	5.35
10	10.04	7.56	6.55	5.99	5.64	5.39	5.20	5.06	4.94
11	9.65	7.21	6.22	5.67	5.32	5.07	4.49	4.74	4.63
12	9.33	6.93	5.95	5.41	5.06	4.82	4.64	4.50	4.39
13	9.07	6.70	5.74	5.21	4.86	4.62	4.44	4.30	4.19
14	8.86	6.51	5.56	5.04	4.69	4.46	4.28	4.14	4.03
15	8.68	6.36	5.42	4.89	4.56	4.32	4.14	4.00	3.89
16	8.53	6.23	5.29	4.77	4.44	4.20	4.03	3.39	3.78
17	8.40	6.11	5.18	4.67	4.34	4.10	3.93	3.79	3.68
18	8.29	6.01	5.09	4.58	4.25	4.01	3.84	3.71	3.60
19	8.18	5.93	5.01	4.50	4.17	3.94	3.77	3.63	3.52
20	8.10	5.85	4.94	4.43	4.10	3.87	3.70	3.56	3.46
21	8.02	5.78	4.87	4.37	4.04	3.81	3.64	3.51	3.40
22	7.95	5.72	4.82	4.31	3.99	3.76	3.59	3.45	3.35
23	7.88	5.66	4.76	4.26	3.94	3.71	3.54	3.41	3.30
24	7.82	5.61	4.72	4.22	3.90	3.67	3.50	3.36	3.26
25	7.77	5.57	4.68	4.18	3.85	3.63	3.46	3.32	3.22
26	7.72	5.53	4.64	4.14	3.82	3.59	3.42	3.29	3.18
27	7.68	5.49	4.60	4.11	3.78	3.56	3.39	3.26	3.15
28	7.64	5.45	4.57	4.07	3.75	3.53	3.36	3.23	3.12
29	7.60	5.42	4.54	4.04	3.73	3.50	3.33	3.20	3.09
30	7.56	5.39	4.51	4.02	3.70	3.47	3.31	3.17	3.07
40	7.31	5.18	4.31	3.83	3.51	3.29	3.12	2.99	2.89
60	7.08	4.98	4.13	3.65	3.34	3.12	3.95	2.82	2.72
120	6.85	4.79	3.95	3.48	3.17	2.96	2.79	2.96	2.56
∞	6.63	4.61	3.78	3.32	3.02	2.80	2.64	2.51	2.41

10	12	15	20	24	30	40	60	120	∞
6056	6106	6157	6209	6235	6261	6287	6313	6339	6366
99.40	99.42	99.43	99.45	99.46	99.47	99.47	99.48	99.49	99.50
27.33	27.05	26.87	26.69	26.60	26.50	26.41	26.32	26.22	26.13
14.55	14.37	14.20	14.02	13.93	13.84	13.75	13.65	13.56	13.46
10.05	9.29	9.72	9.55	9.47	9.38	9.29	9.20	9.11	9.02
7.87	7.72	7.56	7.40	7.31	7.23	7.14.01	7.06	6.97	6.88
6.62	6.47	6.31	6.16	6.07	5.99	5.91	5.82	5.74	5.65
5.81	5.67	5.52	5.36	5.28	5.20	5.12	5.03	4.95	4.86
5.26	5.11	4.96	4.81	4.73	4.65	4.57	4.48	4.40	4.31
4.85	4.71	4.56	4.41	4.33	4.25	4.17	4.08	4.00	3.91
4.54	4.40	4.25	4.10	4.02	3.95	3.86	3.78	3.69	3.60
4.30	4.16	4.01	3.86	3.78	3.70	3.62	3.54	3.45	3.36
4.10	3.96	3.82	3.66	3.59	3.51	3.43	3.34	3.25	3.17
3.94	3.80	3.66	3.51	3.43	3.35	4.27	3.18	3.09	3.00
3.80	3.67	3.52	3.37	3.29	3.21	3.13	3.05	2.96	2.87
3.69	3.55	3.41	3.26	3.18	3.10	3.02	2.93	2.84	2.74
3.59	3.46	3.31	3.16	308	3.00	2.92	2.83	2.75	2.65
3.51	3.37	3.23	3.08	3.00	2.92	2.84	2.75	2.66	2.57
3.34	3.30	3.15	3.00	2.92	2.84	2.76	2.67	2.58	2.49
3.37	3.23	3.09	2.94	2.86	2.78	2.69	2.61	2.52	2.42
3.31	3.17	3.03	2.88	2.80	2.72	2.64	2.55	2.46	2.36
3.26	3.12	2.98	2.83	2.75	2.67	2.58	2.50	2.40	2.31
3.21	3.07	2.93	2.78	2.70	2.62	2.54	2.45	2.35	2.26
3.17	3.03	2.89	2.74	2.66	2.58	2.49	2.40	2.31	2.21
3.13	2.99	2.85	2.70	2.62	2.54	2.45	2.36	2.27	2.17
3.09	2.96	2.81	2.66	2.58	2.50	2.42	2.33	2.23	2.13
3.06	2.93	2.78	2.63	2.55	2.47	2.38	2.29	2.20	2.10
3.03	2.90	2.75	2.60	2.52	2.44	2.35	2.26	2.17	2.06
3.00	2.87	2.73	2.57	2.49	2.41	2.33	2.23	2.14	2.03
2.98	2.84	2.70	2.55	2.47	2.39	2.30	2.21	2.11	2.01
2.80	2.66	2.52	2.37	2.29	2.20	2.11	2.02	1.92	1.80
2.63	2.50	2.35	2.20	2.12	2.03	1.94	1.84	1.78	1.60
2.47	2.34	2.19	2.03	1.95	1.86	1.76	1.66	1.53	1.38
2.32	2.18	2.04	1.88	1.79	1.70	1.59	1.47	1.32	1.00

参 考 文 献

[1] 兰炜. 统计学基础[M]. 北京:首都经济贸易大学出版社,2010.

[2] 徐建中,等. 应用统计学[M]. 哈尔滨:哈尔滨工程大学出版社,2004.

[3] 胡培,等. 管理统计学[M]. 哈尔滨:高等教育出版社,2007.

[4] 杨晓非. 统计方法实务[M]. 北京:中国财政经济出版社,2008.

[5] 闫晓波. 新编统计基础[M]. 大连:大连理工大学出版社,2007.

教学课件索取单

敬爱的老师：

感谢您使用我们出版社的教材。为了方便教学，教材配有相关教学课件。如果您需要，请您填写下面表格中的相关信息，并以**电子邮件**的形式发到我社，我们在核对您的信息后，即免费向您提供教学课件。

我们的联系方式：

地址：上海市中山西路 2230 号 1 号楼 1505 室　　　　邮编：200235

　　　立信会计出版社　　　　　　　　　　　　　　电话：（021）64411101

电子邮件：hongmeichun@sina.com

教材名称					作者姓名	
教师姓名		性别		身份证号		
学　校		院系			教研室	
学校地址					邮　编	
职　务		职称			办公电话	
E-mail		手机			宅　电	
通信地址					邮　编	
教材用量	册		委托订购单位			

您对本教材的意见和建议是：